フランク・ザ
攻略ガイド
やれるもんならやれ

AMERICAN COMPOSER 1940–1993

責任編集 和久井光司

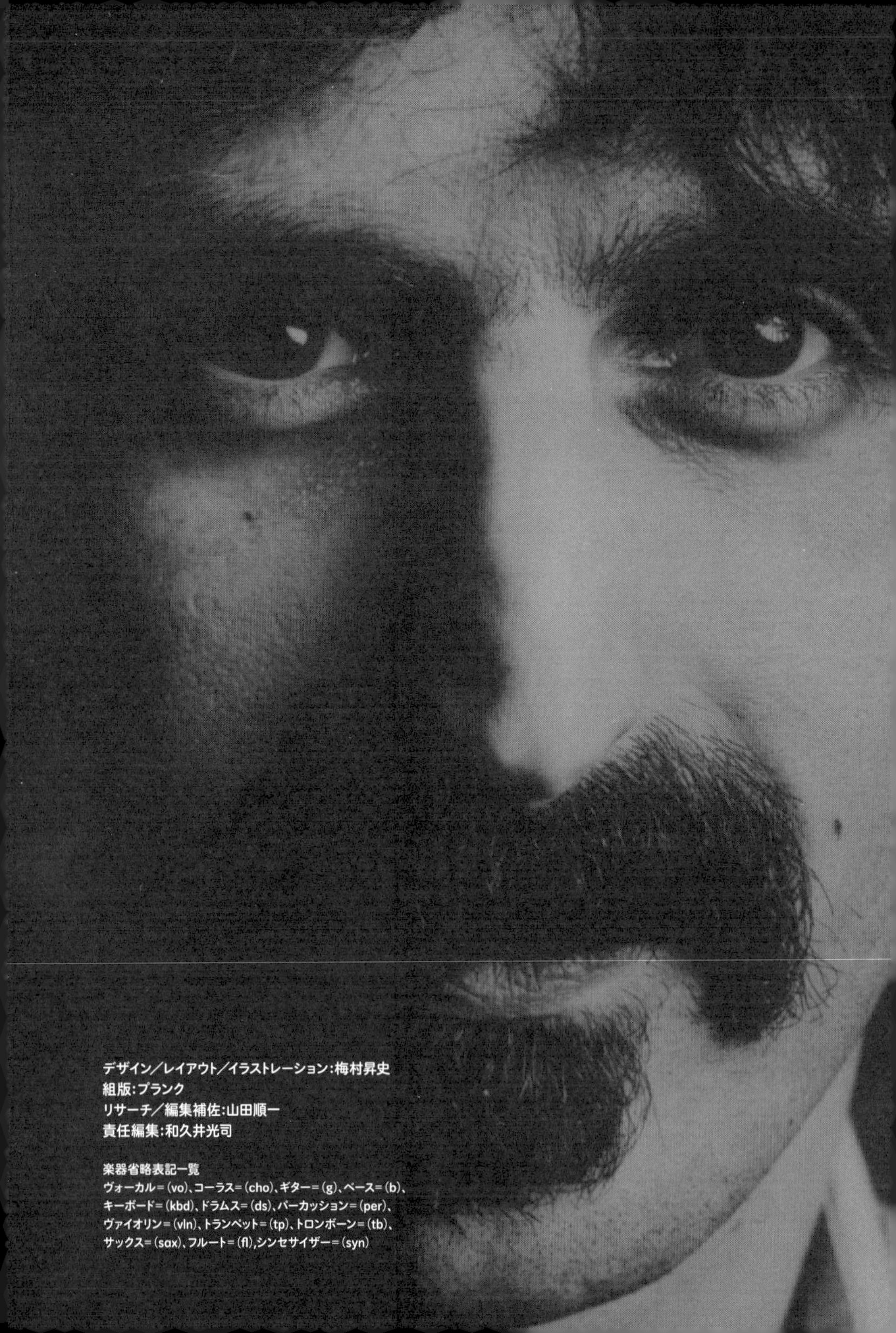

デザイン／レイアウト／イラストレーション:梅村昇史
組版:プランク
リサーチ／編集補佐:山田順一
責任編集:和久井光司

楽器省略表記一覧
ヴォーカル=(vo)、コーラス=(cho)、ギター=(g)、ベース=(b)、キーボード=(kbd)、ドラムス=(ds)、パーカッション=(per)、ヴァイオリン=(vln)、トランペット=(tp)、トロンボーン=(tb)、サックス=(sax)、フルート=(fl),シンセサイザー=(syn)

WE'RE ONLY IN IT FOR THE FZ

フランク・ザッパ攻略ガイド

contents

Preamble
［前置き］

フランク・ザッパがこの世を去ったのは、１９９３年12月4日のことだった。53歳の誕生日に17日足らなかったが、余命幾ばくとないのは周知だったから涙はなく、ただ「お疲れさまでした」と頭を下げた。もちろん「巨星墜つ」の感慨はあったが、ザッパが「偏執狂的創作魔」という人生からようやく解放されたことに、同じ表現者としてはちょっとほっとしたのである。

レコード・コレクターズの増刊『フランク・ザッパ／キャプテン・ビーフハート・ディスク・ガイド』をひとりで書いたのは、２０１０年秋から暮れにかけてのことだ。その10月に52歳になった私は、ザッパと同じ年数を自分が生きた証を彼の人生に重ねたくなった。正直に言えば、ザッパが残した膨大な音源と格闘することで自分を見つめ直したかっただけで、データ面には自信がなかった。正確さに欠いたものになるだろう、と自分でも予想していたのだけれど、編集部も「それでも一冊にまとめることの意義」を認めて

くれたから、コレクター諸氏の協力を得て何とか形にしたわけだ。

その作業が最終段階に入っていた12月17日に、キャプテン・ビーフハートが亡くなった。彼が70歳になるのを祝うつもりもあったのに、隊長は69歳で逝った。そのときは悲しかった。泣けてしかたがなかった。

２０１１年１月にその本は出て、2月には阿佐ヶ谷ロフトで発売記念ライヴを開催した。いいメンバーのバンドに豪華なゲストを加えたこともあって、80人で満席の会場に１２０人が来てくれた。日本語に訳したザッパはとても受けたから、私はザッパを演奏するバンドを続けようと思った。ところが3月11日の震災で、企画していた本も出なくなり、生活していくのさえ危うくなってしまったのだ。

人生はうまくいかない。自分のせいなら反省もするが、地震に津波に原発じゃ、どうしようもない。立て直すに８年かかった。自分が納得できる音楽活動を取り戻せるようなバンドをつくり、イヴェントを組み、ツアーも定期的にできるようになったから、今年は年頭から本をたて続けにつくろうと思ったのだ。ところが、コロナのおかげでツアーがなくなったりして、原稿ばかり書いていることになってしまった。

ビートルズの解散から50年で一冊、ジョン・レノンとヨーコ・オノで2冊と考えたのを予定どおりクリアできたから、私はこの、10年ぶりのフランク・ザッパ本に着手したのである。

しかし、10年サボっていたのも同然だし、未発表音源のアトランダムなリリースで、フランク・ザッパはより難しくなっている。『フランク・ザッパ／キャプテン・ビーフハート・ディスク・ガイド』のようなリリース順のまとめ方では、録音の順番やメンバーの変遷と「いま出ている作品」をリンクさせるのが、むしろ厄介になってしまったのだ。

わたしが十代のころの「ザッパは難しい」は、音楽それ自体に対しての普通のロック・ファンの感想だったが、現在の「ザッパは難しい」は、当時とはまったく違うことになっている。死後の膨大なリリースによって、「いつの録音か」「誰がメンバーなのか」「何をやろうとした作品か」が、私でも瞬時には判断できなくなっているのだから、本当に「ザッパは難しい」。いま、当時とは全然別の次元にある「難しい」を解消できる本をつくれないものかと思ったのが、本書のきっかけである。

そこで私が思いついたのが、「編年体」のディスコグラフィだった。可能なかぎりアルバムを録音順に並べてしまえば、音楽的な方向性とメンバーの変遷はわかりやすくなるし、各作品に滲ませた「ザッパの意図」も解かれていくのではないか、と思ったわけだ。

そこで私は、アーカイヴァーとしての多くのCD再発や音源発掘に関わってきた山田順一と、東京を代表するザッパ・マニアにしてデザイナー／イラストレーターでもある梅村昇史をウチに呼んで、「はたしてそういう本はつくれるのだろうか?」と相談してみた。するとふたりは、「もはや並べ方を変えて見せないかぎり、ザッパの音楽人生は見えてこない」と賛同してくれ、だったらオリジナルのディスコグラフィを先に見せてしまおう、とか、人事異動図を入れよう、とか、制作時のザッパの実年齢も入れてしまおう…と数時間にしてアイディアは膨れ上がって、助っ人ライターとして某出版社営業部の真下部緑朗を加えようということにもなった。

そうなると話は早い。本をつくるときのいちばんの原動力は「勢い」だ。いや、本じゃなくてもそうか。バンドでも、映画でも、演劇でも、勢いのないものは人を巻き込めない。恋愛だって結婚だって、「これで幸せになれるのだろうか?」なんて考えていたらできない。会社経営だって政治だって、グズグズやっていたら「時代」の方が先に進んでしまう。ザッパがなぜライヴ・テイクを再編集してアルバムをつくっていたのかを考えれば、すべてが腑に落ちる。「勢い」こそ人間活動の方向を決める最も大きな力なのだ。

仕事の分担を決めて3日目に、梅ちゃんは編年体ディスコグラフィとページの配分と人事異動図のフォーマットをつくってきた。そこから3日で私は全体の台割をつくり、筆者を決めた。自画自賛と言われるのを怖れずに言えば、今回のチームの勢いはスゴい。山田くんが番頭役になってくれていることも大きい。そして何よりも、みんなフランク・ザッパのことが大好きなのである。

世界中のザッパ本は、どえらいマニアやコレクターがつくっているものが大半だから、それだけで敷居が高かったりするのだが、本書は違う。これからザッパを聴いてみたいという初心者も大歓迎だし、載っている作品のすべてを薦めようとも思わない。素材の産地やカロリーまで明確にされたレストランのメニューだと思って眺めていただけば、あなたが好きなザッパは絶対に見つかるはずである。我々がつくるのはそういう本だ。

２０２０年10月10日　和久井光司

100 Albums 100 Bands 200 Motels

オリジナル・リリース／人事異動図

Original Release&
Band History

ORIGINAL RELEASE ALBUM OF FRANK ZAPPA

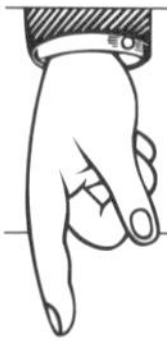

ひとまずチェック!

フランク・ザッパの公式作品群

Freak Out!
Verve/MGM V/V6-5005-2
1966.6.27

Absolutely Free
Verve V/V6-5013
1967.5.26

We're Only In It For The Money
Verve V/V6-5045
1968.3.4

Lumpy Gravy
Verve V/V6-8741
1968.5.13

Cruising With Ruben & The Jets
Bizarre/Verve / V6-5055
1968.12.2

Mothermania
Bizarre/Verve / V6 5068
1969.3.24.

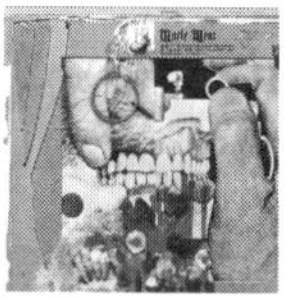

Uncle Meat
Bizarre/Reprise / 2MS 2024
1969.4.21

Hot Rats
Bizarre/Reprise / RS6356
1969.10.10

Burnt Weeny Sandwich
Bizarre/Reprise / RS6370
1970.2.9

Weasels Ripped My Flesh
Bizarre/Reprise / MS 2028
1970.8.10

Chunga's Revenge
Bizarre/Reprise / MS 2030
1970.10.23

Fillmore East —June 1971
Bizarre/Reprise / MS 2042
1971.8.2

Frank Zappa's 200 Motels
Bizarre/United Artists / UAS 9956
1971.10.4

Just Another Band From L.A.
Bizarre/Reprise / MS 2075
1972.3.26

Waka/Jawaka
Bizarre/Reprise / MS 2094
1972.7.5

Sleep Dirt
DiscReet / DSK 2292
1979.1.19

Sheik Yerbouti
Zappa / SRZ-2-1501
1979.3.3

Orchestral Favorites
DiscReet / DSK 2294
1979.5.4

Joe's Garage Act I
Zappa / SRZ-1-1603
1979.9.17

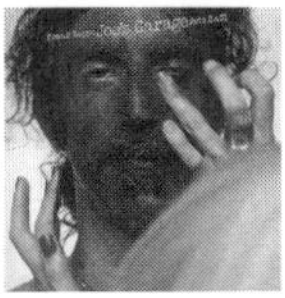

Joe's Garage Acts II & II
Zappa / SRZ-2-1502
1979.11.19

Tinsel Town Rebellion
Barking Pumpkin / PW2 37336
1981.5.11

Shut Up 'N Play Yer Guitar
Barking Pumpkin / BPR 1111
1981.5.11

Shut Up 'N Play Yer Guitar Some More
Barking Pumpkin / BPR 1112
1981.5.11

Return Of The Son Of Shut Up 'N Play Yer Guitar
Barking Pumpkin / BPR 1113
1981.5.11

The Grand Wazoo
Bizarre/Reprise / MS 2093
1972.11.27

Over-Nite Sensation
DiscReet / MS 2149
1973.9.7

Apostrophe (')
DiscReet / DS 2175
1974.3.22

Roxy & Elsewhere
DiscReet / 2DS 220
1974.9.10

One Size Fits All
DiscReet / DS 2216
1975.6.25

Bongo Fury
DiscReet / DS 2234
1975.10.2

Zoot Allures
Warner Bros. / BS 2970
1976.10.20

Zappa In New York
DiscReet / 2D 2290
1978.3.3

Studio Tan
DiscReet / DSK 2291
1978.9.15

Thing-Fish
Barking Pumpkin / SKCO-74201
1984.12. 21

The Old Masters Box One
Barking Pumpkin / BPR-7777
1985.4.19

Frank Zappa Meets The Mothers Of Prevention
Barking Pumpkin / ST-74203
1985.11.21

Does Humor Belong In Music?
EMI / CDP 7 46188 2
1986.1.27

The Old Masters Box Two
Barking Pumpkin / BPR-8888
1986.11.25

Jazz From Hell
Barking Pumpkin / ST-74205
1986.11.15

Joe' s Garage Acts I, II & III
BOX SET
Barking Pumpkin / SWCL 74206
1987.5.2

London Symphony Orchestra Vol. II
Barking Pumpkin / SJ-74207
1987.9.17

The Old Masters Box Three
Barking Pumpkin / BPR-9999
1987.12.30

Shut Up 'N Play Yer Guitar
BOX SET
Barking Pumpkin / W3X 38289
1981.5.11

You Are What You Is
Barking Pumpkin / PW2 37537
1981.9.23

Ship Arriving Too Late To Save A Drowning Witch
Barking Pumpkin / FW 38066
1982.5.3

Baby Snakes
Barking Pumpkin / BPR 1115
1983.3.28

The Man From Utopia
Barking Pumpkin / FW 38403
1983.3.28

London Symphony Orchestra Vol. I
Barking Pumpkin / FW 38820
1983.6.9

Boulez Conducts Zappa: The Perfect Stranger
Angel / DS-38170
1984.8.23

Them Or Us
Barking Pumpkin / SVBO-74200
1984.10.18

Francesco Zappa
Barking Pumpkin / ST-74202
1984.11.21

You Can't Do That On Stage Anymore Vol. 6
Rykodisc / RCD 10091/92
1992.7.10

Playground Psychotics
Barking Pumpkin / D2 74244
1992.10.27

Ahead Of Their Time
Barking Pumpkin / D2 74246
1993.3.23

The Yellow Shark
Barking Pumpkin / R2 71600
1993.11.2

Civilization Phaze III
Barking Pumpkin / UMRK 01
1994.12.2

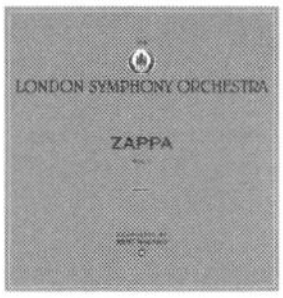

London Symphony Orchestra Vol. I&II
Rykodisc RCD 10540/41
1995.4.18.

The Lost Episodes
Rykodisc / RCD 40573
1996.2.27

Läther
RCD 10574/76
1996.9.24

Frank Zappa Plays The Music Of Frank Zappa —A Memorial Tribute
Barking Pumpkin / UMRK 02
1996.10.31

Guitar
Barking Pumpkin / D1 74212
1988.4.26

You Can't Do That On Stage Anymore Vol. 1
Rykodisc RCD 10081/82
1988.5.16

Broadway The Hard Way
Barking Pumpkin / D1 74218
1988.10.14.

You Can't Do That On Stage Anymore Vol. 2
Rykodisc / RCD 10083/8
1988.10.25

You Can't Do That On Stage Anymore Vol. 3
Rykodisc / RCD 10085/86
1989.11.13.

The Best Band You Never Heard In Your Life
Barking Pumpkin / D2 74233
1991.4.16

Make A Jazz Noise Here
Barking Pumpkin / D2 74234
1991.6.4.

You Can't Do That On Stage Anymore Vol. 4
Rykodisc / RCD 10087/88
1991.6.14.

You Can't Do That On Stage Anymore Vol. 5
Rykodisc / RCD 10089/90
1992.7.10

Imaginary Diseases
Zappa Records / ZR 20001
2006.1.13

Trance-Fusion
Zappa Records / ZR 20002
2006.11.7

The MOFO Project/Object (fazedooh)
Zappa Records / ZR 20005
2006.12.5

The MOFO Project/Object
Zappa Records / ZR 20004
2006.12.12

Buffalo
Vaulternative / VR 2007-1
2007.4.1

The Dub Room Special!
Zappa Records / ZR 20006
2007.8.24

Wazoo
Vaulternative / VR 2007-2
2007.10.30

One Shot Deal
Zappa Records / ZR 20007
2008.6.13.

Joe's Menage
Vaulternative / VR 20081
2008.9.26

Have I Offended Someone?
Rykodisc / RCD 10577
1997.4.8

Mystery Disc
Rykodisc / RCD 10580
1998.9.14

Everything Is Healing Nicely
Barking Pumpkin / UMRK 03
1999.12.21

FZ:OZ
Vaulternative / VR 2002-1
2002.8.16

Halloween
Vaulternative / DTS 1101
2003.2.4

Joe's Corsage
Vaulternative / VR 20041
2004.5.30

Quaudiophiliac
Barking Pumpkin /DTS 1125
2004.9.14

Joe's Domage
Vaulternative / VR 20042
2004.10.1.

Joe's Xmasage
Vaulternative / VR 20051
2005.12.21

Finer Moments
Zappa Records/UME ZR3894
2012.12.18

AAAFNRAA —Baby Snakes
—The Compleat Soundtrack (digital download)
Zappa Records
2012.12.21

Road Tapes, Venue #2
Vaulternative / VR 2013-1
2013.10.31

A Token Of His Extreme Soundtrack
Zappa Records / ZR20015
2013.11.25

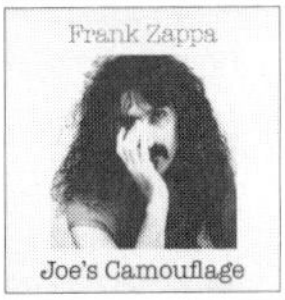

Joe's Camouflage
Vaulternative / VR 2013-02
2014.1.30

Roxy By Proxy
Zappa Records / ZR 20017
2014.3.15

Dance Me This
Zappa Records / ZR 2001
2015.6.21

Roxy—The Soundtrack
Zappa Records / EAGDV050/CD
2015.10.30

200 Motels—The Suites
Zappa Records / ZR0019
2015.11.20

The Lumpy Money Project/Object
Zappa Records ZR20008
2009.1.9

Philly '76
Vaulternative / VR 20091
2009.12.21

Greasy Love Songs
Zappa Records / ZR20010
2010.4.4

Congress Shall Make No Law
Zappa Records / ZR 20011
2010.9.19

Hammersmith Odeon
Vaulternative / VR 20101
2010.11.6

Feeding The Monkies At Ma Maison
Zappa Records / ZR20012
2011.9.22

Carnegie Hal
Vaulternative / VR 2011-1
2011.10 31

Understanding America
Zappa Records/UME / ZR3892
2012.10.30

Road Tapes, Venue #1
Vaulternative / VR 20122
2012.10..31

The Roxy Performances
Zappa Records/UME / ZR200281
2018.2.2

Zappa In New York 40th Anniversary
Deluxe Edition
Zappa Records/UME /ZR20029
2019.3.29

Orchestral Favorites 40th Anniversary
Zappa Records/UME ZR20030
2019.8.30

Halloween 73
Zappa Records/UME / ZR20031
201910.25

Halloween 73 Highlights
Zappa Records/UME / ZR20031Z
2019.10.25

The Hot Rats Sessions
Zappa Records/UME / ZR20032
2019.12.20

The Mothers 1970
Zappa Records/UME / ZR20033
2020.6.26

Halloween 81
Zappa Records/UME / ZR20034
2020.10.2

Halloween 81 Highlights
Zappa Records/UME / ZR20034Z
2020.10.2

Road Tapes, Venue #3
Vaulternative/
Zappa Records / UME / VR 2016-1
2016.5.27

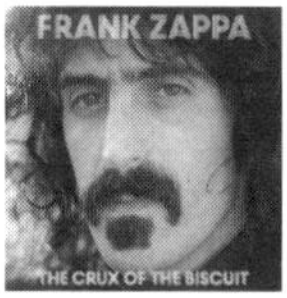

The Crux Of The Biscuit
Zappa Records / UME / ZR 20020
2016.7.15

Frank Zappa For President
Zappa Records/UME / ZR 20021
2016.7.15

Zappatite
—Frank Zappa's Tastiest Tracks
Zappa Records / ZR 20023
2016.9.23

Meat Light
—The Uncle Meat Project/Object Audio Documentary
Zappa Records/UME
2016.11.4

Little Dots
Zappa Records/UME / ZR20026
2016.11.4

Chicago '78
Vaulternative/Zappa Records
UME ZR20025
2016.11.4

Halloween 77
Zappa Records/UME / ZR 20027
2017.10.20

Halloween 77 Highlights
Zappa Records/UME / ZR 20027K
2017.10.20

Frank Zappa U.S. Singles List

The Mothers Of Invention	How Could I Be Such A Fool? / Help I'm A Rock, 3rd Movement: It Can't Happen Here	Verve/MGM / VK-10418 / 1966.6.29
The Mothers Of Invention	Trouble Comin' Every Day / Who Are The Brain Police?	Verve/MGM / VK-10458 / 1966.11.14
The Mothers Of Invention	Why Don't You Do Me Right / Big Leg Emma	Verve/MGM / VK-10513 / 1967.4.10
The Mothers Of Invention	Lonely Little Girl / Mother People	Verve/MGM / VK-10570 / 1967.11.20
Ruben & The Jets	Jelly Roll Gum Drop	Verve/MGM / VK-10632 / 1968.12.30
The Mothers Of Invention	My Guitar / Dog Breath	Bizarre/Reprise / 0840 / 1969.9.1.
Frank Zappa	Peaches En Regalia / Little Umbrellas	Bizarre/Reprise / 0889 / 1970.1.
The Mothers Of Invention	WPLJ / My Guitar	Bizarre/Reprise / 0892 / 1970.2.23
Frank Zappa	Tell Me You Love Me / Will You Go All The Way For The U.S.A.?	Bizarre/Reprise / 0967 / 1970.11.9
Junier Mintz	Tears Began To Fall / Junier Mintz Boogie	Straight/Reprise / 1027 / 1971.7.21
Frank Zappa	Tears Began To Fall / Junier Mintz Boogie	Bizarre/Reprise / 1052 / 1971.11
Frank Zappa	Magic Fingers / Daddy, Daddy, Daddy	UA / 50857 / 1971.11.8
The Mothers	Cletus Awreetus-Awrightus / Eat That Question	Bizarre/Reprise / REP 1127 / 1972.11.6
The Mothers	I'm The Slime / Montana	DiscReet / REP 1180 / 1973.10.29
Frank Zappa	Don't Eat The Yellow Snow / Cosmik Debris	DiscReet / DSS 1312 / 1974.10.7
Frank Zappa	Find Her Finer / Zoot Allures	Warner / 8296 / 1976.11.29
Frank Zappa	Disco Boy / Ms. Pinky	Warner / WBS 8342 / 1977.3.7
Frank Zappa	Dancin' Fool / Baby Snakes	Zappa / Z-10 / 1979.4.2
Frank Zappa	Dancin' Fool (disco mix) / Dancin' Fool	Zappa / MK-83 / 1979.4.23 ●12inch
Frank Zappa	Joe's Garage / Central Scrutinizer	Zappa / Z-31 / 1979.10.29
Frank Zappa	I Don't Wanna Get Drafted / Ancient Armaments	Zappa / ZR 1001 / 1980.4.28
Frank Zappa	Goblin Girl / Pink Napkins	Barking Pumpkin / AS 1328 / 1981.10.26
Frank & Moon Zappa	Valley Girl / You Are What You Is	Barking Pumpkin / WS9 02972 / 1982.7.5
Frank & Moon Zappa	Valley Girll / You Are What You Is	Barking Pumpkin / 4W9 03069 / 1982.7.5 ●12inch
Frank Zappa	Peaches En Regalia / I'm Not Satisfied / Lucille Has Messed My Mind Up	Rykodisc / RCD3 1001 / 1987.11.13 ●CDS
Frank Zappa	Sexual Harassment in The Work Place / Watermelon In Eastern Hay	Rykodisc / RCD 3-1010 / 1988.4 ●CDS
Frank Zappa	Zomby Woof / You Didn't Try To Call Me	Rykodisc / RCD 3-1011 / 1988.4 ●CDS
Frank Zappa	Montana (Whipping Floss) / Cheepnis	Rykodisc / RCD 3-1012 / 1988.5
Frank Zappa & The Mothers Of Invention	Help, I'm A Rock / It Can't Happen Here/Who Are The Brain Police?	Barking Pumpkin/Zappa / BPR1223 / 2013.7.4 ●12inch
Frank Zappa	I'm The Slime / Montana	Barking Pumpkin/UMe / BPR 1222 / 2013.4.20.
Frank Zappa	Don't Eat The Yellow Snow / Down In De Dew	Barking Pumpkin/Zappa / BPR1225 / 2014.4.19.
Frank Zappa	200 Motels Overture / What's The Name Of Your Group?	Barking Pumpkin/UMe / BPR 1226 / 2015.4.18
Frank Zappa & The Mothers Of Invention	My Guitar / Dog Breath	Barking Pumpkin / BPR 1227/ 2016.4.16.
Frank Zappa	Rollo : Rollo/The Rollo Interior Area/Rollo Goes Out / Portland Improvisation	Zappa/UMe / BPR 1230 / 2017.4.22 ●10inch
Frank Zappa	Peaches En Regalia (Mono Single Master)/Little Umbrellas(Mono Single Master) / Peaches En Regalia (Rhythm Track Mix)/Little Umbrellas (Rhythm Track Mix)	Zappa/UM^3 / BPR1234 / 2019.11.29 ●10inch

LITTLE BAND FZ USED TO LIVE IN

フランク・ザッパの人事異動

『フリーク・アウト！』でデビューした1966年以降から1988年まで、一時的な中断はあるもののフランク・ザッパは毎年ほぼ断続的にツアーを行っている。1967年にはすでにヨーロッパ・ツアーがブッキングされており、同年代のアメリカのミュージシャンと比較すると、全時代を通してヨーロッパでの公演回数が多いのも特徴だ。それだけの公演回数をこなすのは、年に何タイトルもリリースされる新しいアルバムを精力的にセールス・プロモーションするためかと思えばさにあらず。当時のオーディエンスにとって、ショーで聴くことのできた、よく知るなじみの曲はほんの数曲程度で、大半はまだレコーディングもされていない、場合によってはついさっき書かれたような新しいマテリアルだったりする。ザッパのツアーは常に新しい曲を各地で初公開し、演奏を重ね、アレンジを更新していく音楽の移動ラボであり、オーディエンスがそこで初めて知る曲を、その場限りの出来事という「未知の体験」として提供するエンターテインメントでもあった。そして何よりも、ザッパ自身が新しい曲が演奏され、ステージ上のオーディエンスとしてそれを聴くことを望んだ。

70年代後半になるとそんなバンド方法論がよりルーティン化されていく。バンドは毎年常に刷新され、それに合わせて新しい曲が用意され、以前の曲は新しいアレンジが施され、またライヴでは様々な即興パートでソロが演奏され、それらはすべて録音される。そしてザッパのディスコグラフィが加速度的に拡大していくという流れだ。

ここではライヴにおけるバンド編成の変化を基本に、そのタイムライン上に該当するアルバム作品を配置し直してみた。ザッパのディスコグラフィの立体的な理解が深まることを期待しつつの人事異動図である。

作成◉梅村昇史

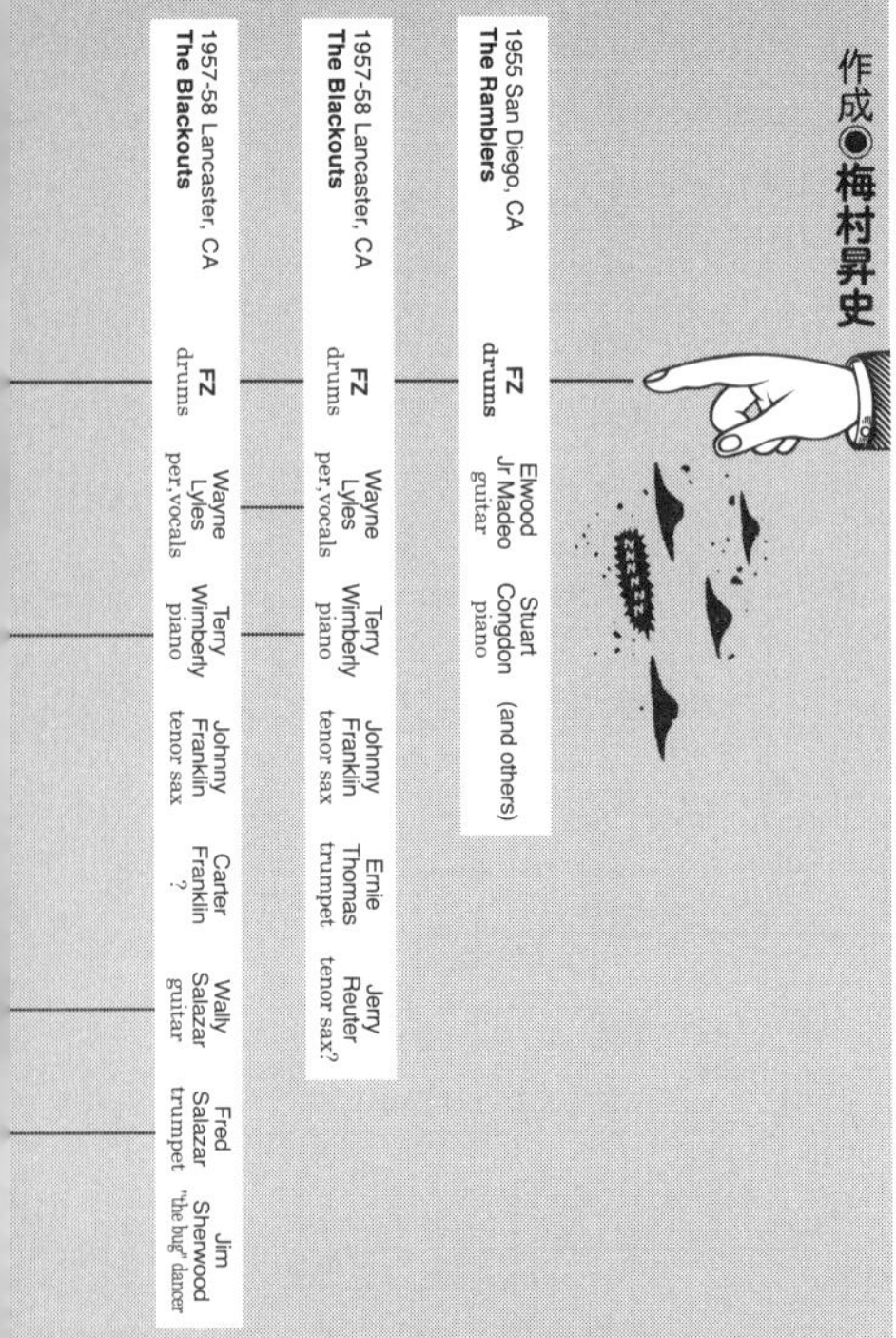

1957-58 Lancaster, CA
The Blackouts
FZ drums / Terry Wimberly piano / Wally Salazar guitar / Fred Salazar baritone sax / Henry Strawberry vocals / Chuck Spencer vocals / ? vocals

1957-58 Lancaster, CA
Antelope Valley High School Big Band
FZ drums / Terry Wimberly piano / Wayne Lyles per,vocals / Ernie Thomas trumpet / Johnny Franklin tenor sax / Carter Franklin ? / Steve Wolfe sax? / Jerry Reuter sax

1958 Lancaster, CA
The Blackouts
FZ drums / Terry Wimberly piano / Wayne Lyles per,vocals / Elwood Jr Madeo guitar

Dec.1958-Jan.1959
Lancaster, CA
FZ guitar / Don Van Vliet vocals / Bobby Zappa guitar / Jerry Ullberg voice

1960
FZ guitar / Terry Kirkman various inst. / Warren Peters guitar

May 1961
The Boogie Men
FZ guitar / Al Surratt drums / Doug Rost guitar / Kenny Burgan sax

1961-62 Pomona, CA
The Blackouts?
FZ guitar / Al Surratt drums / Ronnie Williams guitar / Joe Perrino piano / Dwight Bement tenor sax / Rex Jakabowski g, harp

1961-62 Lancaster, CA
The Blackouts?
FZ guitar / Al Surratt? drums / Ronnie Williams guitar / Dwight Bement tenor sax / Johnny Franklin guitar or bass / Alex Snouffer guitar / Jim Sherwood baritone sax

1961-62 Lancaster, CA
The Blackouts?
FZ guitar / Al Surratt? drums / Ronnie Williams guitar / Dwight Bement tenor sax / Johnny Franklin baritone sax / ? guitar

Nov.1961-Early1962
San Bernardino, CA
Joe Perrino & The Mellotones
FZ guitar / Dwight Bement tenor sax / Joe Perrino piano

May 19,1963
The Experimental Music of Frank Zappa
FZ conductor zither
Malcolm McNab: trumpet, Peter Arcaro: trumpet
Philip Barnett: oboe, English horn,
Barry: woodwinds section conductor
including a 20-piece house orchestra of Mount St. Mary's College

1963
Sin City Boys / Loeb & Leopold
FZ guitar / Ray Collins vocals

1963
Sin City Boys / Loeb & Leopold
FZ guitar / Ray Collins vocals

1964
The Muthers
FZ guitar / Paul Woods bass / Les Papp drums

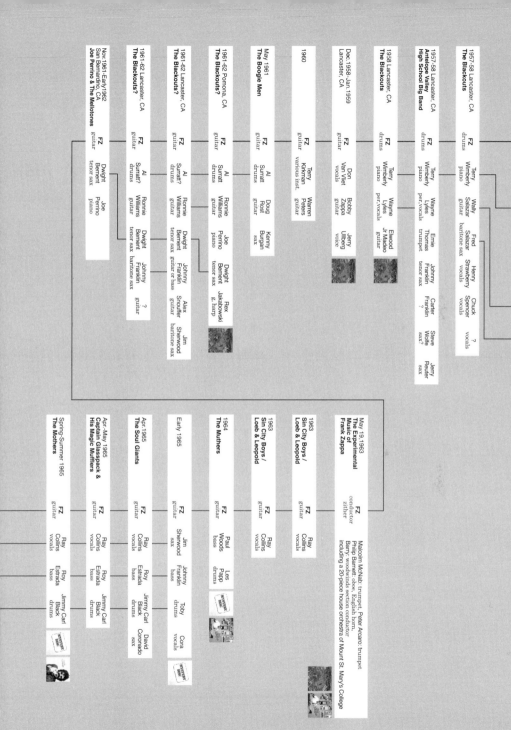

Early 1965
FZ guitar / Jim Sherwood sax / Johnny Franklin bass / Toby drums / Cora vocals

Apr.1965
The Soul Giants
FZ guitar / Ray Collins vocals / Roy Estrada bass / Jimmy Carl Black drums / David Coronado sax

Apr.-May 1965
Captain Glasspack & His Magic Mufflers
FZ guitar / Ray Collins vocals / Roy Estrada bass / Jimmy Carl Black drums

Spring-Summer 1965
The Mothers
FZ guitar / Ray Collins vocals / Roy Estrada bass / Jimmy Carl Black drums

Summer 1965
The Mothers

FZ	Ray Collins	Roy Estrada	Jimmy Carl Black	Alice Stuart
guitar	vocals	bass	drums	guitar

Nov.1965
The Mothers

FZ	Ray Collins	Roy Estrada	Jimmy Carl Black	Henry Vestine
guitar	vocals	bass	drums	guitar

Feb.1966
The Mothers

FZ	Ray Collins	Roy Estrada	Jimmy Carl Black	Jim Guercio
guitar	vocals	bass	drums	guitar

Feb.1966
The Mothers

FZ	Roy Estrada	Jimmy Carl Black	Steve Mann
guitar	bass	drums	guitar

Spring-Summer 1966
The Mothers

FZ	Roy Estrada	Jimmy Carl Black	Ray Collins	Elliot Ingber
guitar	bass	drums	vocals	guitar

Sep.1966
The Mothers Of Invention

FZ	Roy Estrada	Jimmy Carl Black	Ray Collins	Billy Mundi	Del Kacher	Van Dyke Parks
guitar	bass	drums	vocals	drums	guitar	keyboards

Fall 1966-Winter 1967
The Mothers Of Invention

FZ	Roy Estrada	Jimmy Carl Black	Ray Collins	Billy Mundi	Jim Fielder	Don Preston	Bunk Gardner
guitar	bass	drums	vocals	drums	guitar	keyboards	woodwinds

Mar.-Aug.1967
The Mothers Of Invention

FZ	Roy Estrada	Jimmy Carl Black	Ray Collins	Billy Mundi	Don Preston	Bunk Gardner
guitar	bass	drums	vocals	drums	keyboards	woodwinds

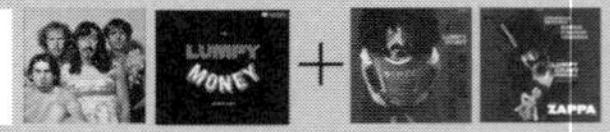

Sep.-Dec.1967
The Mothers Of Invention

FZ	Roy Estrada	Jimmy Carl Black	Ray Collins	Billy Mundi	Don Preston	Bunk Gardner	Ian Underwood	Motorhead Sherwood
guitar	bass	drums	vocals	drums	keyboards	woodwinds	key & winds	sax

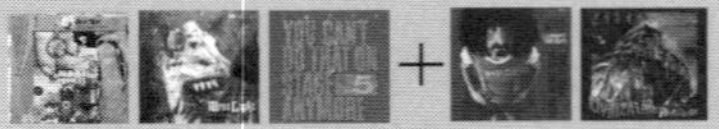

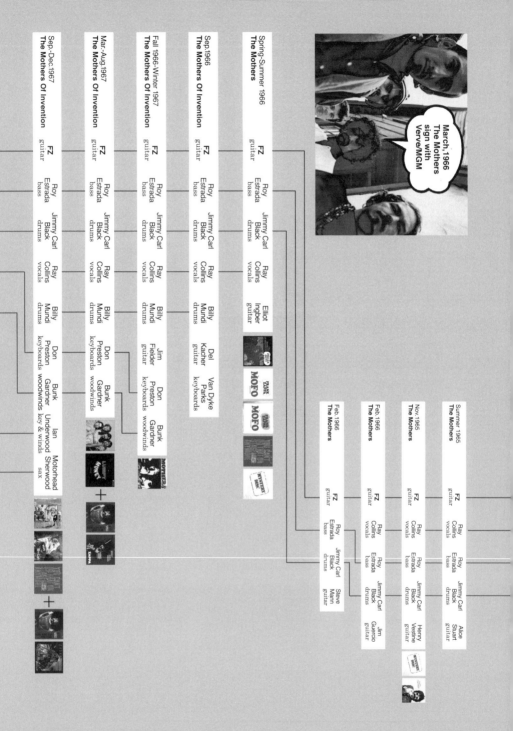

Dec.1967-Oct.1968
The Mothers Of Invention

FZ guitar	Roy Estrada bass	Jimmy Carl Black drums	Don Preston keyboards	Bunk Gardner woodwinds	Ian Underwood key & winds	Motorhead Sherwood sax	Art Tripp drums

Nov.1968-May.1969
The Mothers Of Invention

FZ guitar	Roy Estrada bass	Jimmy Carl Black drums	Don Preston keyboards	Bunk Gardner woodwinds	Ian Underwood key & winds	Motorhead Sherwood sax	Art Tripp drums	Buzz Gardner trumpet	Lowell George guitar

May.1969-Aug.1969
The Mothers Of Invention

FZ guitar	Roy Estrada bass	Jimmy Carl Black drums	Don Preston keyboards	Bunk Gardner woodwinds	Ian Underwood key & winds	Motorhead Sherwood sax	Art Tripp drums	Buzz Gardner trumpet

to Summer.1975

Feb.-Mar.1970
Hot Rats Ensemble

FZ guitar	Ian Underwood key & winds	Sugarcane Harris violin	Max Bennett bass	Aynsley Dunbar drums

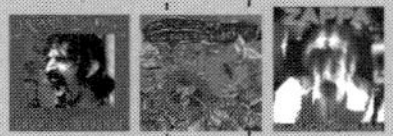

from Dec.1967 from Dec.1967

May 1970
The Mothers Of Invention Reunion

FZ guitar	Ian Underwood key & winds	Aynsley Dunbar drums	Jeff Simmons bass	Ray Collins vocals	Billy Mundi drums	Don Preston keyboards	Motorhead Sherwood sax

May 15, 1970
The Mothers Of Invention "Zubin And The Jets"

FZ guitar	Ian Underwood key & winds	Aynsley Dunbar drums	Jeff Simmons bass	Ray Collins vocals	Billy Mundi drums	Don Preston keyboards	Motorhead Sherwood sax	Zubin Mehta conductor	with the L.A. Philharmonic Orchestra in Contempo 70 Festival

Jun.1970-Early1971
The Mothers

FZ guitar	Ian Underwood key & winds	Aynsley Dunbar drums	Jeff Simmons bass	Mark Volman vocals	Howard Kaylan vocals	George Duke keyboards	

to Feb.1974 to Feb.1973

May-Jul.1971
The Mothers

FZ guitar	Ian Underwood key & winds	Aynsley Dunbar drums	Howard Kaylan vocals	Mark Volman vocals	Jim Pons bass	Bob Harris keyboards	

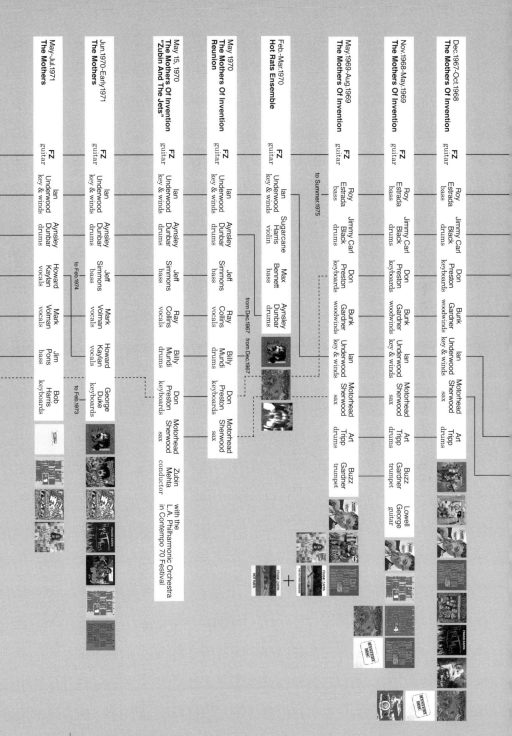

Aug.-Dec.1971 — The Mothers

- **FZ** guitar
- Ian Underwood — key & winds
- Aynsley Dunbar — drums
- Howard Kaylan — vocals (to Oct.1987)
- Mark Volman — vocals (to Oct.1987)
- Jim Pons — bass
- Don Preston — keyboards (to Apr.1974)

Spring.1972 — only rehearsals

- **FZ** guitar
- Ian Underwood — key & winds
- Aynsley Dunbar — drums
- Tony Duran — guitar
- Alex Dmochowski — bass
- Malcolm McNab — trumpet
- Ken Shroyer — trombone
- Tony Ortega — sax
- Sal Marquez — trumpet

Sep.1972 — The Grand Wazoo Orchestra

- **FZ** guitar
- Ian Underwood — synthesizer
- Tony Duran — guitar
- Dave Parlato — bass
- Jim Gordon — drums
- Malcolm McNab — trumpet
- Tom Malone — tuba
- Bruce Fowler — trombone
- Glenn Ferris — trombone
- Earle Dumler — oboe
- Ken Shroyer — trombone
- Sal Marquez — trumpet
- Ruth Underwood — percussion
- Mike Altschul — piccolo
- Charles Owens — saxophone
- Jerry Kessler — cello
- Tom Raney — percussion
- Jay Migliori — flute, sax
- Ray Reed — saxophone
- JoAnn Caldwell McNab — bassoon

Oct-Dec.1972 — The Petit Wazoo Orchestra

- **FZ** guitar
- Gary Barone — trumpet
- Tony Duran — guitar
- Dave Parlato — bass
- Jim Gordon — drums
- Malcolm McNab — trumpet
- Tom Malone — tuba
- Bruce Fowler — trombone
- Glenn Ferris — trombone
- Earle Dumler — oboe

Feb.-Apr.1973 — The Mothers

- **FZ** guitar
- Jean-Luc Ponty — violin
- Tom Fowler — bass
- George Duke — keyboards
- Ralph Humphrey — drums
- Ruth Underwood — percussion
- Ian Underwood — alto sax
- Bruce Fowler — trombone

Apr.-Jul.1973 — The Mothers

- **FZ** guitar
- Jean-Luc Ponty — violin
- Tom Fowler — bass
- George Duke — keyboards
- Ralph Humphrey — drums
- Ruth Underwood — percussion
- Ian Underwood — alto sax
- Bruce Fowler — trombone
- Sal Marquez — trumpet

Aug.-Sep.1973 — The Mothers

- **FZ** guitar
- Jean-Luc Ponty — violin
- Tom Fowler — bass
- George Duke — keyboards
- Ralph Humphrey — drums
- Ruth Underwood — percussion
- Ian Underwood — alto sax
- Bruce Fowler — trombone

Oct.-Dec.1973 — The Mothers

- **FZ** guitar
- Napoleon Murphy Brock — sax, vocals
- Tom Fowler — bass
- George Duke — keyboards
- Ralph Humphrey — drums
- Ruth Underwood — percussion
- Chester Thompson — drums
- Bruce Fowler — trombone

Feb.-Mar.1974
The Mothers

FZ	Napoleon Murphy Brock	Tom Fowler	George Duke	Ralph Humphrey	Ruth Underwood	Chester Thompson	Bruce Fowler	Jeff Simmons
guitar	sax, vocals	bass	keyboards	drums	percussion	drums	trombone	guitar

Apr.-May 1974
The Mothers

FZ	Napoleon Murphy Brock	Tom Fowler	George Duke	Ralph Humphrey	Don Preston	Chester Thompson	Bruce Fowler	Walt Fowler	Jeff Simmons
guitar	sax, vocals	bass	keyboards	drums	keyboards	drums	trombone	trumpet	guitar

to Feb.1988

Jun.-Jul.1974
The Mothers

FZ	Napoleon Murphy Brock	Tom Fowler	George Duke	Chester Thompson	Ruth Underwood	Jeff Simmons
guitar	sax, vocals	bass	keyboards	drums	percussion	guitar

Jul.1974-Dec.1975
The Mothers

FZ	Napoleon Murphy Brock	Tom Fowler	George Duke	Chester Thompson	Ruth Underwood
guitar	sax, vocals	bass	keyboards	drums	percussion

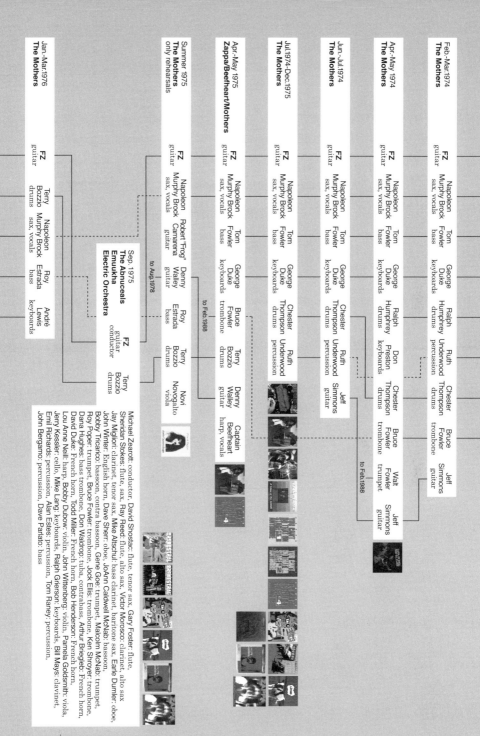

Apr.-May 1975
Zappa/Beefheart/Mothers

FZ	Napoleon Murphy Brock	Tom Fowler	George Duke	Bruce Fowler	Terry Bozzio	Denny Walley	Captain Beefheart
guitar	sax, vocals	bass	keyboards	trombone	drums	guitar	harp, vocals

to Feb.1988

Summer 1975
The Mothers
only rehearsals

FZ	Napoleon Murphy Brock	Robert "Frog" Camarena	Denny Walley	Roy Estrada	Terry Bozzio	Novi Novogalto
guitar	sax, vocals	guitar	guitar	bass	drums	viola

to Aug.1978

Sep. 1975
The Abnuceals Emuukha Electric Orchestra

FZ	Terry Bozzio
guitar conductor	drums

Michael Zearott: conductor, David Shostac: flute, tenor sax, Gary Foster: flute, Sheridan Stokes: flute, sax, Ray Reed: flute, alto sax, Victor Morosco: clarinet, alto sax Jay Migliori: clarinet, tenor sax, Mike Altschul: bass clarinet, baritone sax, Earle Dumler: oboe, John Winter: English horn, Dave Sherr: oboe, JoAnn Caldwell McNab: bassoon, Bobby Tricarico: bassoon, contra bassoon, Gene Goe: trumpet, Malcolm McNab: trumpet, Roy Poper: trumpet, Bruce Fowler: trombone, Jock Ellis: trombone, Ken Shroyer: trombone, Dana Hughes: bass trombone, Don Waldrop: tuba, contrabass, Arthur Briegleb: French horn, David Duke: French horn, Todd Miller: French horn, Bob Henderson: French horn, Lou Anne Neill: harp, Bobby Dubow: violin, John Wittenberg: violin, Pamela Goldsmith: viola, Jerry Kessler: cello, Mike Lang: keyboards, Ralph Grierson: keyboards, Bill Mays: clavinet, Emil Richards: percussion, Alan Estes: percussion, Tom Raney: percussion, John Bergamo: percussion, Dave Parlato: bass

Jan.-Mar.1976
The Mothers

FZ	Terry Bozzio	Napoleon Murphy Brock	Roy Estrada	André Lewis
guitar	drums	sax, vocals	bass	keyboards

Sep.-Dec.1975
The Mothers

- **FZ** guitar
- Terry Bozzio drums
- Napoleon Murphy Brock sax, vocals
- Roy Estrada bass
- André Lewis keyboards
- Norma Jean Bell sax, vocals

Jan.-Mar.1976
The Mothers

- **FZ** guitar
- Terry Bozzio drums
- Napoleon Murphy Brock sax, vocals
- Roy Estrada bass
- André Lewis keyboards

to Jul.1984

Oct.-Nov.1976
Zappa Band

- **FZ** guitar
- Terry Bozzio drums
- Patrick O'Hearn bass
- Ray White guitar
- Eddie Jobson key, violin
- Bianca key, vocals

Nov.1977
Zappa Band

- **FZ** guitar
- Terry Bozzio drums
- Patrick O'Hearn bass
- Ray White guitar
- Eddie Jobson key, violin

Dec.1976
Zappa Band

- **FZ** guitar
- Terry Bozzio drums
- Patrick O'Hearn bass
- Ray White guitar
- Eddie Jobson key, violin
- Ruth Underwood percussion
- Dave Samuels percussion
- Randy Brecker trumpet
- Tom Malone trombone
- Michael Brecker tenor sax
- Ronnie Cuber baritone sax
- Lou Marini alto sax

Jan.-Feb.1977
Zappa Band

- **FZ** guitar
- Terry Bozzio drums
- Patrick O'Hearn bass
- Ray White guitar
- Eddie Jobson key, violin

to Feb.1980

Sep.1977-Apr.1978
Zappa Band

- **FZ** guitar
- Terry Bozzio drums
- Patrick O'Hearn bass
- Adrian Belew guitar
- Tommy Mars keyboards
- Peter Wolf keyboards
- Ed Mann percussion

Aug.-Oct.1978
Zappa Band

- **FZ** guitar
- Vinnie Colaiuta drums
- Arthur Barrow bass
- Ike Willis guitar
- Tommy Mars keyboards
- Peter Wolf keyboards
- Ed Mann percussion
- Denny Walley guitar

Oct.1978 **Zappa Band**	**FZ** guitar	Vinnie Colaiuta drums	Arthur Barrow bass	Patrick O'Hearn bass	Tommy Mars keyboards	Peter Wolf keyboards	Ed Mann percussion	Denny Walley guitar	
Feb.-Apr.1979 **Zappa Band**	**FZ** guitar	Vinnie Colaiuta drums	Arthur Barrow bass	Ike Willis guitar	Tommy Mars keyboards	Peter Wolf keyboards	Ed Mann percussion (to Early.1981)	Denny Walley guitar	Warren Cuccurullo guitar
Feb.-Jul.1980 **Zappa Band**	**FZ** guitar	David Logeman drums	Arthur Barrow bass	Ike Willis guitar	Ray White guitar	Tommy Mars keyboards			
Sep.-Dec.1980 **Zappa Band**	**FZ** guitar	Vinnie Colaiuta drums	Arthur Barrow bass	Ike Willis guitar (to May1984)	Ray White guitar	Tommy Mars keyboards	Bob Harris key, trumpet	Steve Vai guitar	
Early1981 Rehearsals for the aborted Holland Festival concert	**FZ** guitar	Vinnie Colaiuta drums	Jeff Berlin bass	Richard Emmet guitar	David Ocker clarinet	Tommy Mars keyboards	Ed Mann percussion	Steve Vai guitar	
Sep.1981-Jul.1982 **Zappa Band**	**FZ** guitar	Chad Wackerman drums	Scott Thunes bass	Ray White guitar	Bobby Martin key, sax	Tommy Mars keyboards (to Oct.1987)	Ed Mann percussion	Steve Vai guitar	
Jan.1983 **London Symphony Orchestra**	**FZ** presenter	Chad Wackerman drums	Ed Mann percussion (to Oct.1987)	David Ocker clarinet	Kent Nagano conductor	100-piece orchestra of LSO			
Jan.1984 **Ensemble InterContemporain**	**FZ** presenter	Pierre Boulez conductor	20-piece orchestra of Ensemble InterContemporain						

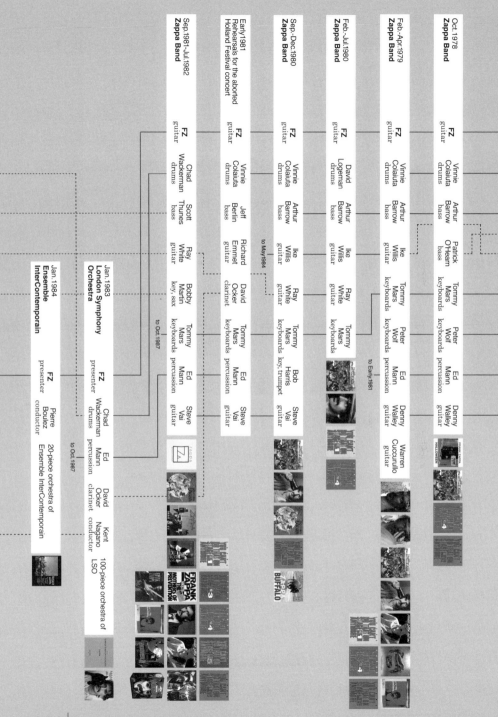

Jul.1984
A Zappa Affair
FZ presenter | Kent Nagano conductor | member of Berkeley Symphony Orchestra

May-Jun.1984
Zappa Band
only rehearsals
FZ guitar | Chad Wackerman drums | Scott Thunes bass | Ray White guitar | Bobby Martin key, sax | Napoleon Murphy Brock sax, vocals | Ike Willis guitar | Brad Cole keyboards

Jul.1984
Zappa Band
FZ guitar | Chad Wackerman drums | Scott Thunes bass | Ray White guitar | Bobby Martin key, sax | Napoleon Murphy Brock sax, vocals | Ike Willis guitar | Allan Zavod keyboards

Aug.-Dec.1984
Zappa Band
FZ guitar | Chad Wackerman drums | Scott Thunes bass | Ray White guitar | Bobby Martin key, sax | Ike Willis guitar | Allan Zavod keyboards

Oct.1987
Zappa Band
only rehearsals
FZ guitar | Chad Wackerman drums | Scott Thunes bass | Howard Kaylan vocals | Mark Volman vocals | Ike Willis guitar | Tommy Mars keyboards | Ed Mann percussion

Feb.1988-Jun.1988
Zappa Band
FZ guitar | Chad Wackerman drums | Scott Thunes bass | Ike Willis guitar | Mike Keneally guitar | Bobby Martin key, sax | Ed Mann percussion | Walt Fowler trumpet | Bruce Fowler trombone | Paul Carman alto sax | Albert Wing tenor sax | Kurt McGettrick baritone sax

Jul.1991-Sep.1992
FZ &
Ensemble Modern
FZ conductor
Peter Rundel: conductor, Dietmar Wiesner: flute, Catherine Milliken: oboe, didgeridoo, Roland Diry: clarinet, Wolfgang Stryi: bass clarinet, Veit Scholz: bassoon, Franck Ollu: horn, Stefan Dohr: horn, William Formann: trumpet, Michael Gross: trumpet, Uwe Dierksen: trombone, Michael Svoboda: trombone, Alphorn Daryl Smith: tuba, Hermann Kretzschmar: piano, harpsichord, Ueli Wiget: piano, Rainer Roer: percussion, Rumi Ogawa-Helferich: percussion, Andreas Botger: percussion Detlef Tewes: mandolin, Jogen Ruck: guitar, banjo, Ellen Wegner: harp, Mathias Tacke: violin, Claudia Sack:violin, Hilary Sturt: viola, Friedemann Dahn: violoncello, Thomas Fichter: contrabass

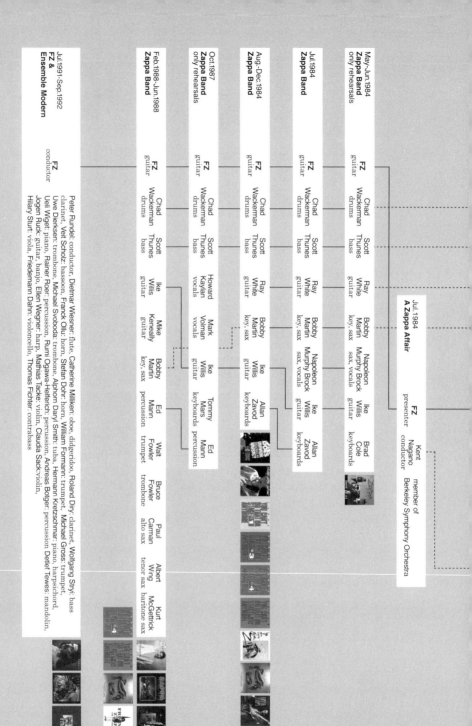

女装した父は発明の母なのだ

text by 和久井光司

フランク・ザッパのブルース

Frank Zappa Blues

ザッパはブルースが嫌いだったんだと思う。

いや、そう言ってしまうと語弊があるか。ブルースをロックの基本と考える人たちや、まずはブルースを極めようとするミュージシャンが、と言い換えた方が、私が言いたいことは伝わりそうだ。たとえばエリック・クラプトンのようなミュージシャンに、ザッパは「違うよ」と思っていたように思うのだ（私もエリックの音楽はあまり好まないが、「違う」とまでは思わない）。

50年代にR&Bを死ぬほど聴いて育てば黒人音楽に敬意を持つようになるのは当然だし、R&Bの源流はブルースだ。ブルースがなければR&Bやロックンロールは生まれなかっただろうし、3コードの7度の音をフラットさせることによって音

IS THIS PHASE ONE
OF ZAPPA CRITIQUE?

階を短調に近くしたブルースは、スティーヴン・フォスターとは違うところからポピュラー音楽を発展させることになった「基本中の基本」である。20世紀にジャズやロックがアメリカから世界に広まったのは、極めて単純な様式に見えるブルースという黒人音楽に、実は無数の引き出しがあったからだろう。

もちろん、そんなことを知らないザッパではない。ブルースの歌詞が表現した人間の悲喜こもごもやセクシャルな暗喩に「先達の知恵」を感じていたから、ザッパはそこに同時代的なエロ・グロ・ナンセンスを加えたのだろうし、南部のプランテーションで働く黒人奴隷を現代のアメリカ市民に重ねていたはずなのだ（だから喩えは「チーズ」であり、選挙は「自由」を勝ち得るための第一歩だと思っていた）。

けれどもザッパには、ブルースとロックをそこまで直結させて考えるつもりもなかった。世の中にはいろいろなタイプの音楽があるし、ロックにはそのすべてをブチこめる幅があるからだ。最も自由な音楽表現であるはずのロックを、わざわざ狭義で考えるなんてナンセンス。ザッパはいつだって広義の人だった。

私はマジック・バンド後期のギタリストだったモリス・テッパーにインタヴューしたことがある。そのときに聞いた、彼をバンドに迎えたころのビーフハートの行動が面白かった。

ミシシッピ・フレッド・マクダウェルのレコードをターンテーブルに乗せた隊長は、「レッド・クロス・ストア」をかけて、俺が帰ってくるまでこの曲を繰り返し聴いていろ、と命じ、半日も帰ってこなかったそうだ。次の日も、その次の日も、同じだったという。テッパーは最初、どういう意味かわからなかったから、隊長はすぐに戻ると思ったらしいのだが、半日も戻らなかったのは意味があると考え、2日目からは何かをつかもうとマクダウェルのブルースを聴いていたのだという。そのうちリハーサルが始まったのだが、隊長は何も言わない。テッパーはふつうにバンドに溶け込み、後期の重要なメンバーとなっていった。彼が「あっ！」と気づいたのは3年ぐらい経ってからで、隊長が言いたかったことが突然わかったのだという。

「どの曲をプレイしてるときに気づいたかは憶えてないんだけど、たしか〝核心に迫れ〟みたいなことを隊長が言ったんだと思う。そのときにフレッド・マクダウェルのブルースが頭をよぎった。それが彼に受けた、たったひとつの授業だよ。何も言われなかったってことは、俺が最初に感じたことを隊長は認めてくれたんだろうが、それがなんだったのかを言葉で説明するのは難しい。音楽を掴むっていうのはほとんど姿勢の問題だ」

とテッパーは話してくれたのだが、毎日4〜5時間も隊長が姿を消していたのが私には気になったから、「彼はどこに行ってたんですか？」と訊いてみた。

「え？　釣りだよ」

真顔で答えたのが自分でも可笑しかったのか、私が笑い出したのと同時にテッパーも笑っていた。

けれどザッパがそんな話を聞いたら、「だからドンはダメなんだ」と言うに違いない。つくるのも壊すのもブルースという隊長の不器用さが、〝変容〟という形でブルースに作用したときの威力はザッパも認めているから『トラウト・マスク・レプリカ』のような極北のブルース・アルバムが生まれたのだろうが、そこを突き詰めていったら詩と絵しか残らなかったのが隊長だ。

ザッパにしてみたら、「あらゆる可能性を秘めているから音楽表現は面白いのに……」ということにもなるだろうし、隊長から取り上げた格好になった『バット・チェイン・プラー』も、いつか自分で編集しようと考えていたはずである。

フランク・ザッパと騒音音楽
Frank Zappa and contemporary music

フランク・ヴィンセント・ザッパは1940年12月21日にメリーランド州のボルチモアで生まれた。イタリアからの移民だった父フランシス・ヴィンセント・ザッパはノース・カロライナ州のチャペル・ヒル大学で学位を授与された科学者で、フランクが生まれたころはロッキード&コルベア航空会社で技師兼治金学者として働いていた。50年に海軍学校での仕事を得た父は、ギリシャ系の妻ローズマリーと、フランクを筆頭とする4人の子供を連れてカリフォルニア州モンタレーに引越した。そこで3年過ごした一家はポモナで数年暮らし、ランカスターに移っている。父ザッパがアトラス・ミサイルズという会社で職を得たからだ。ここはのちにスペース・シャトルの基地になった。

12歳となったザッパ少年は両親にねだってドラム・セットを手に入れ、練習に没頭する。すでにR&Bのレコードのコレクターとなっていた彼は、14歳のときにエドガー・ヴァレーズに興味を持つ。パリ生まれのコルシカ人ヴァレーズは騒音音楽の創始者／研究者で、60歳をすぎたこのころ、やっと世間に認められつつあった。両親が読んでいた『ルック』誌でヴァレーズが称賛されていたのに目をとめたザッパは、苦心のすえにヴァレーズのレコードを手に入れ、騒音音楽に夢中になるのだ。彼が作曲を始めたのもこのころ。初期の作品には打楽器がメインの‘Mice’などがあった。

ザッパが友人たちとバンド活動を開始したのも高校時代のことだった。ザ・ランブラーズを経て、8人編成のザ・ブラックアウツを結成したのは57年。リード・ギターはザッパ、リード・ヴォーカルは同級生のドン・ヴァン・ヴリートだった。ドンに「キャプテン・ビーフハート」を名乗らせたザッパは、バンド活動でR&Bやロックンロールを体得していくのである。

カリフォルニアのアイティローブ・ヴァレー短大に1学期だ

け通ったあと、実家を出てロサンゼルスのエコー・パーク通りに小さなアパートを借りたザッパは、高校の国語教師ドン・サーベリスが書いた西部劇『ラン・ホーム・スロー』に曲をつけたりしていたが、生活苦を理由に一度はランカスターの家に戻っている。

やがて彼はアルタマロのチャフィ短大で和声楽講座を聴講し、ポモナ大学で作曲を学んだ。オンタリオの国民第一銀行に勤めるケイという女性とつきあい始めたザッパは、60年に家を出たいがために彼女と結婚。グリーティング・カードの会社で働いたり、百科事典の訪問販売をしたりして生計を立て、週末はザ・ブギー・メンやジョー・ペリーノ&ザ・メロトーンズといったローカル・バンドのギタリストとしてカクテル・バーやダンス・パーティで演奏するようにもなった。

61年初頭、低予算B級映画『世界の偉大なる悪漢（The World's Greatest Sinner)』のために、52人編成のオーケストラのスコアを書いて注目されたザッパは、3月9日に地方紙で紹介され、ランチョ・クカマンガのアーチボールド・アヴェニュー８０４０番地にあったパル・レコーディング・スタジオに出入りするようになる。そして、そこのオーナーだったポール・バフが自ら製作した5チャンネル、１／2インチ・テープのデッキを駆使して、さまざまな録音を行うようになるのだ。

バフがひとりでつくった‘Tutuana Surf’をレコード化する際にB面を任されたザッパは、インスト・ナンバー‘Grunion Run’を制作。ザ・ハリウッド・パースエイダーズ名義でリリースされたこのシングルはローカル・ヒットを記録した。

このころのロサンゼルスではサーフ・ミュージックが大ブームになっていて、インディー・レーベルから多くのシングルがリリースされた。61年にデビューした〝キング・オブ・サーフ・ギター〟ディック・デイルの人気が爆発したことで、まずギター・インストが注目され、50年代から活躍していたデュエイン・エディやリンク・レイまでサーフ・ミュージックに参戦するという現象が起こった。最初はドゥーワップの影響を残すヴォーカル・デュオだったジャン&ディーンや、スポーツとは無縁のブライアン・ウィルソンが率いるビーチ・ボーイズがブームに乗って〝サーフィン／ホット・ロッド〟という新しいロッキン・ポップを全米に広めていったが、実際に浜辺でレコードを聴いたり、改造したクルマにポータブル・プレイヤーを積んでナンパに出かけるヤンキーが多かったロサンゼルスでは、ちょっとパンクなギター・インストをかけてオンナのコの気を引くのが流行っていたのだ。だから、ローカル・レーベルから出たギター・インスト曲にもそれなりの需要があったというわけ。

ビーチ・ボーイズがセカンド・アルバム『サーフィンＵＳＡ』にディック・デイルの「ミザルー」（そう、タランティーノの『バルプ・フィクション』で一般層にも知られるようになったあのインストだ）が入っているのも、62～63年ごろの〝ロサンゼルスのトレンド〟に則ったもので、日本で人気になるヴェンチャーズ（59年にデビューし、最初はシアトルで活躍していた）も、ロスのサーフ・ブームに乗ってギター・インストのスタイルを確立したと言っていい。

　そのあたりを考慮して『フリーク・アウト』を聴くと、R&B～ドゥーワップ～サーフ・ギター～サーフィン／ホット・ロッドという少し前までのトレンドをおちょくっているのがリアルに受け取れる。ザッパの趣向として興味深いのは、黒人のR&Bは好きでも、リトル・リチャードやチャック・ベリーのロックンロールには行かず、イタリアン・アメリカンによるホワイト・ドゥーワップからサーフィンという、いかにもロスっ子らしい〝ポップ・ミュージックへの視線〟が窺えることだ。

　しかしそれだけなら、ブライアン・ウィルソンのようなソングライターか、ゲイリー・アッシャーやテリー・メルチャーみたいなプロデューサー、もしくはタートルズ的なポップ・バンドにたどり着いたはずで、まったく違った音楽人生を歩むことになったはずである。

　ザッパが特異な点は、ヴァレーズの騒音音楽からクラシック（現代音楽）やフリー・ジャズへと触手を広げたことだ。R&Bからブルースへと遡らなかったことは、黒人の粘っこいグルーヴには惹かれないという嗜好にもつながった。ザッパがテンポに対してのジャストに近い、スクエアなビートを求めたのは、かなり初期から〝編集〟も込みの曲づくりをしていたからだろう。リズムが揺れていたらふたつのテイクを繋いだりはできないからね。そう考えると、スワンプ・ロックにはほとんど反応しなかったザッパが、ディスコには乗ったのが頷ける。「グルーヴと揺れは違う」「リズムの揺れに感情なんかない」と言わんばかりの〝クラシック的なリズム解釈〟は、ザッパ音楽の唯一の弱みだったのを私は見逃さない。雰囲気重視のアメリカン・ロック・ファンにザッパ音楽が理解されない理由は、〝そこ〟だったと思うからだ。

　62年秋、ザッパはメルセデス・マッキャンブリッジ主演でやっと映画化されることになった『ラン・ホーム・スロー』の音楽をパル・レコーディング・スタジオで自ら録音してギャラを得る。63年3月、〝自転車を演奏する男〟として『スティーヴ・アレン・ショウ』に出演したザッパは、新しいギターを手に入れ、7月にはパル・スタジオの経営権をバフから譲り受けた。そこをスタジオZと改名した彼は、モーターヘッド・シャーウッドとふたりの女のコを雇って8月1日から正式にスタジオ経営を開始する。そして、キャプテン・ビーフハート&ザ・スーツの録音などを試みるのだが、金になる仕事はなかったため、自ら監督・主演したポルノ映画の通販で稼いでいた。ところがすぐに摘発され、逮捕。父ザッパが保釈金を用意してくれたおかげで拘留は10日間で済んだものの、執行猶予3年の有罪判決をくらうのだ。

フランク・ザッパのビジネス
Frank Zappa's Business

ザッパは64年になると、モーターヘッド・シャーウッドがいたザ・ヴィレッジ・バンドのギタリストとして週末だけクラブのステージに立っていた。ある日ソウル・ジャイアンツのシンガーだったレイ・コリンズが電話してきて、リーダーのギタリストが辞めてしまったから参加してくれないか、と誘われる。ザッパを迎えたソウル・ジャイアンツは5月10日の母の日にザ・マザーズと改名（ザッパはそれ以前に別のメンツのマザーズをスタートさせていたのだが、そっちは解散）。ザッパ、コリンズ、ロイ・エストラーダ、ジミー・カール・ブラックというのが最初期の主要メンバーだった（アディショナル・メンバーの中にはヴァン・ダイク・バークスもいた）。

ザッパはコリンズやビーフハートとさまざまな録音を行うようになり、スタジオZに住みついてしまった。ケイと離婚した彼は、低俗なロック・オペラ『俺はガキのアイスクリーム屋だった』や、ＳＦ映画（?）『キャプテン・ビーフハート対グラント・ビープル』のための音楽を夢中でつくったのだ。しかし、ハリウッドのスタジオから背景用の大道具を譲り受けて準備していた『キャプテン・ビーフハート対グラント・ビープル』は資金不足から撮影にはいたらず、ザッパは低出力のカレッジ・ラジオ局で『ジ・アンクル・フランキー・ショウ』なる番組を放送したりしていた。

マザーズが『モンド・ハリウッド』という映画のパーティ・シーンに出演したのを、ハーブ・コーエンがたまたま見たのは65年初頭だったようだ。コーエンとマネージメント契約を交わしたマザーズは、11月にウイスキー・ア・ゴーゴーに初出演する。これがトム・ウィルソンの目にとまり（コーエンが呼んでいたのだろう）、ヴァーヴ／ＭＧＭで『フリーク・アウト』となるセッションが始まったのである。

１９３１年3月25日にテクサス州ワコで生まれたトム・ウィルソンは、ハーヴァード大学時代にジャズのＤＪを経験し、卒業後、自らトランジション・レコーズを興した。そこでサン・ラやセシル・テイラーなどをリリースしてプロデューサーとして認められ、サヴォイなどを経てコロンビアに移籍したという成り上がりの黒人だった。ボブ・ディランの『時代は変る』から「ライク・ア・ローリング・ストーン」までを担当し、アコースティックだったサイモン&ガーファンクルの「サウンド・オブ・サイレンス」にディランのバンドによるバックを勝手につけて大ヒットさせた、65年の音楽界の〝台風の目〟だった（ディランの65年5月の英国ツアーを記録したフィルム『ドント・ルック・バック』でその姿を見ることができる)。

　ところがウィルソンは65年秋にあっさりコロンビアを辞め、MGMに移籍する。ヘッドハンティングだったのだろうが、すぐにマザーズを担当することになったウィルソンはニューヨークのシーンからはヴェルヴェット・アンダーグラウンドを選び、西東の〝先鋭〟を世に問うのだから面白い。当然サン・ラを聴いていたザッパは、ウィルソンを試すように『フリーク・アウト』のアイディアをぶつけたのだろうが、ウィルソンは大物に与えられるような制作費をMGMからとって好きなようにつくらせたのだから、業界的には異例のことだった。ザッパはウィルソンの理解を喜び、のちに「尊敬する人」として語っているが、もし彼がプロデューサーでなければ、いくらザッパでも『アブソルートリー・フリー』のような傑作をものにすることはできなかったと思う。

　ウィルソンは68年、日本人のサイケ風ジャズ・シンガー‥ハルミ（安藤）を手掛けてMGMを退社すると、ABC傘下にラスプーチン・プロダクションをつくって、マザーズのエリオット・イングバーがローウェル・ジョージ在籍のザ・ファクトリーの残党と結成したザ・フラタニティ・オブ・マンの2作や、ニューヨークを拠点とするファイアーというバンドを手掛けたりするのだが、69年ごろ音楽界から忽然と消えてしまった。

　その理由はわからないし、トム・ウィルソンを追った資料は世界的にもない。つまり彼は、最も偉大な〝幻のレコード・プロデューサー〟なのだ。

　ザッパがいわゆる〝メジャー〟を信じていなかったことは、スタジオZ時代の行動からも、ハーブ・コーエンと袂を分ってからのリリースからも歴然だし、ザッパは常に〝インディペンデント〟だった。メジャーなレコード・カンパニーを〝配給元〟と考える姿勢は、60年代後半のロック・ミュージシャンにはほとんどなく、68年5月にビートルズがアップルを興したときも、ジョンとポールはそれでレコード契約がどうなるかを考えてはいなかったのだ。彼らはまずEMIやキャピトルに相談してしまったから、〝美味しいところ〟だけメジャーに取られ、アップルは1年足らずで赤字になる。それを横で見ていたミック・ジャガーは、ワーナーに移籍する際に「ローリング・ストーンズ・レコーズ」を立ち上げたものの、アップルのような〝夢の砦〟は夢想しなかった。

　ザッパとコーエンは、いち早く原盤制作会社「ビザール・プロダクション」をつくり、MGMと配給契約したが、ビートルズやストーンズほど売れないザッパに、抜け道のような方法を教えたのはおそらくウィルソンだ。彼は3000枚売れれば充分やっていけると言われるジャズのレーベル運営をザッパに教え、ビザール・プロダクションは〝趣味〟に見えるようなザッパ／

マザーズ以外のレコードを制作するようになるのだが、サンディ・ハーヴィッツのアルバムをイアン・アンダーウッドに任せたりしてギャラを渡したり、ジェフ・シモンズが手掛けた映画のサントラを出したり、ワイルドマン・フィッシャーのような超低予算アルバムを出したりすることで、絶妙なバランスをとっていたのだ。

だからザッパは、のちにディスクリートをコーエンが勝手に動かすようになったのが我慢ならなかった。スタジオに入ればいつまでもやっているであろう自分を律して、〝俺は「ライヴを混ぜる」という方法をとっているのに、なんでキャプテン・ビーフハートが何ヶ月もレコーディングしてるんだ！〟と怒ったわけである。

実際ザッパは、レコーディングのモービル・ユニットがだいたい16トラックになった72年以降は、長時間のスタジオ・セッションを極力しなくなっていく。そのかわり時間をかけてリハーサルしたバンドでツアーに出て、「録れるかぎりのライヴを録っておく」という手法で新作をつくるようになっていくのだ。

現実問題として、ライヴ・レコーディングはPA卓のライン・アウトからテープ・デッキに音を分けてもらうだけだから、トラック数があればそのまま録りっぱなすだけで、技術的なことさえわかっていればアシスタント・クラスでもできる。レコード・プラントやローリング・ストーンズのモービル・ユニットなら、運転してくるのもエンジニアだろうから2〜3人の稼働で充分。一流のスタジオで一流のエンジニアに録ってもらうより、間違いなく安いだろう。

そのおかげで膨大な録音が残り、死後27年にもなるのにいまだに初登場のテイクが出てくる。ふたつのライヴ音源をつないだり、ある場所でのライヴに別の場所で録った部分をインポーズして「完成形」をつくったりしていたから、いまとなってはバラバラに「素材を聴く」という楽しみ方もありえるわけだ。

多くのマニアはザッパを「創作の鬼」と呼ぶ。10年前、ザッパが亡くなったのとほとんど同じ歳のときに、私はミュージック・マガジンで『フランク・ザッパ／キャプテン・ビーフハート・ディスク・ガイド』を書いたのだが、ザッパより10年長く生きて思うのは、「あんな勝手な音楽をよく商売にしたなぁ」ということ。町のちょっと辺鄙なところにある家族経営のレストランが、フェスに出店することで世界的になっていたようなもの、と考えると、ザッパ音楽が実は身近になり、イケてる料理とそうでもないものの判断もつくのではないかと思う。

本書を録音順の編年体という面倒なものにしたのも、「創作の鬼」というイメージから、我らの「お父さん」を開放してあげたかったからである。

録音順／編年体ディスク・ガイド

Annals Disc Guide of Frank Zappa

梅村昇史◎真下部緑朗◎山田順一◎和久井光司

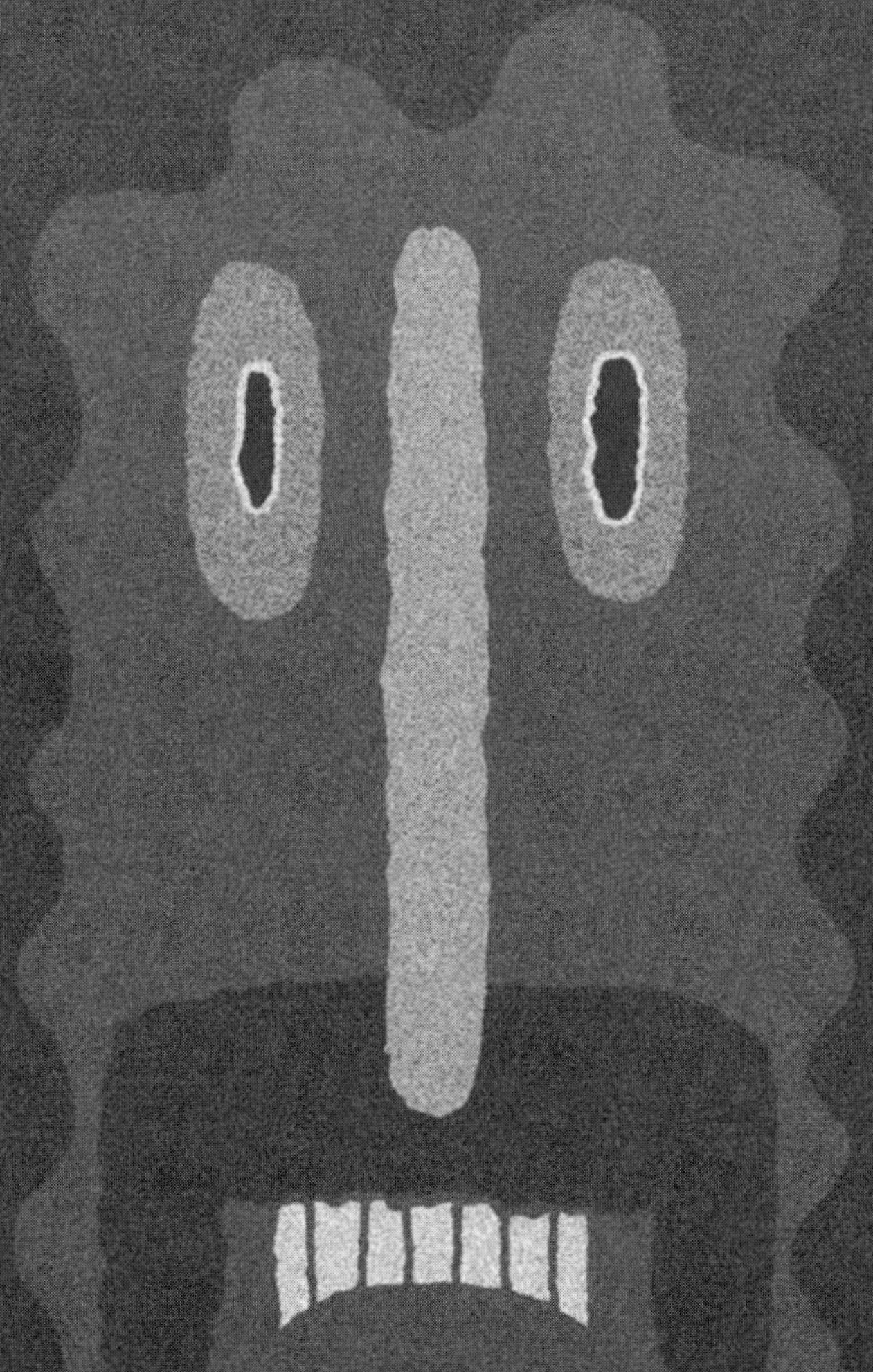

論考 **20代のフランク・ザッパ**

「俺、そういうんじゃないから」の表出

和久井光司

ああいう暑苦しい顔で、堂々たる存在感。やることすべてに自信を持っているように見える……から、ザッパは『フリーク・アウト』の段階で〝新人〟には見えない。当時の若者たちは少しでも自分をオトナに見せようしたものだし、60年代後半のミュージシャンは「ドント・トラスト・オーヴァー・サーティ」と言いながら、見た目はなるべく歳とって見えるようにした。ビートルズ以後、雨後のタケノコのように現れたバンドマンを、メディアは「アイドルになりたい子たち」と扱ったからだろう。モンキーズみたいに〝アイドルとしてつくられた〟バンドもあったし、それはそれで必要とされた。けれど、音楽表現を一生の仕事にしようと思っていたミュージシャンはアイドルに見えることを嫌ったのである。

「俺、そういうんじゃないから」。フランク・ザッパは、最初にそう言ったミュージシャンだったはずだ。

ザッパはまず、ロック・バンドのギタリストにとっては必修のブルースに、「俺、そういうんじゃないから」を示し、初のテレビ出演では自転車を演奏をした。3分のポップ・チューンをヒットさせ、テレビで若者らしい溌剌さを見せればスターになれた時代に、それに逆らうように「俺、そういうんじゃないから」と言い続けた。

世の中には〝アンチ〟を面白がる人たちもいて、65年夏に全米2位になったボブ・ディランの「ライク・ア・ローリング・ストーン」によって、アンチは〝革新〟に変わった。6分を超えるその曲をシングル・カットするとき、プロデューサーのトム・ウィルソンは真ん中でぶった切ってA／B面に分けてしまった。ザッパは「あれ？」と思ったはずだ。その張本人がレコードを出してくれると言う。初めて「俺、そういうんじゃないから」と言わなくていい瞬間がやって来たわけだ。

『フリーク・アウト』は「俺、そういうんじゃないから」の集大成になった。ザッパはギター・ソロを弾かず、唄わず、「俺、そういうんじゃないから」をアピールした。じゃあコイ

FZ in 1960~1970

ツは何なんだ?と思わせることで、ソングライターの立場でも満足しない、「自分の音楽を総合的に演出する男」の像を築いてしまったのである。

ザッパの登場にいちばん衝撃を受けたのは、ロックの先頭集団にいた者たちだろう。ビートルズの後期はジョン・レノンが眼鏡をかけ、みんなで髭を生やしたことから始まった。アイドルではなくなるために、「俺たちはもう、そういうんじゃなら」を見た目で示し、スタジオに籠もって『サージント・ペパーズ』をつくりあげた。

ザッパのあり方は、シングルのレコーディングとテレビ出演やツアーを軸にスケジュールが切られるバンドのルーティンに疑問を呈したし、3分のポップ・チューンには収まらない〝ポップ〟を、アルバムをフル活用して表現するのが〝ロック〟であることを示していた。

ところが、そういう手法に必要とされるある種のオタク性は英国人の気質に合っていたため、〝アルバム・アーティスト〟というあり方は英国ロックに顕著となるのだ。『アブソルートリー・フリー』で早くも「俺はこういうのだ」と言い切ったザッパは、アルバムを箱庭的につくる英国バンドが「芸術的」と評価されるのを忸怩たる想いで眺めていたはずだし、マザーズ3枚目のアルバムに『俺たちゃただ金のためにやってるんだ』と題したのも、オタク的な芸術志向によってロックのエンタテインメント性が誤解されていくことを案じたからだろう。

闇雲に芸術を語る人たちへの踏み絵のような『アンクル・ミート』から、〝ジャズ・ロック〟という音楽的な具体性を持つ『ホット・ラッツ』にいたって20代を終えたザッパは、30歳になる直前に「ビートルズは信じない」と歌ったジョン・レノンや、アメリカ音楽の呪縛にがんじがらめになって迷走するボブ・ディランの『セルフ・ポートレイト』に、笑いながら「俺、そういうんじゃないから」と言った気がしてならない。

The Lost Episodes

Frank Zappa

ロスト・エピソード

Rykodisc RCD 40573

① The Blackouts
② Lost In A Whirlpool
③ Ronnie Sings?
④ Kenny's Booger Story
⑤ Ronnie's Booger Story
⑥ Mount St. Mary's Concert Excerpt
⑦ Take Your Clothes Off When You Dance
⑧ Tiger Roach
⑨ Run Home Slow Theme
⑩ Fountain Of Love
⑪ Run Home Cues, #2
⑫ Any Way The Wind Blows
⑬ Run Home Cues, #3
⑭ Charva
⑮ The Dick Kunc Story
⑯ Wedding Dress Song
⑰ Handsome Cabin Boy
⑱ Cops & Buns
⑲ The Big Squeeze
⑳ I'm A Band Leader
㉑ Alley Cat
㉒ The Grand Wazoo
㉓ Wonderful Wino
㉔ Kung Fu
㉕ RDNZL
㉖ Basement Music #1
㉗ Inca Roads
㉘ Lil' Clanton Shuffle
㉙ I Don't Wanna Get Drafted
㉚ Sharleena

Many recordings: **1958-1980**
Release: Feb.27,1996

　編年体という形を命題とした本書のディスコグラフィーの冒頭にふさわしい、レア・スタジオ・レコーディング集。公式発表音源としては最古となる58年から92年までの録音を集め、幾分不徹底なれども、ザッパ作品としては珍しく録音順に編集を施されている本作は、本書の編年体ガイドとも相似形をなしていると言える。とは言え、収録曲の3分の2が60年代の音源で、半数が『フリーク・アウト!』以前の最初期という構成のため、ザッパ史を俯瞰するにはかなりバランスは悪い。これについては本作を制作していた最晩年のザッパが、20歳前後の自身のエピソードを振り返る心境に思いを馳せたい。

　②⑧⑳㉑㉒の5曲はキャプテン・ビーフハートとの録音で、58年の②は学校の教室で録音された即興ブルース。事実上二人の初録音になるが、うーむ、すでに凄い。個人的にはジョンとポールがご近所で出会った事と同じくらい、ザッパとビーフハートが同じ高校だった事がロック史的には重大案件だと思うんだけど。自伝でもおなじみの旧友ロニーとケニーとの音源を経て、⑥では63年の学生オーケストラとのコンサートが登場し、早くもザッパ世界が拡大して行く兆しを示している。

　終盤は有名曲の初期ヴァージョン等で一挙に駆け抜けるが、本作以降20数年に渡って発掘されていく作品群のためサンプル集という解釈の仕方が今なら可能だろう。（梅）

Masked Turnip Cyclophony

Frank Zappa and some more

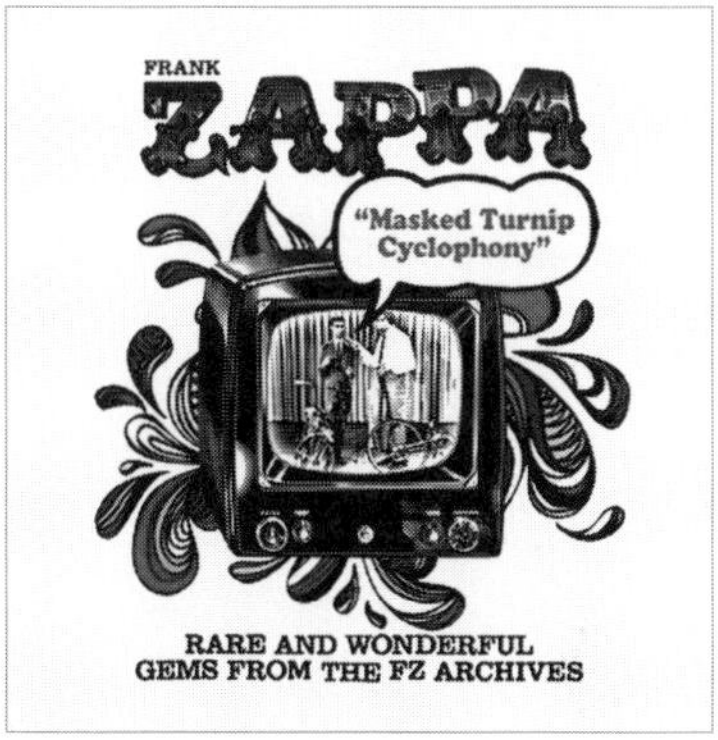

仮面と蕪に自転車まで

Gonzo Multimedia – HST340CD

① Breaktime
② High Steppin'
③ The World's Greatest Sinner
④ How's Your Bird?
⑤ Cookin' Turnips
⑥ Memories of El Monte [Stereo Mix]
⑦ Waltz
⑧ Sun Dog [Alternate Take]
⑨ Smoky Night
⑩ Can't Stand Up
⑪ Dear Jeepers
⑫ Letter From Jeepers
⑬ Every Time I See You
⑭ Love of My Life [Alternative Version]
⑮ Masked Grandma
⑯ The Big Surfer
⑰ Hey Nelda
⑱ Surf Along With Ned and Nelda
⑲ Grunion Run [Stereo Mix]
⑳ Mr. Clean [Alternate Mix]
㉑ Why Don't You Do Me Right [Alternate Demo]
㉒ I'm Losing Status at the High School
㉓ Hurricane
㉔ The Sahara Hop
㉕ Cyclophony

Many recordings: **1961-1964**
Release: 2015

マルチ楽器奏者にして録音技術の革新者ポール・バフはクカマンガでパルというスタジオを運営していた。ザッパは61年から、雇われ人、作曲家、プレーヤー、等々の形でこのスタジオに出入りするようになる。優れた技術者であるバフとの仕事を通して、ザッパは楽譜に音符を書く作業とはまた別の、スタジオの機材をコントロールして音楽を作る技術を学んでいった。

本作はザッパ・サイドの公式作品ではなく、2010年にダウンロード発売されたポール・バフの所蔵音源集から、ザッパの関係度の高い音源をまとめたものだ。バフとザッパは、パルでの録音をあちこちのレコード会社に売り込み、後年、③④⑥⑪⑫⑬等を含む様々なコンピレーション盤が出回ることになる。本作はそれらに加えて、長年未公開だったパル・スタジオ・バンド名義の曲や、ザッパがスティーヴ・アレン・ショーで演奏した自転車協奏曲を収録した決定版的内容で、ザッパ理解には必要不可欠な一作だ。

②⑤⑦⑭⑮㉒はその後のザッパの活動に繋がっていく原曲集とも言える音源で、また②㉓は『ランピー・グレイヴィ』の音響コラージュの素材として転用されている。実は『ランピー』制作時の67年のザッパは、その5年前に遡るパル・スタジオでの自作をサンプリングしていた事が判明しており、改めてこの時期に対する興味が深まっていく。（梅）

1962

Joe's Xmasage

Frank Zappa

ジョーのクリスマスアージ
Vaulternative VR 20051

① Mormon Xmas Dance Report
② Prelude To "The Purse"
③ Mr. Clean (Alternate Mix)
④ Why Don'tcha Do Me Right?
⑤ The Muthers/Power Trio
⑥ The Purse
⑦ The Moon Will Never Be The Same
⑧ GTR Trio
⑨ Suckit Rockit
⑩ Mousie's First Xmas
⑪ The Uncle Frankie Show

FZ: guitars, drums, piano, vocals
Kay Sherman: voice
Ray Collins: voice
Al Surratt: voice
Mr. Clean: lead vocals
Paul Buff: electric piano, bass
Floyd: vocals
Les Papp: drums
Paul Woods: bass
Bobby Saldana: bass

Many recordings: **1962-1964**
Release:December 21,2005

63年、ザッパはハイスクール時代の教師が脚本を手がけた映画『ラン・ホーム・スロー』の音楽を書き、ポール・バフをエンジニアに、小編成オーケストラで録音をする。この仕事でザッパは2000ドルを稼ぎ、それを資金にポール・バフが抱える借金を清算、スタジオの賃貸権を得ることになった。そして64年8月にスタジオZが誕生する。当時のザッパは最初の結婚の破綻後で、そのままスタジオZに寝泊まりするようになっていた。そんな録音天国での生活がその後のザッパの創作活動に与えた影響は計り知れない。

本作は62年から65年の録音をまとめており。約半分がスタジオZ期の音源となる。③④は『マスクド・ターニップ～』に別ミックスで収録。ミュージック・コンクレートの⑦⑩は『ロスト・エピソード』収録の63年のオーケストラ録音を素材にしていると思われる。⑤⑧はギタートリオによる演奏で、次に取り上げる『ミステリー・ディスク』に編集ヴァージョンが収録されている。

音楽的には、のちのザッパ作品の萌芽となるいくつかの方向性が顕在化しているが、半分以上は様々な会話や架空ラジオショーで、すでに録音魔ぶりが全開。

ザッパ言うところの、編集は作曲の延長であるという主義に基づけば、どんな録音であれ、それはテープに音を記す作曲行為のひとつのバリエーションということか。（梅）

Mystery Disc

Frank Zappa

ミステリー・ディスク

Rykodisc RCD 10580

① Theme From "Run Home Slow"
② Original Duke Of Prunes
③ Opening Night At "Studio Z" (Collage)
④ The Village Inn
⑤ Steal Away
⑥ I Was A Teen-Age Malt Shop
⑦ The Birth Of Captain Beefheart
⑧ Metal Man Has Won His Wings
⑨ Power Trio From The Saints 'n Sinners
⑩ Bossa Nova Pervertamento
⑪ Excerpt from The Uncle Frankie Show
⑫ Charva
⑬ Speed-Freak Boogie
⑭ Original Mothers at The Broadside
⑮ Party Scene From "Mondo Hollywood"
⑯ Original Mothers Rehearsal
⑰ How Could I Be Such A Fool?
⑱ Band Introductions at The Fillmore West
⑲ Plastic People
⑳ Original Mothers at Fillmore East
㉑ Harry, You're A Beast
㉒ Don Interrupts
㉓ Piece One
㉔ Jim/Roy
㉕ Piece Two
㉖ Agency Man
㉗ Agency Man (Studio Version)
㉘ Lecture from Festival Hall Show
㉙ Wedding Dress Song/
㉙ The Handsome Cabin Boy
㉚ Skweezit Skweezit Skweezit
㉛ The Story of Willie The Pimp
㉜ Black Beauty
㉝ Chucha
㉞ Mothers At KPFK
㉟ Harmonica Fun

Many recordings: **1964-1969**
Release: September 15,1998

本ガイドのここまでの4作はそれぞれ初期録音を取り上げており、各作品間で一部の音源が重複している。本作は85、86年に発売されたボックスセット「オールド・マスターズ」の第1集と第2集に付属の2枚のボーナス・ディスクを前半部と後半部に組み合わせたものだ。したがって、晩年の制作や没後の発掘という形の前3作とは基本的に編集スタンスが異なっている。

スタジオZ取得のきっかけとなった映画音楽『ラン・ホーム・スロー』からの2曲につづき。3曲めにはそのスタジオZのオープニング・ナイトの様子を収録。以降、ライヴのMC、パーティーでの会話、ラジオ出演、リハーサル、女の子へのインタヴューなど、よくこんなものを録音して残していたなと言いたくなるような音源に感心すらする。それらの素材を、スタジオZ時代から69年までの各種演奏に組み込んだ、60年代ザッパのオーラル・ドキュメンタリー的作品に本作は仕上げられている。この録音と編集の姿勢はミュージシャンというよりはジャーナリストのそれに近い。

㉑から㉖は68年10月のロンドン公演の録音で、のちに『アヘッド・オブ・ゼア・タイム』の前半部分に収録されるパートの別編集になる。基本的に組曲になっており、これ以外の楽曲はいずれも小品で細切れとも言える収録だが、そんな寄せ集め感もまた味わい深かったり。（梅）

Joe's Corsage

Frank Zappa

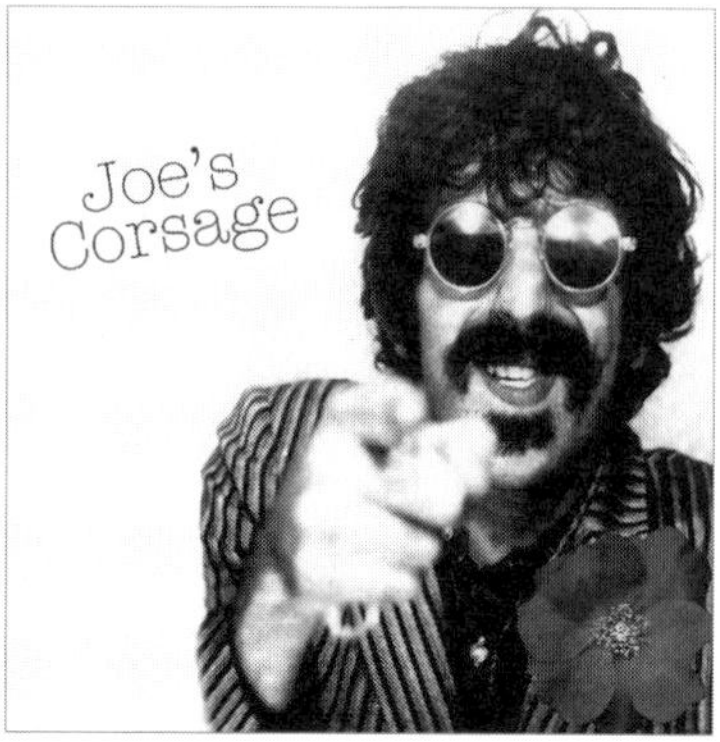

ジョーのコサージュ
Vaulternative VR 20041

① "Pretty Pat"
② Motherly Love
③ Plastic People
④ Anyway The Wind Blows
⑤ I Ain't Got No Heart
⑥ "The Phone Call"/My Babe
⑦ Wedding Dress Song/Handsome Cabin Boy
⑧ Hitch Hike
⑨ I'm So Happy I Could Cry
⑩ Go Cry On Somebody Else's Shoulder
⑪ How Could I Be Such A Fool?
⑫ "We Made Our Reputation Doing It That Way…"

FZ: guitar, vocals
Ray Collins: vocals, tambourine, harmonica
Henry Vestine: guitar ②③④⑤
Roy Estrada: bass guitar
Jimmy Carl Black: drums

Many recordings: **1965**
Release:December 21,2005

　長年のザッパ・ファンには有名なエピソード。ザッパがサンバナディーノ市警のおとり捜査官に騙されて「セックス・テープ」を制作したという事件。ザッパはポルノ制作の容疑で10日間のムショ暮らしに。スタジオの備品は押収され、やがて道路の拡張とともにスタジオZは消滅する。録音天国暮らしの終焉だ。

　そんな境遇のザッパに、レイ・コリンズは自身が参加していたバンド、ソウル・ジャイアンツに参加を要請する。その後、バンドのリーダーが抜け、代わりにザッパが主導権を握るようになり、バンド名を変更する。バンド名はザ・マザーズ。

　本作は、ザ・マザーズがザッパのオリジナル曲を演奏するようになってから、66年の春にMGMとレコード契約を結ぶまでの、プレ『フリーク・アウト！』時代の記録だ。最初の3作のアルバムに収録される曲のデモ・テープやライヴ録音に、当時を振り返るインタビューを交えて構成されている。のちにキャンド・ヒートのメンバーになるヘンリー・ヴェスティンがギターで参加。サウンド的にはザ・バーズ的なギター・ロックの佇まい。まだ若くて流動的な65年のザ・マザーズだ。

　発掘はザッパ家のテープ倉庫の管理を任されたヴォルトマイスター、ジョー・トラヴァースによるもの。

　"Joe's exciting new series"と銘打った、ザッパ史を補完するコラム的なシリーズの第1弾だった。（梅）

The MOFO Project/Object (2CD)

Frank Zappa

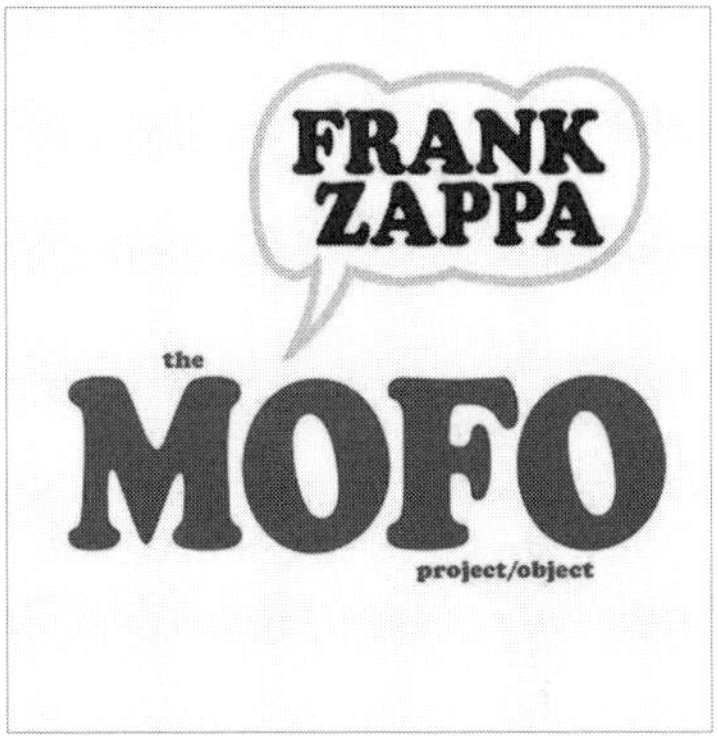

メイキング・オヴ・フリーク・アウト!

Zappa Records ZR 20005

disc 1
same as FREAK OUT!
disc 2
① Trouble Every Day (Basic Tracks)
② Who Are The Brain Police?
③ I Ain't Got No Heart (Basic Tracks)
④ You Didn't Try To Call Me (Basic Tracks)
⑤ How Could I Be Such A Fool?
⑥ Anyway The Wind Blows (1987 FZ Remix)
⑦ Go Cry on Somebody Else's Shoulder (Vocal Overdub Take 2)
⑧ Motherly Love (Vocal Overdub Master Takes)
⑨ "Tom Wilson"
⑩ "My Pet Theory"
⑪ Hungry Freaks Daddy (Basic Tracks)
⑫ Help, I'm a Rock(1970 FZ Remix)
⑬ It Can't Happen Here(1970 FZ Remix)
⑭ Freak Out Drum Track w/ Timp. & Lion
⑮ Watts Riot Demo/Fillmore Sequence
⑯ Freak Out Zilofone
⑰ "Low Budget Rock & Roll Band"

FZ: musical director, guitar & vocals
Ray Collins: vocalist
Jim Black: drums
Roy Estrada: bass & guitarron; boy soprano
Elliot Ingber: Alternate lead & rhythm guitar

Recording: **March,1966**
Release:December 5, 2006

『ザ・メイキング・オブ・フリーク・アウト』は4枚組で限定の豪華版と、2枚組の普及版がリリースされた。この2枚組ヴァージョン、ディスク1は4枚組と同じ『フリーク・アウト』の66年ステレオ・ミックスを収録し、ディスク2は豪華版のディスク2〜4から抜粋した17曲で構成されている。

ただし、ディスク2の「フー・アー・ザ・ブレイン・ポリス?」「ハウ・クッド・アイ・ビー・サッチ・ア・フール?」「ハングリー・フリークス・ダディ」「ヘルプ・アイム・ア・ロック」「イット・キャント・ハプン・ヒア」「ワッツ・ライオット・デモ/フィルモア・シークエンス」「フリーク・アウト・シロフォン」は豪華版には収録されていないヴァージョンなので要注意。

豪華版も、この2枚組も買わないと、『ザ・メイキング・オブ・フリーク・アウト』は完結しないのだから困ったものだ。悪徳商法だよね。

個人的には2枚ぐらいでお腹いっぱいなので、こっちだけでも満足。両方揃えるぐらいなら、ほかのアルバムを買った方がいいと思う。

マニアやコレクターも(ザッパ関係に限らず)こういうリリースに大騒ぎしない方が(とくに発掘盤は)内容がいいものになっていくはずだ。「何でも買うのがファン」という考え方は大間違いだから、アーティストにも自分にも、思いきり厳しくなっていただきたい。(和)

Freak Out

The Mothers Of Invention

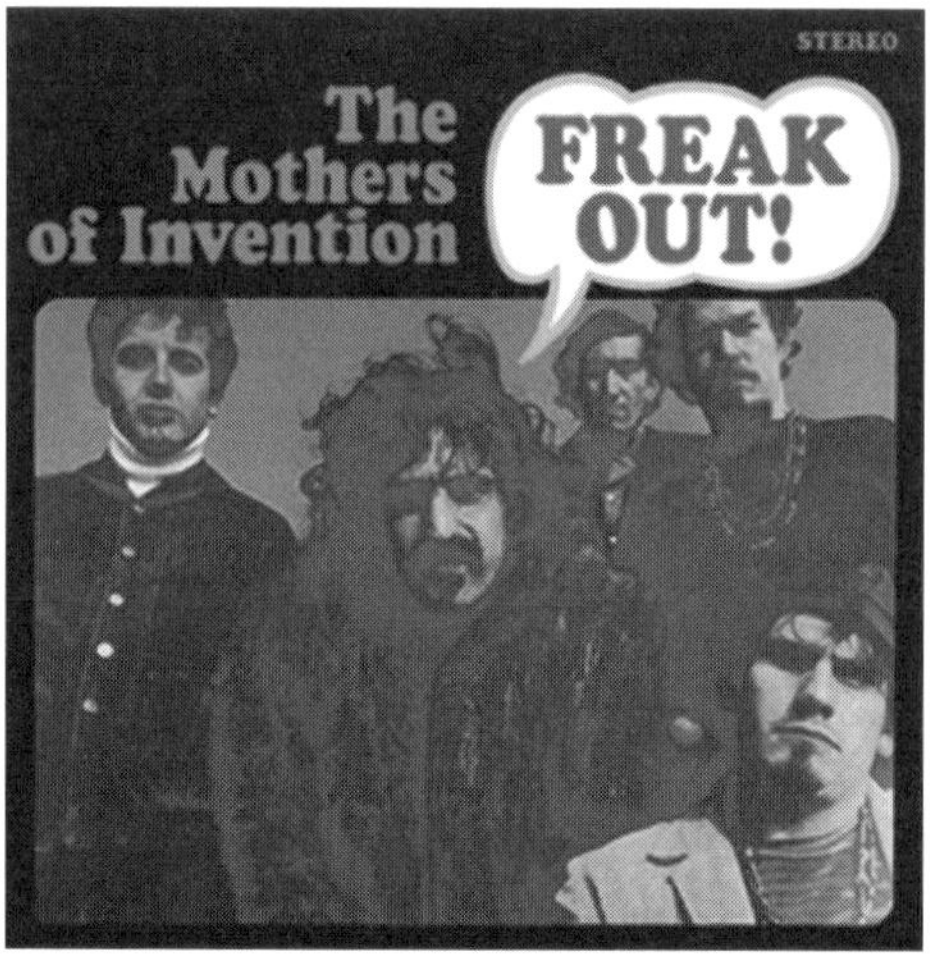

フリーク・アウト!
Verve/MGM V/V6-5005-2

① Hungry Freaks, Daddy
② I Ain't Got No Heart
③ Who Are The Brain Police?
④ Go Cry On Somebody Else's Shoulder
⑤ Motherly Love
⑥ How Could I Be Such A Fool
⑦ Wowie Zowie
⑧ You Didn't Try To Call Me
⑨ Any Way The Wind Blows
⑩ I'm Not Satisfied 2:38
⑪ You're Probably Wondering Why I'm Here
⑫ Trouble Every Day
⑬ Help, I'm A Rock
⑭ It Can't Happen Here
⑮ The Return Of The Son Of Monster Magnet

FZ: musical director, guitar & vocals
Ray Collins: vocalist
Jim Black: drums
Roy Estrada: bass & guitarron; boy soprano
Elliot Ingber: Alternate lead & rhythm guitar

Recording: **March, 1966**
Release: June, 1966

言わずと知れた公式デビュー・アルバム。こんなヘンテコな音楽の2枚組が許されたのは、当時としては画期的なことだったが、リスナーが「もっともっと」と新しいロックを求めた時代には、レコード会社も攻めなければならなかったのだろう。

コロンビアでボブ・ディランとサイモン&ガーファンクルを担当し、「ライク・ア・ローリング・ストーン」と「サウンド・オブ・サイレンス」を売った黒人プロデューサー：トム・ウィルソンが、MGM／ヴァーヴに移籍して仕掛けたのがヴェルヴェット・アンダーグラウンドとマザーズ・オブ・インヴェンションだった。〝時代の気分〟と〝プロデューサーの実績〟の合わせ技だったわけだが、ヴェルヴェッツとマザーズを呼んできたウィルソンのセンスが何よりの奇跡だったとも言えそうだ。

「最初に聴くべし」とされたD面を占める12分17秒に及ぶ「ザ・リターン・オブ・ザ・サン・オブ・モンスター・マグネット」にはUnfinished Ballet In Two Tableausというサブ・タイトルがついているが、おそらくこれがジョン・レノンとヨーコ・オノの〝Unfinished Music No.1 : Two Virgins〟の元ネタだ。ジョンがザッパやビーフハートを早くから意識していたのは、ＬＡに渡ってロック専門の宣伝屋を始めた元ビートルズの広報担当デレク・テイラーが、ザ・バーズやビーチ・ボーイズに続いて担当したのがザッパやビーフハートだったからで、ジョンは英国人で最初に反応したひとりだった。

　試しにD面から逆に聴いていくと、雑然とした前衛映画の制作現場から、一応ポップ・ミュージックと言えるバンド音楽が生まれるまでのドキュメントのようにも受け取れ、デビューにこぎつけるまでのザッパの表現活動とみごとに重なるのだ。

　どこまで意識的だったのかはわからないが、ザッパ音楽のキモにもなる〝仕掛け〟が随所に見てとれるのが面白いし、「え？　なにこれ？」と反応する人たちを舞台袖から見ていてクスクス笑っているザッパ大魔神の姿をすでに想像できるところが非凡。ドタバタ喜劇を文学にしたゴーゴリにも匹敵する作家性によってリスナーを煙に巻くロックなんてこれ以前にはありえなかったし、ジャーナリズムはそこを解説をできないまま、本作を「名盤」と言ってきた（なんだか凄そうに聞こえる「アヴァンギャルド」の一語を無闇に使って）。

　しかし表現者は、ザッパが発する匂いにただならぬものを感じ、ＰＡＮＴＡは「フー・アー・ザ・ブレイン・ポリス？」から頭脳警察を命名するなど、日本でもちゃんと〝反応〟はあった。

　D→C→B→Aと聴いていくと、ディランやストーンズをおちょくった「エニー・ウェイ・ザ・ウインド・ブロウズ」と「アイム・ノット・サティスファイド」が並ぶB面で笑えたりするのがミソで、そこを経てA面のヴォーカル／コーラスに行くと調子っぱずれの具合にポップスへの揶揄も感じられる。

　オリジナル・アナログ盤は、青／銀の溝ありレーベルで、見開きジャケ内側の右下に「1ドル送ってくれればHot Spot地図送る」の囲みがある。（和）

The MOFO Project / Objec (4CD)

Frank Zappa

″ザ・メイキング・オブ・フリーク・アウト″の全貌を伝える4枚組。ヴァイナル製の特殊スリーヴに入った限定版ゆえ値段も高く、入手困難になっているが、『フリーク・アウト』を解体したときに見えてくる面白さを知るのもザッパ早わかりの方法としてはありだから、上級者向けとも言い切れない。

ディスク1には『フリーク・アウト』のオリジナル・ステレオ・ミックスを収録しているのだが、CDとは異なる、66年のLPを忠実に再現したものだという点にまず注目。

ディスク2はセッション・テープから、ベーシック・トラックやヴォーカルの違うヴァージョン、そして未発表曲などを収録したもので、ほとんどがモノラル・ミックス。「フー・アー・ザ・ブレイン・ポリス?」の別テイクと、未発表の「グルーピー・バン・バン」はオリジナルの4トラック・テープからジョー・トラヴァースが発見した。

ディスク3には、キム・フォーリーのアイディアで演じられた「キング・コング」のガヤや、66年6月24日にサンフランシスコのフィルモアで収録されたライヴ5曲などを収録。

ディスク4にはザッパが70年1月にレコード・プラントで制作した別ミックスや、「トラブル・エヴリデイ」のシングル・エディット、『マザーマニア』に入っていた「イット・キャント・ハヴン・ヒア」の別ヴァージョンなどが収録された。（和）

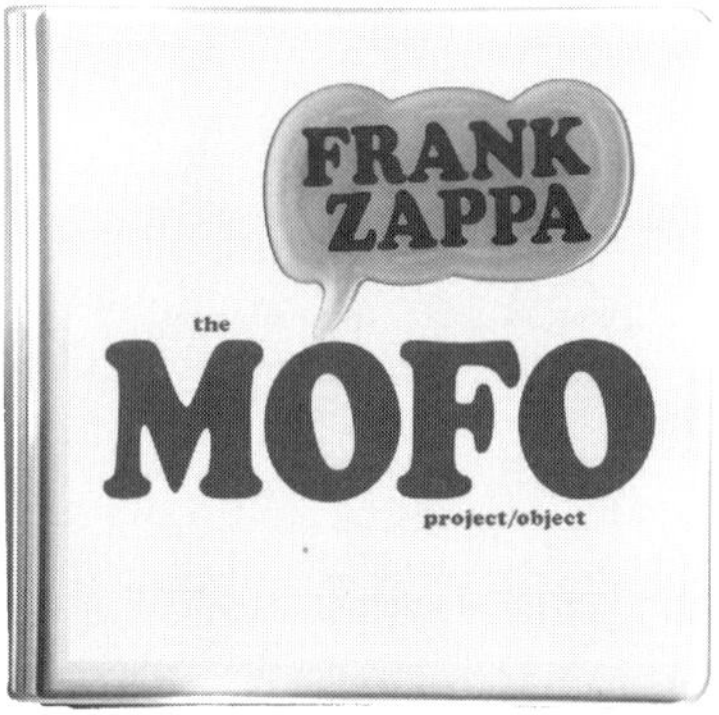

メイキング・オヴ・フリーク・アウト! 4Disc

Zappa Records ZR 20004

disc 1: same as FREAK OUT! / disc 2: ①Hungry Freaks, Daddy: Vocal Overdub Take 1 ②Anyway The Wind Blows: Vocal Overdub ③Go Cry On Somebody Else's Shoulder: Vocal Overdub Take 2 ④I Ain't Got No Heart: Vocal Overdub Master ⑤Motherly Love: Vocal Overdub Master Takes ⑥I'm Not Satisfied: 2nd Vocal Overdub Master, Take 2 Rough Mix ⑦You're Probably Wondering Why I'm Here: Vocal Overdub Take (Incomplete)/Take 2 (Incomplete) ⑧You're Probably Wondering Why I'm Here: BasicTracks ⑨Who Are The Brain Police?: Basic Tracks ⑩How Could I Be Such A Fool?: Basic Tracks ⑪Anyway The Wind Blows: Basic Tracks ⑫Go Cry On Somebody Else's Shoulder: Basic Tracks ⑬I Ain't Got No Heart: Basic Tracks ⑭You Didn't Try To Call Me—Basic Tracks ⑮Trouble Every Day: Basic Tracks ⑯Help, I'm A Rock:FZ Edit ⑰Who Are The Brain Police? (Section B): Alternate Take ⑱Groupie Bang Bang ⑲ Hold On To Your Small Tiny Horsies... / disc 3: ①Objects ②Freak Trim (Kim Outs A Big Idea) ③ Percussion Insert Session Snoop ④Freak Out Drum Track w/ Timp. & Lion ⑤ Percussion Object 1 & 2 ⑥Lion Roar & Drums From Freak Out! ⑦Vito Rocks The Floor (Greek Out!) ⑧"Low Budget Rock & Roll Band" ⑨Suzy Creamcheese (What's Got Into You?) ⑩Motherly Love ⑪You Didn't Try To Call Me ⑫I'm Not Satisfied ⑬Hungry Freaks, Daddy ⑭Go Cry On Somebody Else's Shoulder / disc 4: ①Wowie Zowie ②Who Are The Brain Police? (Section A, C, B) ③ Hungry Freaks, Daddy ④Cream Cheese (Work Part) ⑤ Trouble Every Day ⑥It Can't Happen Here (Mothermania Version) ⑦"Psychedelic Music" ⑧"MGM" ⑨"Dope Fiend Music" ⑩"How We Made It Sound That Way" ⑪ "Poop Rock" ⑫"Machinery" ⑬"Psychedelic Upholstery" ⑭"Psychedelic Money" ⑮Who Are The Brain Police? ⑯ Any Way The Wind Blows ⑰ Hungry Freaks, Daddy ⑱ "The 'Original' Group ⑲"Necessity" ⑳"Union Scale" ㉑ "25 Hundred Signing Fee" ㉒"Tom Wilson" ㉓"My Pet Theory" ㉔"There Is No Need"

Recording: **March,1966**
Release:December 12, 2006

Absolutely Free

The Mothers Of Invention

66年夏にウイスキー・ア・ゴー・ゴーの受付係をしていたアデレーデ・ゲイル・スロートマンと二度目の結婚をしたザッパは、本作に収録の曲を書き、アルバムの構成を固めていった。その過程でジャズ畑からドン・プレストンとバンク・ガードナーを迎えたマザーズは、66年12月から67年初頭にかけて本作をレコーディング。ザッパは2月に、キャピトルに依頼されたソロ名義のオーケストラ・アルバムに着手し、3月にはミュージカル仕立てのショウ『アブソルートリー・フリー』の連続公演をグリニッチ・ヴィシッジのガーリック・シアターで開幕するためにニューヨークに移り住んだ。ゲイルを伴ったザッパは当初ヴァン・レンセラール・ホテルに滞在していたが、トンプソン・ストリート180番地のアパートに落ち着

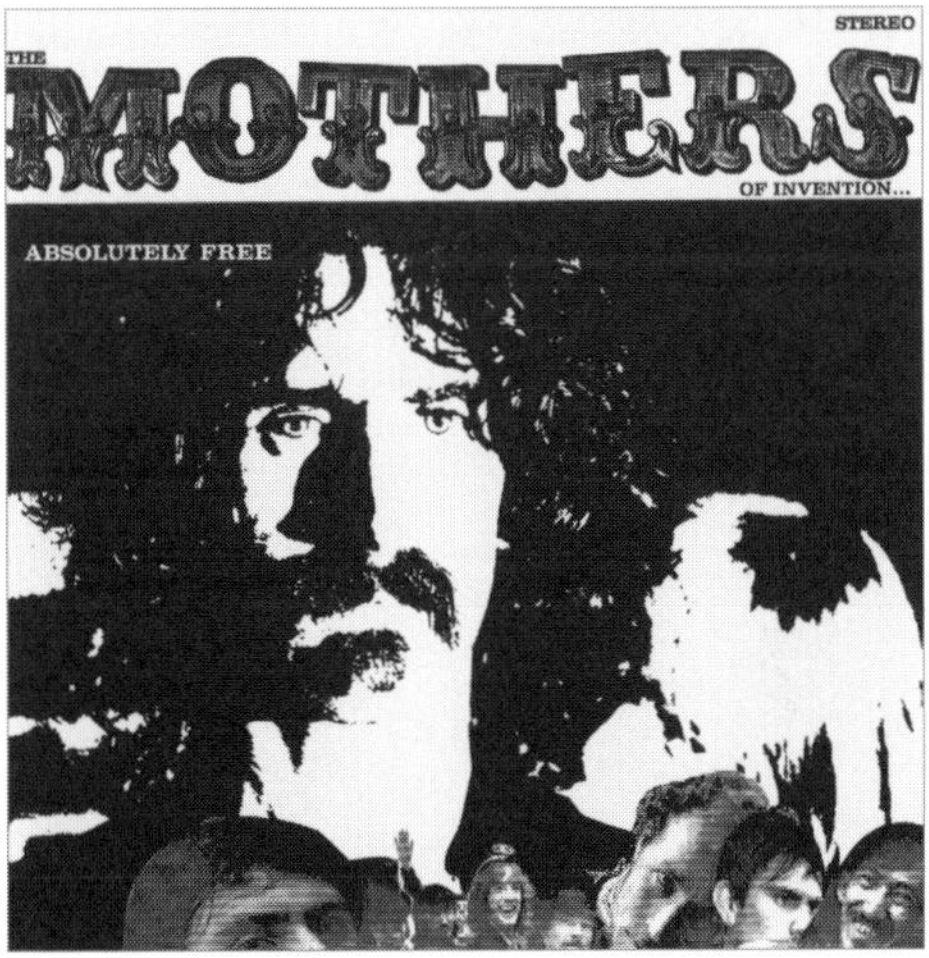

アブソリュートリー・フリー

Verve V/V6-5013

① Plastic People
② The Duke Of Prunes
③ Amnesia Vivace
④ The Duke Regains His Chops
⑤ Call Any Vegetable
⑥ Invocation And Ritual Dance Of The Young Pumpkin
⑦ Soft-Sell Conclusion
⑧ Big Leg Emma (CD bonus track)
⑨ Why Don'tcha Do Me Right? (CD bonus track)
⑩ America Drinks
⑪ Status Back Baby
⑫ Uncle Bernie's Farm
⑬ Son Of Suzy Creamcheese
⑭ Brown Shoes Don't Make It
⑮ America Drinks & Goes Home

FZ: guitar, vocals
Ray Collins: vocals, tambourine, PRUNE
Jim Fielder: guitar, piano
Don Preston: keyboards
Bunk Gardner: woodwinds
Roy Estrada: bass, vocals
Jim Black: drums, vocals
Billy Mundi: drums, percussion

Recording: **November,1966**
Release:June 26,1967

き、約1年ここで暮らした。
ガーリック・シアターでの公演を評判にしたあと5月26日（6月1日発売とされるビートルズの『サージェント・ペパーズ・ロンリー・ハーツ・クラブ・バンド』は実際にはこの日に英国のレコード店に並んだ）にアメリカでリリースされた本作はザッパ初のチャート・イン・アルバムとなり、全米41位まで上がっている。『サージェント・ペパーズ』によってロックをアルバムで聴かせる時代の幕が開けられ、大衆芸術として認められるようになった、とか、〝ロック・オペラ〟という表現方法が生まれた、などと言う人がいるが、多くのミュージシャンにロックの可能性を示唆したのはこのアルバムの方だろう。

なぜなら、『サージェント・ペパーズ』には本作ほどのストーリー性はなかったし、それぞれの曲は単体としての〝曲〟にすぎなかったからだ。その〝違い〟に気づいたレイ・デイヴィスやピート・タウンゼンドがようやくストーリー性をもった〝ロック・オペラ〟に踏み込むのは68年後半になってからだし、ザッパの手法にアメリカ音楽のルーツを滲ませてミンストレル・ショウの現代化を計ったリオン・ラッセルの『ルック・インサイド・アサイラム・クワイア』も68年のリリースだ。ローリング・ストーンズの『ゼア・サタニック・マジェンティーズ・リクエスト』やザ・フーの『セル・アウト』（ともに67年12月）に明らかだが、SEを絡めたりロック・バンドが普段は使わない楽器を入れて〝サージェント風〟にするのは簡単だが、それだけでは〝ロック・オペラ〟にはならない。ストーンズは柄じゃないことを悟り、レイやピートはザッパの軍門にくだったわけで、いずれにしても『サージェント・ペパーズ』そのものがミュージシャンに影響を与えたのは一瞬だった。

このアルバムは長い時間をかけて謎解きされ、当時は共産圏だったチェコで「プラスティック・ピープル」というバンドを生むことにもなった。譜面に書かないかぎり再現できない緻密な構成と、演奏にテクニックと知性を要求される決めごとの多さを、〝アヴァンギャルド〟の精神性で自らブチ壊しにかかる〝オペラ〟ゆえに正真正銘の〝ロック〟という図。

サーフ・ミュージックを茶化すつもりもあった前作とはまったく違う〝本気〟が匂うのは、かわいい新妻にいいところを見せたかったからか。（和）

Lampy Gravy Primordial

Frank Zappa

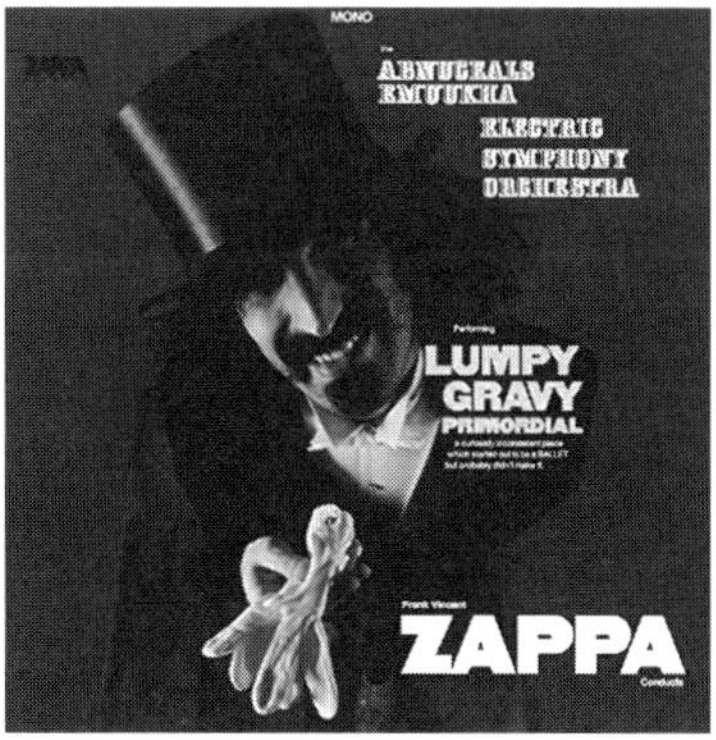

ランピー・グレイヴィ・プリモーディアル

Zappa Records BPR 1231

---

① Sink Trap
② Gum Joy
③ Up & Down
④ Local Butcher
⑤ Gypsy Airs
⑥ Hunchy Punchy
⑦ Foamy Soaky
⑧ Let's Eat Out
⑨ Teen-Age Grand Finale

The ABNUCEALS EMUUKHA
electric SYMPHONY orchestra & CHORUS

キャピトル・レコードのプロデューサー、ニック・ヴェネットのオファーで制作されたオーケストラ作品。その事実に間違いはないが、実のところニックはザッパにどんな音楽を期待し、どんなレコードをキャピトル商品として発売するつもりだったのか。少なくともキャピトルのモンド／ラウンジ部門のカタログにふさわしいとも思えない。当時、カートリッジ・テープでごくわずかに出回ったとされるが、演奏時間は20数分と短く、どこか謎めいている。収録された音楽は、ヴァーヴ版『ランピー・グレイヴィ』のオーケストラ・パートの別編集からなる、バレエのためのモダン管弦楽だ。

本作制作時のザッパは『フリーク・アウト!』が知られるのみ。作曲家としてのオファーは、ザッパにとってもスピード感のあるステップアップと感じたのではないか。MGMとの契約はバンドの一員としてのもので、作曲家してキャピトルの仕事は可能と判断した。レコーディングは67年3月、夏前には編集を終えていた。ジャケットはザッパ自身のデザインで、校正刷りも存在している。しかし、その後のザッパの契約を巡る係争で、MGMがテープと権利を買い取る形で、キャピトル・ヴァージョンは消滅した。

本作は2017年のレコード・ストア・デイに発売されたオリジナル・ジャケットのモノラル盤。録音から50年後のリリース。（梅）

Recording: **February 13 & March 14-16,1967**
Release:October 19, 2017

Lampy Gravy

Frank Zappa

『フリーク・アウト』を聴いてオーケストラ・アルバムの制作を依頼してきたというキャピトルの重役ニック・ヴェネットの先見の明もすごいが、受けて立つザッパもザッパだ。セッションは67年2月から3月にかけてロサンゼルスで行われたようで、5月には編集まで終えられていたらしい。

しかしMGMから横槍が入り（そりゃそうだろう、「ソロ名義だから」では逃げられませんよ）、キャピトルからのリリースは棚上げになる。MGMはキャピトルからマスターテープを買い取って、そのまま出そうとするのだが、ザッパはそれに待ったをかけて、曲をブッタ切って会話を加えた再編集ヴァージョンをMGMに提出するのだ。

それには大きな理由があった。ザッパとマネジャー

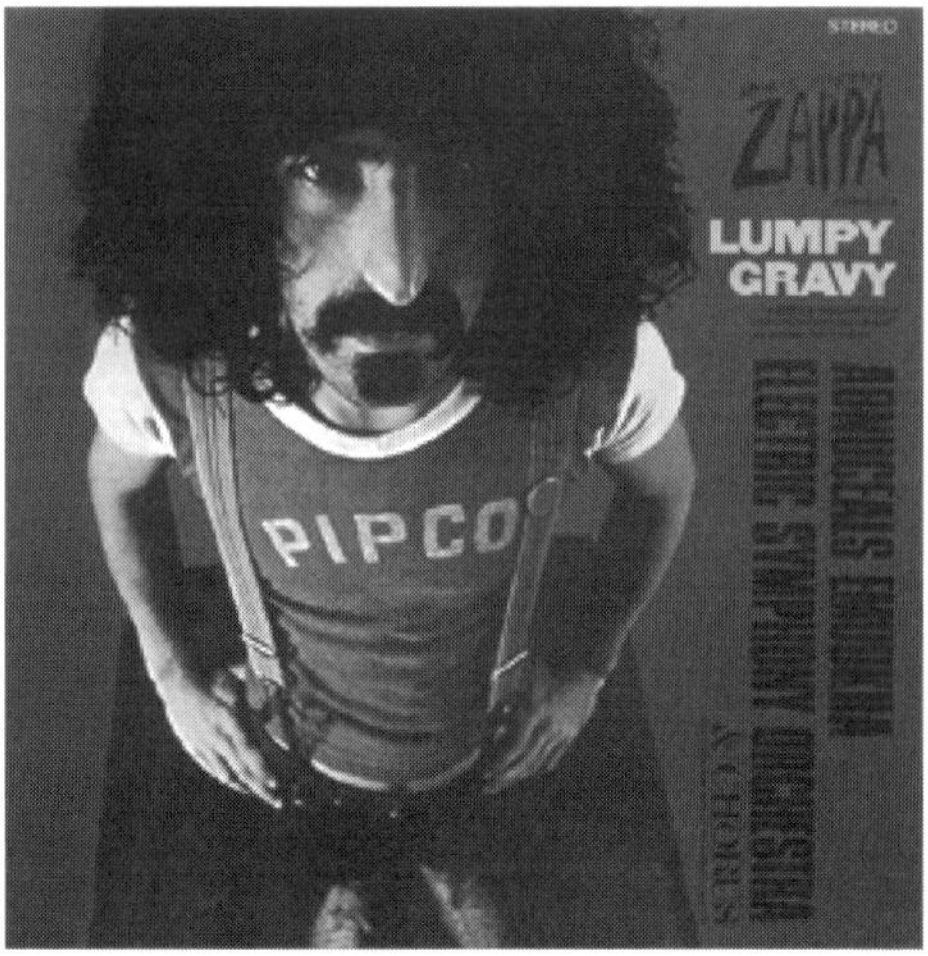

ランピー・グレイヴィ

Verve V/V6-8741

---

① Lumpy Gravy Part One
The Way I See It, Barry
Duodenum
Oh No
Bit Of Nostalgia
It's From Kansas
Bored Out 90 Over
Almost Chinese
Switching Girls
Oh No Again
At The Gas Station
Another Pickup
I Don't Know If I Can Go Through This Again
② Lumpy Gravy Part Two
Very Distraughtening
White Ugliness
Amen
Just One More Time
A Vicious Circle
King Kong
Drums Are Too Noisy
Kangaroos
Envelops The Bath Tub
Take Your Clothes Off

The ABNUCEALS EMUUKHA
electric SYMPHONY orchestra & CHORUS

Recording: **February 13 & March 14-16,1967**
Release:May 13,1968

のハーブ・コーエンは68年2月に原盤制作会社ビザール・プロダクションを興し、ポップな作品を出す「ストレート」と、ねじれた作品のための「ビザール」というふたつのレーベルを使って、MGM／ヴァーヴに音源を供給することになった。要するに勝手につくったものをレコードにしてもらって、原盤の印税という形で金をせしめようという作戦だ。そういう配給契約をメジャー・メイカーと交わす場合、○年で○枚の前渡し金を得られ、それが制作費になる。すでに出来上がっていた『ランピー・グレイヴィ』をそのままMGMに出されてしまっては通常の演者ロイヤリティと作詞作曲の印税しか入らないから、ザッパとコーエンは追加録音にかかる経費を負担することで原盤権の何割かを主張できるようにしたわけだ。そうすれば○年で○枚に『ランピー・グレイヴィ』も含まれるから契約の履行は楽になる。マザーズの新作『ウィ・アー・オンリー・イン・イット・フォー・ザ・マネー』をビザール・プロダクションの第一弾としてリリースすることは決まっていたから、『ランピー・グレイヴィ』も新契約の対象にした方がわかりやすかったというのもMGMがザッパ側の提案を呑んだ理由だろう。

　しかし、ビザール／ヴァーヴ版の『ランピー・グレイヴィ』は、悪意をブチ込んでひたすら〝攻めた〟ものになった。『ウィ・アー・オンリー・イン・イット・フォー・ザ・マネー』はタイトルからしてレコード会社や音楽ジャーナリズムへの批判が込められていたが、体制に反抗するバンドがコミカルに見えるそれとは違って、ここでのザッパは目が笑っていない。敬愛するエドガー・ヴァレーズの騒音音楽を意識したのだろうが、ヴァレーズの時代とは違って、テープの〝編集〟によって騒音を意のままに作品にブチ込めるようになったのを悟ったザッパは、終生の手法をここで初めて納得できる地点に持っていったのではないかと思う。『フリーク・アウト』のC／D面と聴き比べると、編集は明らかに偏執狂的になり、現在のDJミックスのような形で素材を切り貼りしているのが窺えるのが、その証拠である。

　オリジナル盤のレア度から見ても、MGMがプレスした枚数が想像できるけれど、“The Lampy Money Project/Object”でキャピトル版も聴けるいまこそビザール版をアナログで、と思う　（和）

We’re Only In It For The Money

The Mothers Of Invention

リリースは『ランピー・グレイヴィ』より先、アメリカでは68年3月4日に店頭に並んだマザーズの第3作は、やれロックの金字塔だ、芸術だと持て囃された『サージェント・ペパーズ』を嘲笑うかのようにパロディ化したアルバムで、本当はジャケ内側の〝もろ〟が表になるはずだった。ビビったMGMの自主規制によってビートルズとは似ても似つかない珍妙な扮装の7人が表に出てしまったわけで、背景が黄色であることしか共通項はない。まぁジャケを開くとバーンとマザーズ版サージェントというのも可笑しかったから、アンチ・ビートルズな人たちにはウケて、全米30位、全英32位に達したという（内容からすれば）奇跡のアルバムだ。

いや、内容はダメというんじゃなくて、阿鼻叫喚の

ウィー・アー・オンリー・イン・イット・フォー・ザ・マネー

Verve V/V6-5045

---

① Are You Hung Up? ② Who Needs The Peace Corps?
③ Concentration Moon ④ Mom & Dad
⑤ Telephone Conversation ⑥ Bow Tie Daddy
⑦ Harry, You’re A Beast ⑧ What’s The Ugliest Part Of Your Body?
⑨ Absolutely Free ⑩ Flower Punk
⑪ Hot Poop ⑫ Nasal Retentive Calliope Music
⑬ Let’s Make The Water Turn Black ⑭ The Idiot Bastard Son
⑮ Lonely Little Girl ⑯ Take Your Clothes Off When You Dance
⑰ What’s The Ugliest Part ⑰ Of Your Body? (reprise)
⑱ Mother People ⑲ The Chrome Plated Megaphone Of Destiny

FZ: guitar, piano, lead vocals, weirdness & editing
Ian Underwood: piano, woodwinds, wholesome
Don Preston: keyboards
Motorhead Sherwood: soprano & baritone saxophone
Bunk Gardner: all woodwinds, mumbled weirdness
Roy Estrada: electric bass, vocals, asthma
Billy Mundi: drums, vocal, yak & black lace underwear
Jimmy Carl Black: drums, trumpet, vocals
Pamela Zarubica aka Suzy Creamcheese: telephone
Dick Barber: SNORKS

Recording: **July-September,1967**
Release: March 4,1968

狂騒オペラか、エログロナンセンスなスプラッター・ムーヴィーかという素晴らしさで、向かうところ敵なしといった感じなのである。

こんな好き勝手をしておいて「俺たちゃただ金のためにやってるんだ」なんてどの口が言うんだ？というアルバムだが、いちばん喜んだのはあいだに入ったデレク・テイラーと、「アイツまた酷いのつくったぜ」と笑いながら手渡されたジョン・レノンではなかったか。録音中のスタジオを訪れたエリック・クラプトンはGod is god! と言われることで参加を証明し、得意のギターも弾かせてもらえず、「芸術は爆発だ！」を見学しただけに終わった。

SEとノイズに蹂躙されるポップ・チューンは美メロだらけで、まともにやったら『ペット・サウンズ』や『サージェント・ペパーズ』と並ぶことは明白だ。けれど〝ポップ〟であるためには先端にいないといけない。その他大勢の追随組じゃ〝ポップス〟になっちまうからな、と、不朽の名作をつくれそうな素材を自らメッタ切りにして大鍋にブチ込み、強火でグツグツ煮込んでしまったのだから、ムニエルみたいになった魚の破片から築地で仕入れたような高級鮮魚を想像するのはこっちの舌にかかっていたわけだ。まったく人が悪いったらない。

しかし、このシェフは大学の柔道部に闇鍋の楽しさを教えるように「煮込んでしまえばみな同じ～」と包丁を振り回し、耳のつぶれたデカイ部員たちは嬉々として空き缶とか割り箸とか便所のスリッパまでブチ込んでしまう。「いいぞいいぞ～、みんなで食えば怖くないからね～」と微笑むシェフが人間愛の塊みたいに見えてきたら、食って寝て働いて前向きに生きるのがロックンロールなんだとわかってくるはずで、そこにオーヴァーラップするのはバカボンのパパの「これでいいのだ」しかない。

「なんだ、音は『サージェント』じゃないのね」と思って聴いていると、最後の最後でみごとにパロって幕。オチが意外とベタなのは後期までザッパの持ち味になるが、ここまでやってもチャートを上がったのだから女装でニンマリも納得だ。

え？　お前、音楽的な解説を避けてるだろって？　そうですよ、この紙幅の中で語れるような音楽ではないし、聴いてもらうのがいちばん。読んで音楽をわかろうなんて、お客さん、甘いっすよ。　（和）

The Lumpy Money Project / Object
Frank Zappa

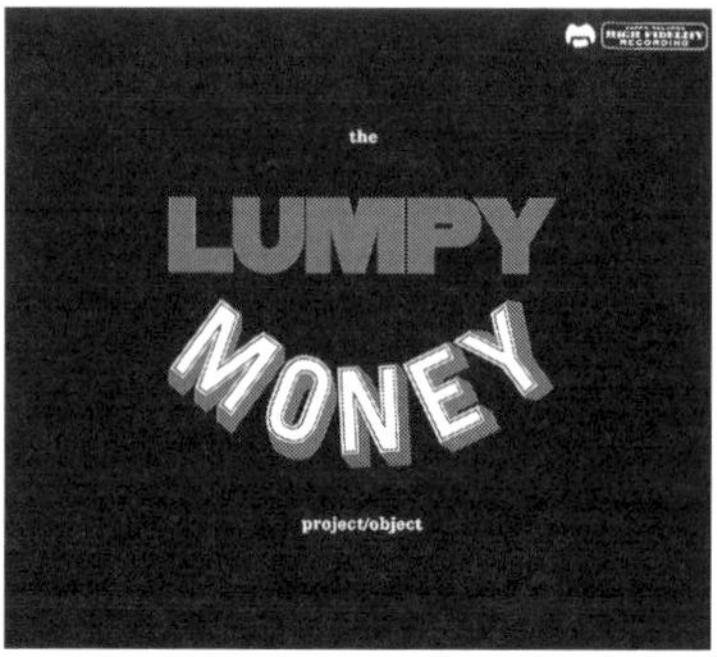

ランピー・マネー
Zappa Records ZR20008

disc 1:
①〜⑨ Lumpy Gravy original May 19, 1967 FZ mix: (same as LUMPY GRAVY PRIMORDIAL)
⑩〜㉘ We're Only In It For The Money original 1968 mono version:
disc 2:
①② Lumpy Gravy 1984 UMRK re-mix
③〜㉑ We're Only In It For The Money 1984 UMRK
disc 3:
①How Did That Get In Here? ②Lumpy Gravy "Shuffle" ③Dense Slight ④Unit 3A, Take 3 ⑤Unit 2, Take 9 ⑥Section 8, Take 22 ⑦"My Favorite Album" ⑧Unit 9 ⑨N. Double A, AA ⑩Theme From Lumpy Gravy ⑪"What The Fuck's Wrong With Her?" ⑫Intelligent Design ⑬Lonely Little Girl (Original Composition—Take 24) ⑭"That Problem With Absolutely Free" ⑮Absolutely Free (Instrumental) ⑯Harry, You're A Beast (Instrumental) ⑰What's The Ugliest Part of Your Body? (Reprise/Instrumental) ⑱Creationism ⑲Idiot Bastard Snoop ⑳The Idiot Bastard Son (Instrumental) ㉑"What's Happening Of The Universe" ㉒"The World Will Be A Far Happier Place" ㉓Lonely Little Girl (Instrumental) ㉔Mom & Dad (Instrumental) ㉕Who Needs The Peace Corps? (Instrumental) ㉖"Really Little Voice" ㉗Take Your Clothes Off When You Dance (Instrumental) ㉘Lonely Little Girl—The Single ㉙"In Conclusion"

Recording: **1967**
Release: January 21, 2009

『ランピー・グレイヴィ』と『ウィー・アー・オンリー・イン・イット・フォー・ザ・マネー』を巡る音源を集めたオーディオ・ドキュメンタリー。ディスク1にはキャピトル版オリジナル『ランピー』のステレオ・ミックスと『マネー』のモノラル・ミックスを収録。『ランピー』は２０１７年発売のモノラル盤とは冒頭部分が異なっており、やはり謎めいている。ディスク2は84年にドラムとベースを差し替えた、2作のリミックス・バージョン。

　ディスク3は多くの素材となるセッションやアウトテイクを収録。これによって、セッション時にはあったジャズロック的な演奏を一切使用しなかった事と、『ランピー』冒頭のサーフ・ミュージック風テーマが、64年のスタジオＺでの録音だったという重大事実が判明する。

　個人的に最重要と思うのは『ランピー』の84年ミックスだ。最初にＣＤ化された『マネー』はこの84年ヴァージョンだったが、同じ作業が『ランピー』全編で行われていたのが驚き。しかもアイク・ウィリスとレイ・ホワイトのコーラスが加えられて『シング・フィッシュ』の世界にリンクするアレンジが施されている。ザッパは当時こういったドラム差し替え作業を多くの曲で行っており、これまでの曲を流用し、何か異なる文脈で統合した作品を目論んでいたふしがある。それがプロジェクト・オブジェクトの実践か。（梅）

Greasy Love Songs

Frank Zappa

グリーズィー・ラヴ・ソングス

Zappa Records ZR20010

① Cheap Thrills
② Love Of My Life
③ How Could I Be Such A Fool
④ Deseri
⑤ I'm Not Satisfied
⑥ Jelly Roll Gum Drop
⑦ Anything
⑧ Later That Night
⑨ You Didn't Try To Call Me
⑩ Fountain Of Love
⑪ "No. No. No."
⑫ Anyway The Wind Blows
⑬ Stuff Up The Cracks
⑭ Jelly Roll Gum Drop (Alternate mix-Mono)
⑮ "No. No. No." (Long version)
⑯ Stuff Up The Cracks (Alternate mix)
⑰ "Serious Fan Mail"
⑱ Valerie
⑲ Jelly Roll Gum Drop (Single Version)
⑳ "Secret Greasing"
㉑ Love Of My Life

Ray Collins: lead vocals
FZ: low grumbles, oo-wah and lead guitar
Roy Estrada: high weazlings, electric bass
Don Preston: redundant piano triplets
Ian Underwood: redundant piano triplets & tenor and alto sax
Motorhead Sherwood: baritone sax & tambourine
Bunk Gardner: tenor and alto sax
Jimmy Carl Black: lewd pulsating rhythm
Arthur Dyer Tripp III: lewd pulsating rhythm

Many recordings: **1963-1968**
Release: Apr.15,2010

　85年発売の『オールド・マスターズ』において行われた『マネー』と『ルーベン&ザ・ジェッツ』のドラムとベースの差し替えは、その後のCD化の際にそのまま定番化してしまったために、長年の間賛否両論の対象だった。マスター・テープの劣化が理由であるとザッパはコメントしたが、真偽の程は定かではない。当初は『ホット・ラッツ』や『フィルモア』のギターソロを録り直したいという発言もしていたので、『オールド・マスターズ』は80年代当時の感覚で音を改変する企画としてあったのかもしれない。

　差し替えについては『マネー』の方が拒否反応が強く、『ルーベン』は意外にもさほど批判の対象にならなかった印象がある。

　そもそも『ルーベン』は50年代ドゥーワップのフェイクを60年代に試みたもので、時代の音色に対するリテラシーがあってこそ理解が深まるコンセプトだった。そんなねじれ構造のある作品なので、それを80年代のドラムに変えても、ノスタルジックないいメロディーの音楽として価値は変わらないだろう。

　だったらやっぱりオリジナルを聴くべしということで、本作において『ルーベン&ザ・ジェッツ』が拡大版として復刻され、あの異常なエコーのドラムがリマスターされた。63年のパル・スタジオにおける初期ヴァージョンも収録。クカマンガ時代に蒔いた種は収穫された（梅）

Cruising With Ruben & The Jets

The Mothers Of Invention

私がこのアルバムを初めて聴けたのは84年の『オールド・マスターズ』でだったから、リズム・セクションを当時のザッパ・バンドのプレイに差し替えたことで意図が曇ってしまったのにはまったく納得がいかず、わりとすぐにボロボロのオリジナル盤を1万円近く出して買った。ノイズがプチプチと入り続けるその盤で聴くと、本当に50年代から活動していたドゥーワップ・バンドがサーフ・ミュージックを演っているように聴こえて最高だった。90年代の末ごろだったか、黄色いレーベルのプロモ盤がディスクユニオンに安く出ていたから、「ダメだよ〜こんな値段で売っちゃ〜」と買い換えたのだが、これはいまだに宝だ。プロモだからか、音もいい。

68年1月、すでに録音に入っていた『アンクル・ミー

クルージング・ウィズ・ルーベン&ザ・ジェッツ

Bizarre/Verve V/V6-5055

---

① Cheap Thrills
② Love Of My Life
③ How Could I Be Such A Fool
④ Deseri
⑤ I'm Not Satisfied
⑥ Jelly Roll Gum Drop
⑦ Anything
⑧ Later That Night
⑨ You Didn't Try To Call Me
⑩ Fountain Of Love
⑪ 'No. No. No."
⑫ Anyway The Wind Blows
⑬ Stuff Up The Cracks

Ray Collins: lead vocals
FZ: low grumbles, oo-wah and lead guitar
Roy Estrada: high weazlings, electric bass
Don Preston: redundant piano triplets
Ian Underwood: redundant piano triplets & tenor and alto sax
Motorhead Sherwood: baritone sax & tambourine
Bunk Gardner: tenor and alto sax
Jimmy Carl Black: lewd pulsating rhythm
Arthur Dyer Tripp III: lewd pulsating rhythm

Recording: **1967-1968**
Release: December.2,1968

ト』の作業を中断して3週間ほどでつくったそうだが、ザッパがこれを企画したのはほぼインストの『アンクル・ミート』では出る幕がないレイ・コリンズを納得させるためだったようで、彼が曲づくりに絡んだ「ファウンテン・オブ・ラヴ」「エニシング」「デセリ」の収録も、印税の配分を考えてのことだったようだ。

しかしそういった内情を知らずに聴いても、ふだんのマザーズを知らずに（ある種のパロディだとわからずに）聴いても、このアルバムにはヤラれてしまう。まず曲がいいし、ディオン&ザ・ベルモンツに代表されるイタリア系白人による〝マカロニ〟ドゥーワップと、ビーチ・ボーイズを筆頭とするサーフ・ミュージックという〝東海岸と西海岸の合体〟は、みごとと言うほかないのだ。

ロックの台頭によって〝過去のもの〟になってしまった「アメリカン・ポップス」を批評的に語るには、冗談混じりにステレオタイプ化してしまった方が〝真相〟や〝真髄〟が滲み出てくるわけで、のちのブルース・ブラザーズによる〝ディスカヴァー60年代ソウル〟が大きな意味を持ったように、ここでの〝パロディ〟は効いている。

一方のドラマーをビリー・ムンディからアーサー・トリップに代えたことがそれほどの効果とならなかったのと、古臭さを狙ったサウンドがあとから聴くと中途半端に感じられたのかもしれないが、ヴォーカル／コーラスとの整合性を考えれば、これこそが〝絶妙〟だったと思う。

そういう意味ではデジタル・レコーディングに変な憧れを持っていた80年代のザッパは信用ならず、『ウィ・アー・オンリー・イン・イット・フォー・ザ・マニー』の最初のCD（差し替えヴァージョン）なんて勘弁してほしかったが、ザッパが夢見ていたのはトラックを無数を使えるうえ簡単に編集ができるハード・ディスク・レコーディングだったのだろうと、いまなら解釈できる。それが主流になる前に命がつきたことを、天国のザッパは死ぬほど（いや、死んでも、だよ）悔しがっているはずだ。

狙いとはいえジャケが超ダサいから〝意味〟を知らないと買う気が起きないアルバムだが、フロー&エディ時代のマザーズが好きな人は絶対にオリジナル・アナログ盤を入手してほしい。曲とヴォーカル／コーラスが、とにかく極上だ。

（和）

Mothermania

The Mothers Of Invention

ヴァーヴとの契約満了に伴い、リリースされたベスト盤。厳密には、ヴァーヴ側がそれまで出してきたアルバム制作費の回収という名目で企画された（あと1枚分の契約が残っていたが、ヴァーヴ側は新作への投資を拒否）。ザッパはその当てつけに新たに興したビザールから『アンクル・ミート』をぶつけている。長らく入手困難だったが、2009年にダウンロード販売され、12年にCD化。現在では7番目のオフィシャル作として認知されている。レコード会社主導の単なるベスト盤ではなく、本人が関わり、手を加えた作品なので、それも納得だ。

マザーズ・オブ・インヴェンションのデビューから3枚目のアルバムから選曲されているが、『フリーク・アウト！』からのトラックはオルタネイト・ステレオ・ミックス（「イット・キャント・ハプン・ヒア」はエディット）。『ウィー・アー・オンリー・イン・イット・フォー・ザ・マネー』からの曲はオルタネイト・モノ・ミックスで収録（「コール・エニィ・ヴェジタブル」はさらにエディット）。『アブソルートリー・フリー』からの「コール・エニィ・ヴェジタブル」はエディット・ヴァージョンになっている。ザッパのこだわりがわかるだろう。

タイトルはもちろん〝ビートルマニア〟のもじり。内ジャケットのメンバーそれぞれの口のアップは女性器の隠喩である。（山）

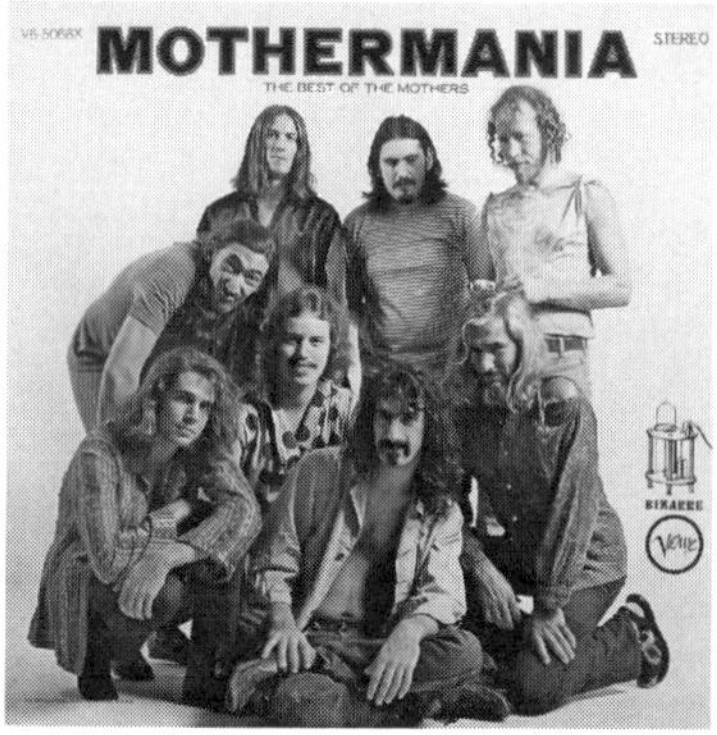

マザーマニア

Bizarre/Verve V6-5068

① Brown Shoes Don't Make It
② Mother People
③ Duke Of Prunes
④ Call Any Vegetable
⑤ The Idiot Bastard Son
⑥ It Can't Happen Here
⑦ You're Probably Wondering Why I'm Here
⑧ Who Are The Brain Police?
⑨ Plastic People
⑩ Hungry Freaks, Daddy
⑪ America Drinks And Goes Home

FZ: guitar, vocals
Ray Collins: vocals, tambourine, PRUNE
Roy Estrada: bass, vocals
Jim Black: drums, vocals
Elliot Ingber: guitar
Don Preston: keyboards
Bunk Gardner: woodwinds
Billy Mundi: drums, percussion
Motorhead Sherwood: soprano & baritone saxophone

Many recordings: **1966-1968**
Release: March 24,1969

Meat Light The Uncle Meat Project

Frank Zappa

69年初頭、ザッパはワーナー／リプリーズ傘下にビザールとストレートのふたつのレーベルを発足。4月21日に第1弾として『アンクル・ミート』、その1週間後にはザッパ・プロデュースでワイルド・マン・フィッシャーのアルバムがリリースされる。このアルバムは大半がラリー・フィッシャーのがなり声としゃべりで、そこに若干の楽器演奏をダビングして、ザッパがオーラル・ドキュメンタリーとしてまとめ上げたものだ。ザッパ自身はこの作品を気に入っており、実際ザッパ作品はにはそういう手法で作られたものは多い。ある意味『アンクル・ミート』もそのひとつといえるだろう。

87年に『アンクル・ミート』が初CD化された際、映画からのダイアローグと82年の一曲が追加収録された。アルバムの流れを分断する位置だったためファンの不評を買ったが、こういうパートこそがザッパらしい編集作法だとも言える。

現行のカタログでは『アンクル・ミート』は87年版が定番化されているが、本作のディスク1でオリジナル・ミックスが無事に補完されることになった。ディスク2と3には別編集、別テイクの試作版を収録。印象としてはリリース版の方が、映画的ドキュメンタリー性が強いように思う。一応、映画のサントラというフォーマットを取っている同作だが、基本的にザッパ作品は耳で聴く映画と考えてよいだろう。（梅）

ミート・ライト
Zappa Records/UME ZR20024

disc1: ①Uncle Meat: Main Title Theme ②The Voice Of Cheese ③Nine Types Of Industrial Pollution ④Zolar Czackl ⑤Dog Breath, In The Year Of The Plague ⑥The Legend Of The Golden Arches ⑦Louie Louie (At The Royal Albert Hall In London) ⑧The Dog Breath Variations ⑨Sleeping In A Jar ⑩Our Bizarre Relationship ⑪The Uncle Meat Variations ⑫Electric Aunt Jemima ⑬Prelude To King Kong ⑭God Bless America (Live At The Whisky A Go Go) ⑮A Pound For A Brown On The Bus ⑯Ian Underwood Whips It Out (Live On Stage In Copenhagen) ⑰Mr. Green Genes ⑱We Can Shoot You ⑲"If We'd All Been Living In California..." ⑳Project X 4:49 ㉑Cruising For Burgers ㉒King Kong (As Played By The Mothers In A Studio) ㉓King Kong (Its Magnificence As Interpreted By Dom DeWild) ㉔King Kong (As Motorhead Explains It) ㉕King Kong (The Gardner Varieties) ㉖King Kong (As Played By 3 Deranged Good Humor Trucks) ㉗King Kong (Live On A Flat Bed Diesel In The Middle Of A Race Track At A Miami Pop Festival...The Underwood Ramifications) / disc2: ①Dog Breath, In The Year Of The Plague ②The Legend Of The Golden Arches ③The Voice Of Cheese ④Whiskey Wah ⑤Nine Types Of Industrial Pollution ⑥Louie Louie (Live At The Royal Albert Hall In London) ⑦The Dog Breath Variations ⑧Shoot You Percussion Item ⑨The Whip ⑩The Uncle Meat Variations ⑪King Kong ⑫Project X Minus.5 ⑬A Pound For A Brown On The Bus ⑭Electric Aunt Jemima ⑮Prelude To King Kong ⑯God Bless America (Live At The Whiskey A Go Go) ⑰Sleeping In A Jar ⑱Cops & Buns ⑲Zolar Czakl / disc3: ①We Can Not Shoot You ②Mr. Green Genes ③"PooYeahrg" ④Uncle Meat: Main Title Theme ⑤Our Bizarre Relationship ⑥"Later We Can Shoot You" ⑦"If We'd All Been Living In California..." ⑧'Ere Ian Whips It/JCB Spits It/Motorhead Rips It ⑨The Air ⑩Project X .5 ⑪Cruising For Burgers ⑫"A Bunch Of Stuff" ⑬Dog Breath (Single Version—Stereo) ⑭Tango ⑮The String Quartet ⑯Electric Aunt Jemima (Mix Outtake) ⑰Exercise 4 Variant ⑱Zolar Czackl (Mix Outtake) ⑲"More Beer!" ⑳Green Genes Snoop ㉑Mr. Green Genes (Mix Outtake) ㉒Echo Pie ㉓1/4 Tone Unit ㉔Sakuji's March ㉕No. 4 ㉖Prelude To King Kong (Extended Version) ㉗Blood Unit ㉘My Guitar (Proto I—Excerpt) ㉙Nine Types Of Industrial Pollution (Guitar Track, Normal Speed) ㉚Uncle Meat (Live At Columbia University 1969) ㉛Dog Breath (Instrumental) ㉜The Dog Breath Variations (Mix Outtake)

Recording: **1967-1968**
Release: November 4, 2016

Uncle Meat

The Mothers Of Invention

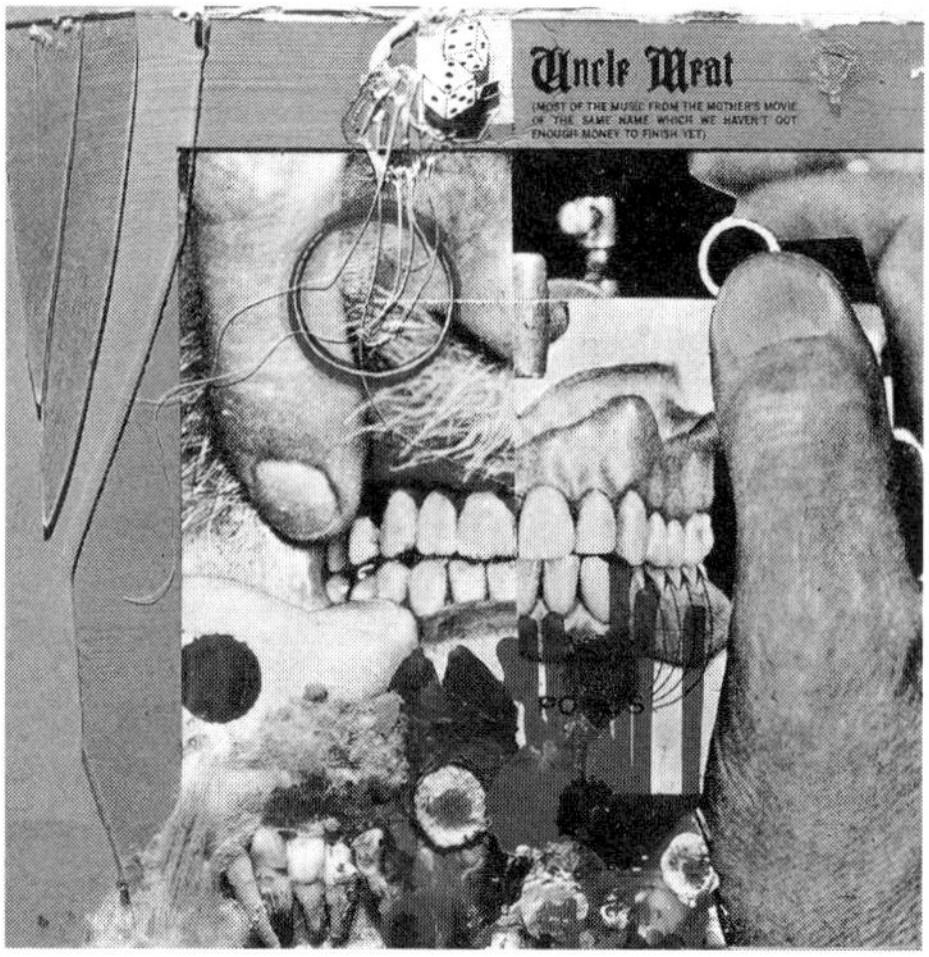

アンクル・ミート
Bizarre/Reprise 2MS 2024

disc 1
①Uncle Meat: Main Title Theme ②The Voice Of Cheese ③Nine Types Of Industrial Pollution ④Zolar Czakl ⑤Dog Breath, In The Year Of The Plague ⑥The Legend Of The Golden Arches ⑦Louie Louie ⑧The Dog Breath Variations ⑨Sleeping In A Jar ⑩Our Bizarre Relationship ⑪The Uncle Meat Variations ⑫Electric Aunt Jemima ⑬Prelude To King Kong ⑭God Bless America ⑮A Pound For A Brown On The Bus ⑯Ian Underwood Whips It Out ⑰Mr. Green Genes ⑱We Can Shoot You ⑲"If We'd All Been Living In California..." ⑳The Air ㉑Project X ㉒Cruising For Burgers
disc 2
①Uncle Meat Film Excerpt Part I (CD bonus track) ②Tengo Na Minchia Tanta (CD bonus track) ③Uncle Meat Film Excerpt Part II (CD bonus track) ④King Kong Itself ⑤King Kong Ⅱ⑥King Kong Ⅲ ⑦ King Kong Ⅳ⑧King Kong Ⅴ⑨King Kong Ⅵ

FZ:guitar, vocals Ray Collins:swell vocals
Roy Estrada: bass, vocals Don Preston: keyboards
Ian Underwood: keyboards, clarinet, piano
Bunk Gardner: woodwinds
Motorhead Sherwood: saxophone, vocals
Jimmy Carl Black: drums Billy Mundi: drums
Art Tripp: drums, percussion
Ruth Komanoff: marimba and vibes
Nelcy Walker: soprano voice

Recording: **1967-1968**
Release:April 21,1969

同名映画のサウンドトラックとして制作されたナンバーを中心とする2枚組。初期の盤についていたブックレットにはシノプシスや絵コンテも掲載され、ジャケ表のタイトルの下には「資金不足のために映画はまだ完成していない」と明記されている。実際に〝部分〟は撮影され、30万ドルの資金不足から暗礁に乗り上げたのは確かだが、映画に対してはどこまで本気だったのかわからない。サントラとしてつくれば現代音楽的な曲やシークエンスにも説明がつきやすいし、カットアップを多用した編集や会話の収録もそれらしく聴こえるからである。映画のアイディアとして提示されたシーンは71年の『200モーテルズ』でいくつか実現されたが、89年のヴィデオ版『アンクル・ミート』は本作が想像させたものとはずいぶん遠い印象だった。もしかしたらザッパは〝架空のサントラ〟を先に思いつき、音楽を聴かせるために映画を企画したのかもしれない。

録音は67年10月から68年2月にかけて。ここでのマザーズは、ザッパ、レイ・コリンズ、ジミー・カール・ブラック、ロイ・エストラーダ、ドン・プレストン、ビリー・ムンディ、イアン・アンダーウッド、アート・トリップ、モーターヘッド・シャーウッドという布陣だが、「アンクル・ミート・メイン・タイトル・テーマ」など重要なナンバーで、のちにアンダーウッドと結婚してマザーズの正式メンバーとなるルース・コマノフのマリンバやヴィブラフォンが特徴的に使われていることもあって、曲自体は〝クラシック作品〟に分類されるものが多い。

しかし編集は異常で、全体の印象はさらに〝騒音音楽〟に近くなっているから、ヴァーヴ／MGMは難色を示し、ザッパとコーエンは時間をかけてリプリーズとの長期契約に漕ぎつける。リリースまでに1年強を要したことで、実際に動いているマザーズとリリースされる作品の関係がわかりにくくなってしまったのは否めず、ザッパの存在はさらに孤高の域に達していくのだ。

このアルバムについては「わからなくて当然」という気持ちもあったのか、CD化の際にザッパはディスク2の前半（アナログ盤のC面とD面のあいだ）にヴィデオから抜き出した40分に及ぶセリフを挿入するという暴挙に出て、一部では「ザッパ音楽の真髄」と高く評価されてきた本作を、奈落の底に突き落としてしまう。ライオンの親じゃないんだから、そこまで子供（＝作品）に試練を与えなくてもいいと思ったし、多くのファンから「繋げて聴けるようになったと思ったらこれかよ」という反発の声も上がったのだった。

『サージェント・ペパーズ』を筆頭とする〝芸術的なロック・アルバム〟に我慢がならなかったのはわかるが、自滅することで〝肉おじさん〟の醜悪さをリアルにすることはなかったように思う。音もアナログ盤の方がはるかにいいから、ちゃんとブックレットもついた初期盤で、当時の〝葛藤〟や〝怒り〟を蘇らせないと、疑問はむしろ大きくなってしまう。そういう意味ではまさに難解な、正当な評価を拒んできたようなアルバムなのである。（和）

Road Tapes #1

Frank Zappa

妻ゲイルが立ち上げたヴォルタネイティヴ・レコーズからの新シリーズ第1弾。ザッパが録り溜めていた膨大なライヴ・テープから蔵出しするというのが、このシリーズの主旨になっており、最初に世に送り出されたのが、1968年8月25日にヴァンクーヴァーのケリスデール・アリーナで行なわれたライヴの模様を2枚に収録した本作だった。この時期の8人編成によるマザーズ・オブ・インヴェンションによる録音としては、〝ビート・ザ・ブーツ〟・シリーズの『ジ・アーク』、『エレクトリック・アーント・ジェミマ』、『アワー・イン・ニルヴァーナ』や同年10月のロンドンでBBC交響楽団と共演した『アヘッド・オブ・ゼア・タイム』が残されている。

　ディスク1のハイライトは、「レッツ・メイク・ザ・ウォーター・ターン・ブラック」や「ハリー、ユー・アー・ア・ビースト」、「オウ・ノー」などをメドレーにした20分にも及ぶインストゥルメントの組曲「オレンジ・カウンティ・ランバー・トラック」。当時のバンドの力量が伝わってくる。ディスク2には、ザッパが少年時代から影響を受けていた作曲家のエドガー・ヴァレーズの「オクタンドル」（第一楽章を即興演奏している）が収録されており、本作の存在意義を高めることになっている。また、観客のアンコールに応えて演奏されるエネルギッシュな「キング・コング」も聴きどころ。（山）

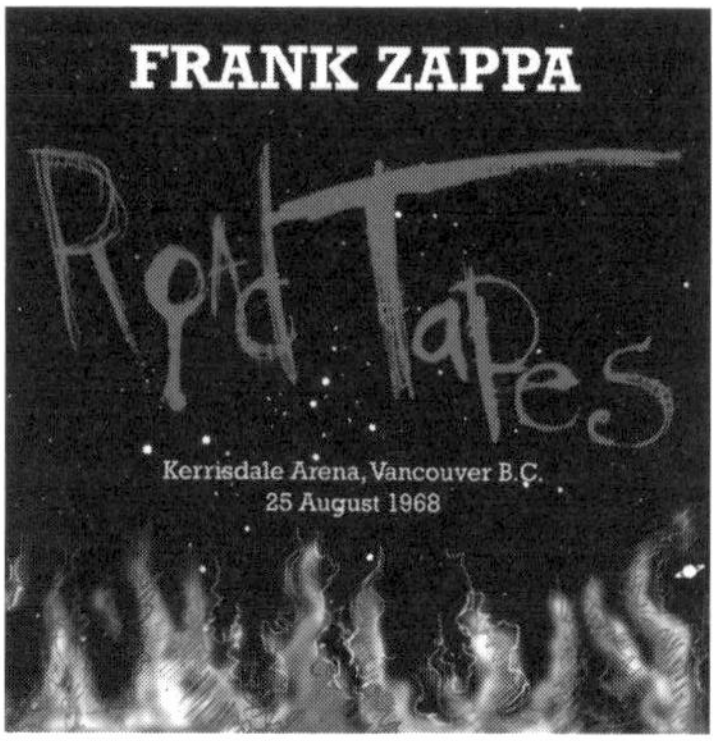

ロード・テープス #1
Vaulternative Records VR 20122

disc 1
① The Importance Of An Earnest Attempt (By Hand)
② Help, I'm A Rock/Transylvania Boogie
③ Flopsmash Musics
④ Hungry Freaks, Daddy
⑤ The Orange County Lumber Truck
⑥ The Rewards Of A Career In Music
disc 2
① Trouble Every Day
② Shortly: Suite Exists Of Holiday In Berlin Full Blown
③ Pound For A Brown
④ Sleeping In A Jar
⑤ Oh, In The Sky
⑥ Octandre (Varèse)
⑦ King Kong

FZ: guitar, vocals
Don Preston: keyboards
Ian Underwood: keyboards, woodwinds
Bunk Gardner: woodwinds, voice
Motorhead Sherwood: baritone sax, tambourine, harmonica
Roy Estrada: bass, vocals
Jimmy Carl Black: drums, vocals
Art Tripp III: drums, percussion

Recording: **Aug.25, 1968**
Release: November 7, 2012

Ahead Of Their Time

The Mothers Of Invention

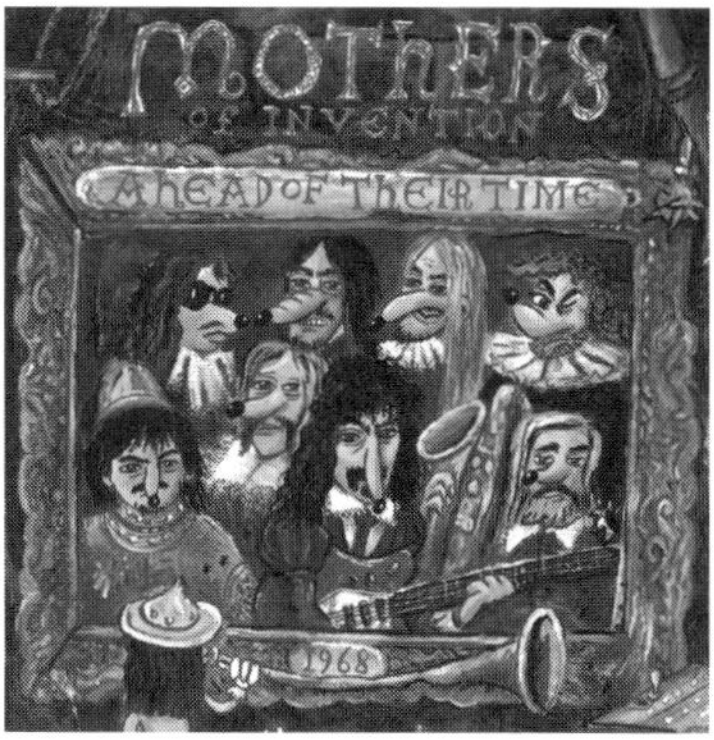

アヘッド・オブ・ゼア・タイム

Barking Pumpkin D2 74246

① Prologue　② Progress?
③ Like It Or Not
④ The Jimmy Carl Black
④ Philosophy Lesson
⑤ Holding The Group Back
⑥ Holiday In Berlin
⑦ The Rejected Mexican Pope
④ Leaves The Stage
⑧ Undaunted, The Band Plays On
⑨ Agency Man　⑩ Epilogue
⑪ King Kong　⑫ Help, I'm A Rock
⑬ Transylvania Boogie
⑭ Pound For A Brown
⑮ Sleeping In A Jar
⑯ Let's Make The Water Turn Black
⑰ Harry, You're A Beast
⑱ The Orange County Lumber Truck (Part I)
⑲ Oh No
⑳ The Orange County Lumber Truck (Part II)

FZ: Guitar & Vocals
Ian Underwood: Alto Sax & Piano
Bunk Gardner: Tenor Sax & Clarinet
Euclid James Motorhead Sherwood: Baritone Sax & Tambourine
Roy Estrada: Bass & Vocals
Don Preston: Electric Piano & Odd Noises
Arthur Dyer Tripp III: Drums & Percussion
Jimmy Carl Black: Drums

The BBC Symphony Orchestra

Recording: **October 25,1968**
Release: April 20,1993

　1968年10月28日にロンドンのロイヤル・フェスティヴァル・ホールで行なわれたコンサートを収録したライヴ・アルバム。10曲目までの前半は、BBC交響楽団から選抜された14名の演奏家たちにザッパが書いた管弦楽曲を披露させながら、ザッパ自身はナレーターを務め、ほかのマザーズのメンバーには芝居をさせるというミュージカル仕立てになっており、11曲目以降の後半はバンドのみでパフォーマンスする構成となっている（2部構成だったため演奏はややコンパクトなサイズになっている）。

　ザッパはこの一夜限りのスペシャルなショウのために7000ドルもの経費を投入し、『ヨーロピアン・アルバム』をつくるつもりだったが、うまくいかず、管弦楽曲の一部が『200モーテルズ』に流用され（後年には『ロンドン・シンフォニー・オーケストラ』でも活用）、「序曲」と「オレンジ・カウンティ・ランバー・トラック」が『いたち野郎』に使われるだけに留まり、結局、その計画は実現しなかった。その後、『オールド・マスターズ・ボックス2』の『ミステリー・ディスク』や映像作品『アンクル・ミート』でも、その一部が公にされたが、93年になってようやくその全貌が明らかになったのである。『ヨーロピアン・アルバム』が、もし『アンクル・ミート』の次に発売されていたら……。といったことを夢想させる作品。（山）

You Can't Do That On Stage Anymore Vol.5/Disc-1

Frank Zappa

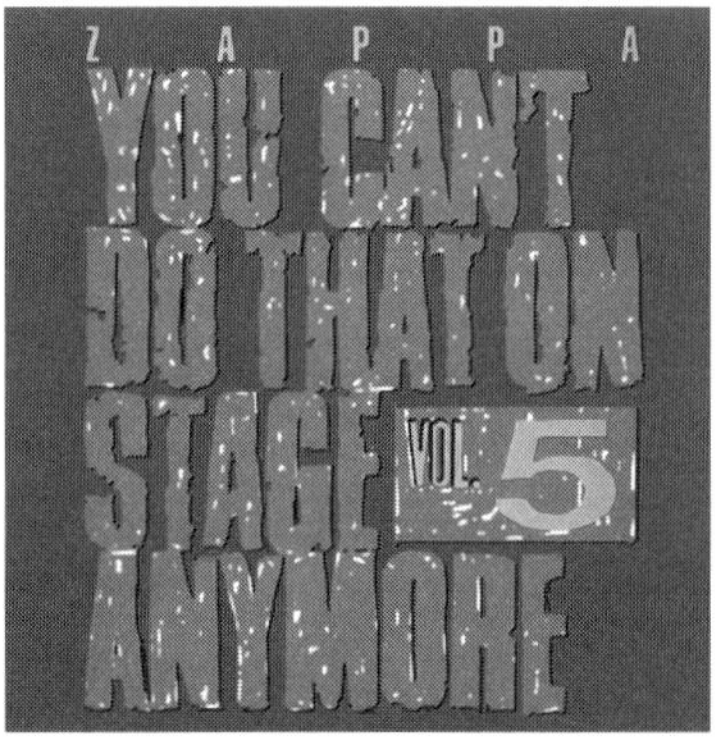

オン・ステージ　Vol.5 disc1
Rykodisc RCD 10089/90

① The Downtown Talent Scout
② Charles Ives　③ Here Lies Love
④ Piano/Drum Duet　⑤ Mozart Ballet
⑥ Chocolate Halvah
⑦ JCB & Kansas On The Bus #1
⑧ Run Home Slow: Main Title Theme
⑨ The Little March　⑩ Right There
⑪ Where Is Johnny Velvet?
⑫ Return Of The Hunch-Back Duke
⑬ Trouble Every Day　⑭ Proto-Minimalism
⑮ JCB & Kansas On The Bus #2
⑯ My Head?　⑰ Meow
⑱ Baked-Bean Boogie
⑲ Where's Our Equipment?
⑳ FZ/JCB Drum Duet
㉑ No Waiting For The Peanuts To Dissolve
㉒ A Game Of Cards
㉓ Underground Freak-Out Music
㉔ German Lunch
㉕ My Guitar Wants To Kill Your Mama

FZ: Guitar & Vocals
Lowell George:Guitar,vocals
Ian Underwood: Alto Sax & Piano
Bunk Gardner: Tenor Sax & Clarinet
Motorhead Sherwood: Baritone Sax & Tambourine
Roy Estrada: Bass & Vocals
Don Preston: Electric Piano & Odd Noises
Arthur Dyer Tripp III: Drums & Percussion
Jimmy Carl Black: Drums
some more

Many Recordings: **1966-1969**
Release:April 20,1993

88年からリリースが開始されたライヴ・アンソロジーの第5巻。そのディスク1。本来2枚組のアルバムを半分に分ける荒技を使って紹介をするのは、このディスクに66年から69年の間の録音がまとめられているから。ちなみにディスク2は82年のツアー音源集で、鮮やかに対比が演出されていた。

「素晴らしい音楽は初期のマザーズでのみ演奏されてきた、といまだに信じている熱心なコレクターのために」と、ザッパは皮肉まじりにコメントを寄せているが、明らかに自身の懐古の念はあっただろう。録音魔の音楽家ならではの素材を駆使して、きっちりと編集されている。このシリーズではご法度のスタジオ録音（「マイ・ギター」の別テイク）で締めくくるところにも、特別な思いとサービス精神を感じさせる。

最も古い①は66年（クレジットの65年は間違い）の未発表曲。⑲が67年、⑰が68年で、残りはすべて69年、全体の約半分がロウエル・ジョージ在籍時の録音だ。何曲かでヴォーカルのクレジットがあるロウエルだが、リード・ヴォーカルの担当は③のみ。マザーズ参加時の仕事振りがいまひとつ把握しきれていないロウエルだが、本人はザッパがレイ・コリンズの代役を求めていると思ってプレッシャーを感じていたらしい。確かにザッパはロウエル在籍時にはライヴのレパートリーに歌ものを増やしてはいたが、はてさて。（梅）

Burnt Weeny Sandwich

The Mothers Of Invention

バーント・ウィーニー・サンドウィッチ

Bizarre/Reprise RS 6370

① WPLJ
② Igor's Boogie, Phase One
③ Overture To A Holiday In Berlin
④ Theme From Burnt Weeny Sandwich
⑤ Igor's Boogie, Phase Two
⑥ Holiday In Berlin, Full-Blown
⑦ Aybe Sea
⑧ The Little House I Used To Live In
⑨ Valarie

FZ: guitar, vocals
Lowell George: guitar, vocals
Roy Estrada: bass, vocals
Don Preston: keyboards, Minimoog
Ian Underwood: keyboards, clarinet, piano
Buzz Gardner: trumpet
Bunk Gardner: woodwinds
Motorhead Sherwood: saxophone, vocals
Jimmy Carl Black: drums, trumpet, vocals
Art Tripp: drums, percussion
Sugar Cane Harris: violin
Gabby Furggy (Janet Ferguson): vocals

Recording: **1969**
Release: February 9,1970

『ホット・ラッツ』からわずか4ヵ月後に発表された「WPLJ」と「ヴァレリー」というドゥーワップのヴォーカル曲でインストルメンタル曲をはさむというまさしくサンドウィッチ状態にしたアルバム。のちのインタビューで語ったところによると、実際にザッパの好物であったサンドウィッチに由来するもので、遊び心がうかがえるタイトルである。

ジャケットに使われたオブジェはカヴァー・アートを手掛けたカル・シェンケルが作成したもので、ザッパの自宅に置かれていたものを撮影し、コラージュしてつくられた。このジャケは元々エリック・ドルフィーのために用意されたものであったとか。

カル・シェンケルはザッパのアルバム・ジャケットのデザインを数多く手がけており、『ウィーアー・

オンリー・イン・イット・フォー・ザ・マニー』『ホット・ラッツ』なども彼の作品。他にもキャプテン・ビーフハート『トラウト・マスク・レプリカ』などがある(鯉の頭をマスクに改造してビーフハートが被っているという秀逸なデザイン)。

　収録された楽曲はオリジナル・マザーズが68年から69年夏までに録音したもので、まさに蔵出し的な内容。「WPLJ」は「White Port Lemon Juice」の頭文字から並べたタイトルで、白のポルト酒(ポルトガル・ワイン)とレモン・ジュースを混ぜたカクテルのこと。56年にザ・フォー・デューシズがヒットさせたドゥーワップ・ナンバーだ。

　ザッパに最も影響を与えた作曲家の一人、イゴール・ストラヴィンスキーにちなんでタイトルをつけられた「イゴールのブギその1」に始まるインストゥルメンタルの〝サンドウィッチ〟の具材がザッパによって調理されるわけである。

「ホリディ・ベルリン・フル・ブラウン」ではザッパによる調理がいかんなく発揮されており、中間部の自身のギター・ソロは68年7月ボストン、ジ・アークのライヴから収録されたものでスタジオ収録とライヴ録音を接続して編集した曲である。

　中でも18分を超える「ザ・リトル・ハウス・アイ・ユーズド・トゥ・リヴ・イン」は圧巻。イアン・アンダーウッドのピアノ・ソロから静かに始まり、ザッパのギター・ソロへと流れ、シュガーケイン・ハリスの超絶ヴァイオリン・ソロが開始される。このバックをひきしめているのはもう一人のピアニスト、ドン・プレストンだ。最後はザッパ自身によるオルガン・ソロで大円団(ザッパおなじみのギターでなく、オルガンというところがミソ)。ザッパの編集テクニックがいかんなく発揮された一曲であり、このアルバムの白眉と言っていい。

　そしてジャッキー&ザ・スターライツの60年のヒット曲「ヴァレリー」で締めくくりとなる。ドゥーワップでアルバムの最初と最後をサンドウィッチしたのはザッパのR&Bに対するリスペクトであろう。

　ビルボードでは『ホット・ラッツ』を上回る94位、全英チャートでは17位を記録した。オリジナル初期プレス盤には両面モノクロ・ポスターがついていて、日本版紙ジャケCDで復刻。

(真)

Weasels Ripped My Flash

The Mothers Of Invention

『バーント・ウィニー・サンドウィッチ』の第2部とでも言うべきマザーズ・オブ・インヴェンション名義のアルバム。邦題は『いたち野郎』という強烈なタイトルであるが、直訳すれば、「いたち野郎が俺の肉を引き裂くぜ」。一度見たら忘れられない印象的なイラストはのちにリトル・フィートの『セイリン・シューズ』『ディキシー・チキン』などの一連のジャケットを手掛けるネオン・パーク（このイラストの元となったのは53年のシック・ブランドの電気シェーバーの広告。なお、ドイツ盤はシックに忖度したのか金属製の赤ん坊がネズミ捕りにかかっているイラストに変更されている）。そのリトル・フィートを結成するロウエル・ジョージとロイ・エストラーダがこのアルバムに参加していることは何か因縁めいたものを

いたち野郎

Bizarre/Reprise MS 2028

① Didja Get Any Onya?
② Directly From My Heart To You
③ Prelude to the Afternoon of a Sexually Aroused Gas Mask
④ Toads of the Short Forest
⑤ Get a Little
⑥ The Eric Dolphy Memorial Barbecue
⑦ Dwarf Nebula Processional March & Dwarf Nebula
⑧ My Guitar Wants To Kill Your Mama
⑨ Oh No
⑩ The Orange County Lumber Truck
⑪ Weasels Ripped My Flesh

FZ: guitar, vocals
Lowell George: rhythm guitar and vocal
Ian Underwood: alto sax
Bunk Gardner: tenor sax
Motorhead Sherwood: baritone sax and snorks
Buzz Gardner: trumpet and flugel horn
Roy Estrada: bass and vocal
Jimmy Carl Black: drums
Art Tripp: drums
Don Preston: piano organ and electronic effects
Ray Collins: vocal
Don "Sugar Cane" Harris: electric violin and vocal

Recording: **1968-1969**
Release: August 10,1970

感じさせる。ロウエル・ジョージは68年10月にマザーズに加入するが、ドラッグ・ソングを演奏したがってザッパに嫌われ、4カ月ほどしか在籍しなかったと言う（ただ、リトル・フィート結成を薦めたのはザッパである）。79年にドラッグのオーバードーズで死去するロウエル・ジョージのその後を暗示するエピソードである。

オープニングを飾る「ディジャ・ゲット・エニイ・オンヤ」でロウエル・ジョージ在籍時のライヴが使用されており、ヴォーカルとリズム・ギターを担当している。リトル・リチャードのカヴァー「ディレクトリー・マイ・ジャート・トゥ・ユー」ではシュガーケイン・ハリスがヴォーカルをとり、フィドルでまさに踊っている（ブルース・ヴァイオリンと言う表現もあろうが、ここはあえてフィドルと呼ばせていただく）。「プレリュード・トゥ・ザ・アフタヌーン・オブ・ア・セクシュアリー・アロウズド・ガス・マスク」は呻き声とも笑い声ともつかない奇妙な声を混ぜたザッパ流フリー・ジャズか？　「トーズ・オブ・ザ・ショート・フォレスト」では一転、軽快なメロディーで始まり、徐々に荒々しくサックスが絡んでくる。「ゲット・ア・リトル」ではザッパのギターも粘っこい。

このようにアナログA面は前作に比べてフリー・ジャズ色が強く、アヴァンギャルドな印象を持たれがちであるが、「エリック・ドルフィー・メモリアル・バーベキュー」から始まるB面はちょっと変化球を交えたジャズ・ロックの雰囲気。「ドゥウォーク・ネビュラ・プロセッショナル・マーチ・アンド・ドゥウォーク・ネビュラ」は牧歌的なイントロからまた不気味なSEを入れてある不思議な曲。「マイ・ギター・ウォンツ・トゥ・キル・ユア・ママ」は69年に発表されたシングルとは別ヴァージョンのポップな小品。そしてレイ・コリンズがヴォーカルをとる「オー・ノー」とそれに切れ目なくつながるインスト「オレンジ・カウンティ・ランバー・トラック」はその後のライヴでも何度となく取り上げられ、『メイク・ア・ジャズ・ノイズ』では順番を入れ替えて演奏された。

そして締めくくりはザッパの曲の中でも悪名高い「ウィーゼルズ・リップト・マイ・フレッシュ」。ノイズの極みといったようなこの曲はザッパらしいと言えばザッパらしい。ビルボードは189位だったが、全英チャートでは28位を記録した。（真）

The Hot Rats Sessions

Frank Zappa

ザ・ホット・ラッツ・セッションズ
Zappa Records/UME ZR20032

disc1: ①Piano Music (Section 1) ②Piano Music (Section 3) ③Peaches En Regalia (Prototype) ④Peaches En Regalia (Section 1, In Session) ⑤Peaches En Regalia (Section 1, Master Take) ⑥Peaches Jam—Part 1 ⑦Peaches Jam—Part 2 ⑧Peaches En Regalia (Section 3, In Session) ⑨Peaches En Regalia (Section 3, Master Take) ⑩Arabesque (In Session) ⑪Arabesque (Master Take) ⑫Dame Margret's Son To Be A Bride (In Session) / disc2: ①It Must Be A Camel (Part 1, In Session) ②It Must Be A Camel (Part 1, Master Take) ③It Must Be A Camel (Intercut, In Session) ④It Must Be A Camel (Intercut, Master Take) ⑤Natasha (In Session) ⑥Natasha (Master Take) ⑦Bognor Regis (Unedited Master) ⑧Willie The Pimp (In Session) ⑨Willie The Pimp (Unedited Master Take) ⑩Willie The Pimp (Guitar OD 1) ⑪Willie The Pimp (Guitar OD 2) / disc3: ①Transition (Section 1, In Session) ②Transition (Section 1, Master Take) ③Transition (Section 2, Intercut, In Session) ④Transition (Section 2, Intercut, Master Take) ⑤Transition (Section 3, Intercut, In Session) ⑥Transition (Section 3, Intercut, Master Take) ⑦Lil' Clanton Shuffle (Unedited Master) ⑧Directly From My Heart To You (Unedited Master) ⑨Another Waltz (Unedited Master) / disc4: ① Dame Margret's Son To Be A Bride (Remake) ② Son Of Mr. Green Genes (Take 1) ③Son Of Mr. Green Genes (Master Take) ④Big Legs (Unedited Master Take) ⑤It Must Be A Camel (Percussion Tracks) ⑥Arabesque (Guitar OD Mix) ⑦Transition (Full Version) ⑧Piano Music (Section 3,OD Version) / disc5: ①Peaches En Regalia ②Willie The Pimp ③Son Of Mr. Green Genes ④Little Umbrellas ⑤The Gumbo Variations ⑥It Must Be A Camel ⑦The Origin Of Hot Rats ⑧Hot Rats Vintage Promotion Ad #1 ⑨Peaches En Regalia (1969 Mono Single Master) ⑩Hot Rats Vintage Promotion Ad #2 ⑪Little Umbrellas (1969 Mono Single Master) ⑫Lil' Clanton Shuffle (1972 Whitney Studios Mix) / disc6: ①Little Umbrellas (Cucamonga Version) ②Little Umbrellas (1969 Mix Outtake) ③It Must Be A Camel (1969 Mix Outtake) ④Son Of Mr. Green Genes (1969 Mix Outtake) ⑤More Of The Story Of Willie The Pimp ⑥Willie The Pimp (Vocal Tracks) ⑦Willie The Pimp (1969 Quick Mix) ⑧Dame Margret's Son To Be A Bride (1969 Quick Mix) ⑨Hot Rats Vintage Promotion Ad #3
[ほか全15曲]

Recording: **July 1969**
Release: December 20, 2019

CD6枚、65トラック、59の未発表テイク、で50周年を祝う、『ホット・ラッツ』のレコーディング・セッション集。69年7月18、28、29、30日のセッションが4枚。ディスク5、6は「テープ収蔵庫から」と題された関連音源集という構成。

7月の録音は「ザ・ハリス・セッション」と呼びたくなるくらいシュガーケイン・ハリスがキー・パーソンだ。このセッションからは『ホット・ラッツ』から先の3作、『バーント・ウィニー・サンドウィッチ』『いたち野郎』『チャンガの復讐』までのマテリアルが録音されている。ハリスとリズム・セクションの組み合わせ（＝グルーヴの違い）によって、マザーズ名義とソロ名義の曲が選り分けられた。どこまでザッパが計画的に事を進めていたのかは定かではないが、この時期、並行して起きていたのはマザーズの解散だ。8月のマザーズの最後のツアーの終了後に、速やかにセッション・テイクへのオーヴァーダビングが行われている。残念ながらこの時のプロセスは本作には収録されていない。

そして10月に『ホット・ラッツ』は発売される。完成した作品は、明らかにこれまでのマザーズとは異なる世界観があり、ザッパの創作とビジネスが次のモード（70年代）へ移行する過程を表していた。

このセッションのために、ザッパは獄中にいたシュガーケイン・ハリスの保釈金を支払ったという。（梅）

Hot Rats

Frank Zappa

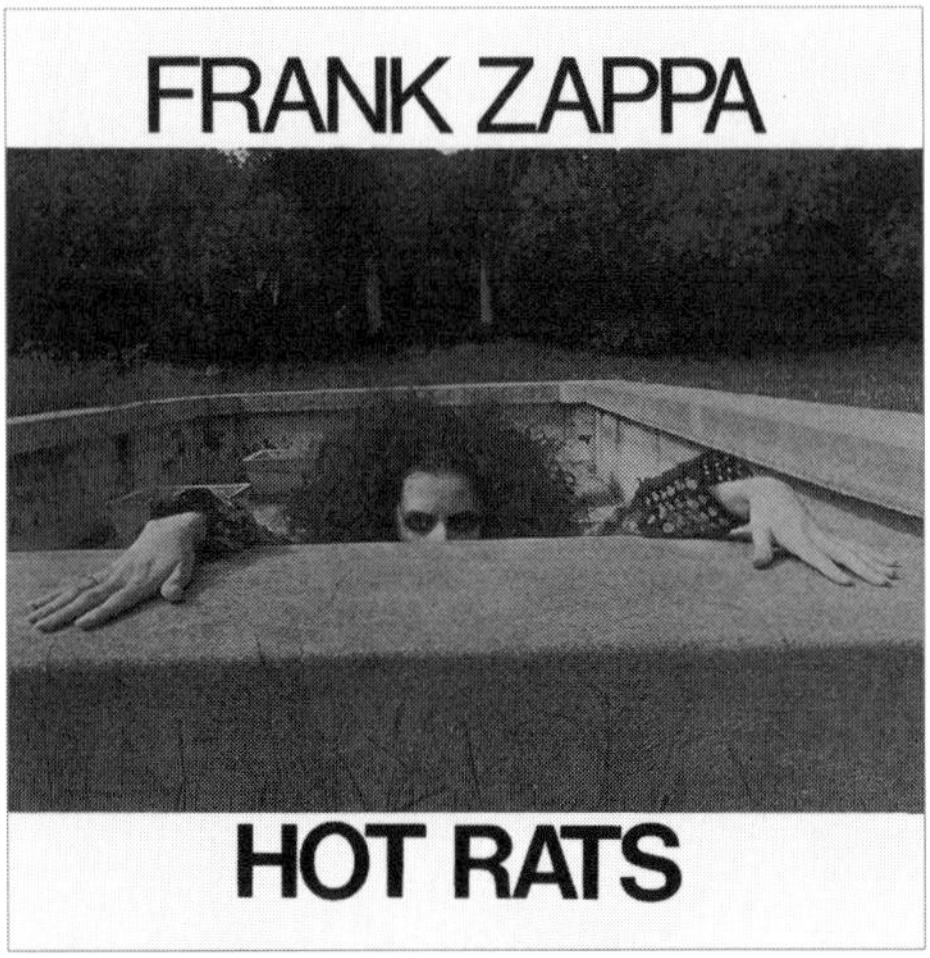

ホット・ラッツ
Bizarre/Reprise RS 6356

① Peaches En Regalia
② Willie The Pimp
③ Son Of Mr. Green Genes
④ Little Umbrellas
⑤ The Gumbo Variations
⑥ It Must Be A Camel

FZ: guitar, octave bass, percussion
Ian Underwood: piano, organus maximus,
all clarinets, all saxesIan Underwood: alto sax

Ron Selico: drums
Shuggy Otis: bass
Max Bennett: bass
Sugar Cane Harris: violin
Jean-Luc Ponty: violin
John Guerin: drums
Paul Humphrey: drums
Captain Beefheart: vocal

Recording: **July-August,1969**
Release: October 15,1969

『ランピー・グレイヴィ』に続くフランク・ザッパ・ソロ名義の2作目。8月にオリジナル・マザーズを解散したザッパにとっては、実質ファースト・ソロと言えるだろう。本国アメリカではビルボードで１７３位と苦しい成績ではあったが、キング・クリムゾン、イエスなどのプログレッシヴ・ロックの登場に沸くイギリスでは好意的に迎えられ、全英チャート9位を記録する。また、「メロディ・メーカー」紙のリーダーズ・ボールでは『レッド・ツェッペリンII』を押さえ、1位を獲得している。

ザッパの曲でもとりわけメジャーな扱いを受ける「ピーチズ・エン・レガリア」は数多くのライヴでも演奏されており、アメリカＮＢＣの人気番組「サタデー・ナイト・ライヴ」(76年12月11日放映)ではのちにＵＫのメンバーとなるエディ・ジョブソン(kbd・vln)やテリー・ボジオ(ds)を従え演奏している。「ウィリー・ザ・ピンプ」ではキャプテン・ビーフハートことドン・ヴァン・ヴリートがアルバム唯一のヴォーカルを担当し、花を添える。オリジナル・マザーズで唯一残ったイアン・アンダーウッドがサックス、フルート、キーボードで八面六臂の活躍を見せる一方、シュガーケイン・ハリスとジャン＝リュック・ポンティのエレクトリック・ヴァイオリンが非常に効果的に使われている。ちなみにジャン＝リュック・ポンティは、ザッパ作品集『キング・コング』を発表したあと、『秘なる海』『コズミック・メッセンジャー』で一躍ジャズ・ヴァイオリニストのトップに駆け上がった。ベースには弱冠15歳のシュギー・オーティス、「リトル・アンブレラズ」のウッドベースはマックス・ベネットが担当。ドラムスにはジェイムス・ブラウンとも共演したロン・セリコと、ジャズ・オルガンのジミー・スミス「ルート・ダウン」への参加で知られるポール・ハンフリーという布陣である。

　このアルバムで特筆すべきは新たに導入された16トラックの録音を駆使した行われたオーヴァーダビングや巧みな編集であり、ここからザッパの録音マニアぶりが発揮されていくのだ。

　本作品はＣＤ化に際して「ザ・ガンボ・ヴァリエーションズ」がオリジナルＬＰ盤より4分ほど長くなっており、ザッパの録音マニアぶりがうかがえる。２０１９年12月には『ホット・ラッツ・セッションズ』として50周年記念ボックスが6枚組67曲で発売され熱狂的なファンを喜ばせた。未発表音源の他、ブックレット、オリジナル・ボードゲーム、おまけにギター・ピック6枚とまさにてんこ盛り状態。他にも「ホット・ラッツ・ブック」と称した写真集も発売になっているが、現在まで国内発売はされていない。

　ジャケットのデザインはカル・シェンケルで、撮影は表、裏ともにアンディ・ナサンソン。赤外線写真を効果的に使っており、鮮烈なイメージが漂う。ジャケットに写っている女性はクリスティーン・フルカ。クリスティーンは68年にロサンゼルスで結成されたグルーピーたちによるヴォーカル・グループＧＴＯズのメンバーで、ザッパの長女ムーン・ユニットの最初のベビー・シッターでもあったが、72年11月5日にヘロインの過剰摂取で死亡した。彼女が身を沈めている穴は、ハリウッド・ヒルズにあるエロール・フリンの別荘のプールである。（真）

論考 **30代のフランク・ザッパ**

「三十にして立つ」の実践

和久井光司

明確なヴィジョンをもって表現活動に勤しむ人間は、インディペンデントでなければならない。バンドのメンバーやスタッフのギャラ、スタジオ代は日々かかるし、宿代を今夜の売り上げで払うようではツアーも組めない。公演会場に行くにはガソリン代や高速代だってかかる。バンドのメンバーとスタッフ、楽器を全部乗せて出かけるなら、デカいバスを借りた方がいい。そのレンタル代も先払いだ。自分のヴィジョンを実現するためには、責任を自分で負わなければならない。それが〝インディペンデント〟のあり方だ。そういう姿勢を見せなければ人はついてこない。ヴィジョンを明確に語れることと、経費の出どころを心配させないこと。それがリーダーの条件。インディペンデントなら尚更だ。

ああ、しかし金がない。このヴィジョンが現実のものとなれば多くの人をハッピーにできるのに、ヴィジョンを語っているだけでは何も始まらない。ヴィジョンをプロジェクトにするためには、金が必要なのだ。

ユナイテッド・ピクチャーズ／アーティスツから予算をもらって映画『200モーテルズ』とそのサントラをつくり始めたのは、ザッパが30歳になったときだ。

結婚し、子供も生まれたのだから、「なんとかやっていける」では済まない。そういう歳だ。「三十にして立つ」は、孔子の『論語・為政』にある「子曰く、吾十有五にして学に志す、三十にして立つ、四十にして惑わず、五十にして天命を知る……」に基づいたことわざだが、英語でも似た表現があると思う。

マザーズを新メンバーで再編しようとしていたザッパには、管弦楽曲をオーケストラと録音するいうヴィジョンもあり、『200モーテルズ』の映画化が具体的になる約半ニュー・マザーズとロサンゼルス・フィルの共演を試みている。その楽屋にマーク・ヴォルマンとハワード・ケイランが現れた。タートルズの活動に行き詰まっていたふたりはザッパに助言を仰ぎに来たのだ。

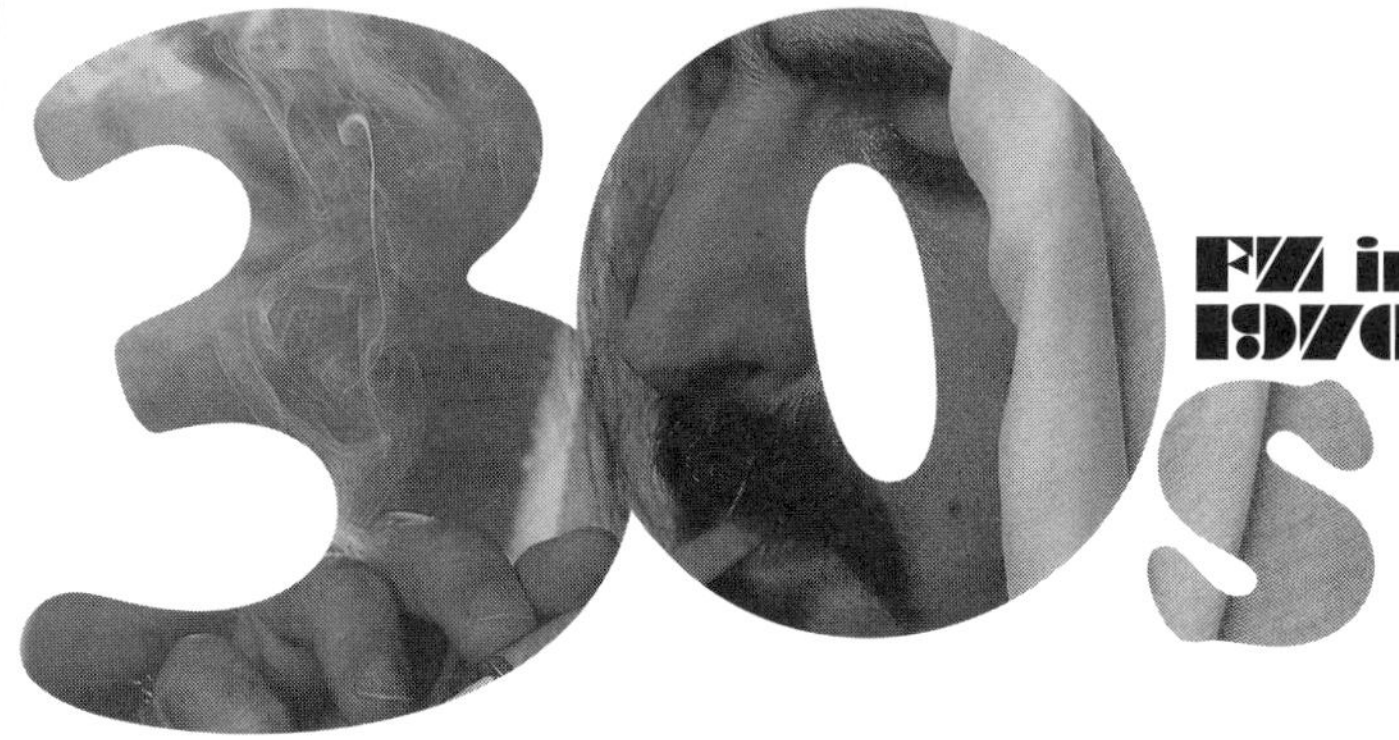

30s
FZ in 1970~1980

「よし。まとめて面倒みよう」と言ったかどうかはわからないが、ヴォルマンとケイラン（＝フロー＆エディ）を迎え、ヴォーカル・パートを充実させたマザーズは、〝わかりやすさ〟が持つエンタテインメント性をザッパに実感させることになり、20代のころの「俺、そういうんじゃないから」をザッパに言わせなくしたのである。

まさに「三十にして立つ」だった。

MGM時代につくったビザール・プロダクションは69年に配給元をリプリーズに変えていたが、ライヴ音源を混ぜて新作をつくるようになったことで契約履行は楽になり、ザッパとハーブ・コーエンの姿勢はワーナー・ブラザーズにも評価されるようになった。ふつうに考えればハードルが高いヴィジョンをちゃんとプロジェクト化し、それほど売れなくてもビジネスにしているのだからワーナーは「堅い」と踏んだのだろう。

ザッパとコーエンがワーナー傘下でディスクリート・レーベルを興したのは73年。ザッパが32歳のときだ。

ポップで楽しい『フィルモアのマザーズ』と、ロックの新しい地平を感じさせた『グランド・ワズー』は、瞬間的なチャート・アクションだけで判断できる作品ではなかった。細々とかもしれないが、ザッパのアルバムは売れ続ける。カット盤（ジャケットに傷をつけることでバーゲン価格にしたことを示すアメリカ・レコード市場の習慣）が少ないことは、ザッパ作品がフル・プライスのままでも売れ続ける証拠なのだ。

33歳と3分の1、LPの回転数に年齢が重なったときに、ザッパは初めてジャケットにドーンと顔を出した。タイトルの『アポストロフィ』をフランク・ザッパにつなげれば、『フランク・ザッパ（以下略）』とも読める。説明不要ということだろう。

「三十にして立つ」を実践した夫は、妻ゲイルの誇りになったはずだし、多くのミュージシャンは「ザッパのように生きたい」と思うようになるのだ。

Chunga's Revenge
Frank Zappa

チャンガの復讐
Bizarre/Reprise MS 2030

① Transylvania Boogie
② Road Ladies
③ Twenty Small Cigars
④ The Nancy & Mary Music
⑤ Tell Me You Love Me
⑥ Would You Go All The Way?
⑦ Chunga's Revenge
⑧ The Clap
⑨ Rudy Wants To Buy Yez A Drink
⑩ Sharleena

FZ: guitar, harpsichord, vocal
Ian Underwood: alto sax, electric piano, rhythm guitar
Jeff Simmons: bass, vocal
George Duke: organ, electric piano, vocal drum imitations
Sugar Cane Harris: organ
Aynsley Dunbar: drums
Max Bennett: bass
John Guerin: drums
Mark Volman: vocals, rhythm guitar
Howard Kaylan: vocals

Recording: **1969-70**
Release: October 23, 1970
『バーント・ウィーニー・サンドウィッチ』と『いたち野郎』が69年8月に解散したオリジナル・マザーズの蔵出し音源集（ふつう、蔵出し音源はこんな〝オリジナル・アルバム〟にはならない）だったため、ここでまたソロ名義というのがわかりにくいが、順番としては『ホット・ラッツ』の次だったのだ。

67年にニューヨークで公演したミュージカル版の『アブソルートリー・フリー』を、ロサンゼルス・フィルとの共演という形で70年5月に再演したザッパは、新しいマザーズを模索しつつ、ハリウッドのレコード・ブラントとT・T・G、ロンドンのトライデント・スタジオ、グレンデールのホイットニー・スタジオで新録音を行なった。これが70年夏のことで、フロー&エディが参加したヴォーカル・ナンバー「ロード・

レディーズ」「ウッド・ユー・ゴー・オール・ザ・ウェイ?」「ルディ・ウォンツ・トウ・バイ・イェズ・ア・ドリンク」「シャーリーン」は、映画『200モーテルズ』のストーリーを予告するものとされた。しかしこれだけでは映画の内容は想像できないし、実在のフラメンコ・ダンサーの名前に由来するという〝チャンガ〟と、映画に登場する掃除機ロボット〝チャンガ〟の関係性などは、あとになってもよくわからなかった。

3パートから成る「ザ・ナンシー&メアリー・ミュージック」は、フロー&エディ、イアン・アンダーウッド、ジョージ・デューク、ジェフ・シモンズ、アインズリー・ダンバーという布陣でのライヴだが、「キング・コング」の部分を編集してつくった〝新曲〟だ。

のちに当たり前になるステージ/スタジオ一体型の新作づくりはこれ以前にもあったが、スタジオ録音の新曲と並べても違和感のないヴォーカル・ナンバーがこういう仕上がりになったのは大きな成果だったと思う。

「トランシルヴァニア・ブギ」のソロや、「20本の短い葉巻」「チャンガの復讐」の曲づくりには、マイルス・デイヴィスの『スケッチ・オブ・スペイン』や、ガボール・サボのエスニックなジャズを想わせるところもあるが、ハード・ロック的な方向にそれを転がして成功したのは何たってサンタナである。カルロス・サンタナのラテン音階に通じたプレイと、情熱的なギターの音色に、〝ザ・ギタリスト・パ〟は刺激を受けたのだろうし、シカゴ・ブルースのブルー・ノート・スケールとは違う形でブルースを弾きたかったザッパはカルロスが高い評価を受けたことを喜んでいたのではないだろうか(サンタナのパーカッション隊にも感心していたはずだし)。

いずれにしても、現代音楽のアヴァンギャルドからハード・ロックに移行することで、騒音音楽のあり方や演劇性を模索しているのは顕著で、そういう意味では〝ポップ〟に転じようという意識が感じられる。しかしレッド・ツェッペリンやイエス、キング・クリムゾンのような〝シリアスなカッコよさ〟はザッパ音楽にはなく、どこかドタバタ喜劇のようで、人を食っているのだ。

全英チャートでは42位まで上がったこのアルバム、アメリカではあまり理解されず、トップ100にも入らなかった。

(和)

Road Tapes#3

Frank Zappa

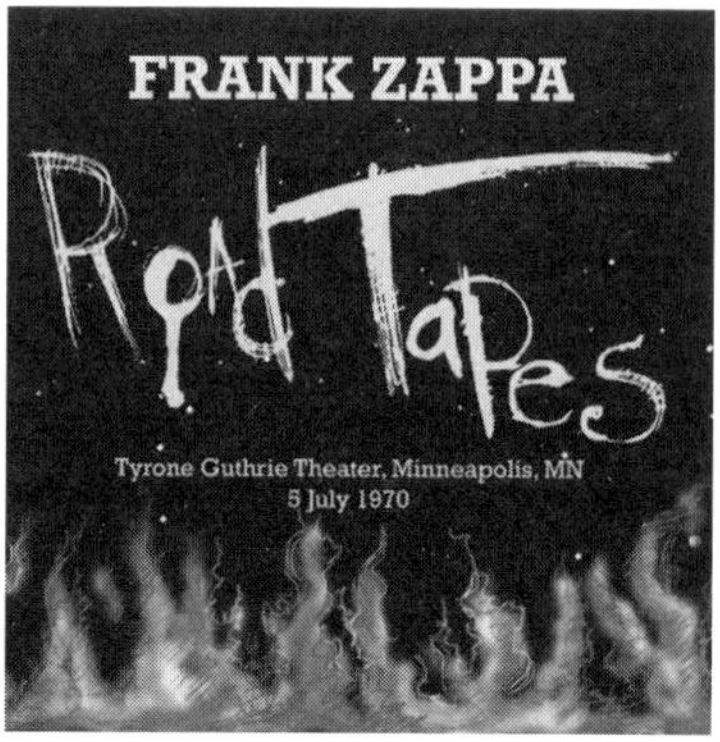

ロード・テープス #3
Vaulternative Records/Zappa Records/UME
VR 2016-1

disc1:
① Tyrone Start The Tape...
② King Kong ③ Wonderful Wino
④ Concentration Moon
⑤ Mom & Dad ⑥ The Air
⑦ Dog Breath ⑧ Mother People
⑨ You Didn't Try To Call Me
⑩ Agon—Interlude (Stravinsky)
⑪ Call Any Vegetable
⑫ King Kong/Igor's Boogie
⑬ It Can't Happen Here
⑭ Sharleena ⑮ The 23rd "Mondellos"
⑯ Justine
disc2:
① Pound For A Brown
② Sleeping In A Jar ③ Sharleena
④ "A Piece Of Contemporary Music"
⑤ The Return Of The Hunchback Duke
⑥ Cruising For Burgers
⑦ Let's Make The Water Turn Black
⑧ Harry, You're A Beast
⑨ Oh No/Orange County Lumber Truck
⑩ Call Any Vegetable ⑪ Mondello's Revenge
⑫ The Clap (Chunga's Revenge)

FZ: guitar, vocals
Howard Kaylan: vocals
Mark Volman: vocals,tambourine
Ian Underwood: alto sax, electric piano, organ
George Duke: electric piano, organ
Jeff Simmons: bass, vocals
Aynsley Dunbar: drums

Recording: **July 5, 1970**
Release: May 27, 2016

　前年にバンドを解散させたザッパは70年5月に新しいマザーズをスタートさせることになる。事の顛末は以下のとおり。70年の母の日（5月15日）、ズービン・メータが指揮するロサンゼルス交響楽団と臨時再編のマザーズの共演コンサートが行われた。その楽屋にマーク・ヴォルマンとハワード・ケイランがザッパを訪問。タートルズの活動に行き詰まり、活路を見出すためだ。そしてザッパはひらめいた。「こいつらと何かやってみよう」と。

　この通称フロー&エディ・マザーズは、翌月の6月にはツアーを開始。バース・フェスティバル出演のため渡英もし、7月5日にミネアポリスで行われたコンサートはCDとして本作になった。昼夜2回のショーを収録とあるが、時間的に1回目の公演の時間が短く、冒頭の約30分程テープの状態が良くないので、大幅な編集を行っていると思われる。『チャンガの復讐』収録の「ザ・ナンシー・アンド・メアリー・ミュージック」はディスク1⑫の即興パートとディスク2⑫のギターソロを編集したもので、ザッパにとっても、この日の演奏は手応えのあるものだったのかもしれない。

　ショーはまだ大半が60年代マザーズの曲だが、歌のうまいマークとハワードが熱気を与えている。歌や語りで二人の持ち味を活かしたレパートリーが登場するのはもう少し時間が経ってから。（梅）

The Mothers 1970

The Mothers

フロー&エディ・マザーズの活動当初、ザッパはこんな発言をしている。「ザ・マザーズ・オブ・インヴェンションでは自分だけが聴衆に語りかけていた。このバンドはフロー&エディを中心にグループ全体が聴衆とコンタクトしている。コミュニケーションに多様性があって、まるで芝居みたいだ」。数回のメンバー・チェンジを経て71年末まで続くこのバンドは、次第にフロー&エディを前面に立てて、他に類のない芝居のようなロックを演じていく。

本作はそんなフロー&エディ時代の初期から中期をまとめた4枚組だ。ディスク1は70年6月と8月のスタジオ録音。残りの3枚は6月、8月~10月にかけてのライヴ録音のハイライトで構成されている。スタジオ録音ではまだフロー&エディの存在感は薄く、どこか『ザ・ホット・ラッツ・セッションズ』の延長的雰囲気がある。82年にレコード化された「エンヴェエロウプス」のような現代音楽的楽曲が試されているのが意外な発見で、『ホット・ラッツ』的なロック室内楽的な方向性も視野にはあったわけだ。

8月以降のライヴでは次第に翌年の『200モーテルズ』に連なる楽曲が加わっていき、フロー&エディが本領を発揮していく様子を知ることができる。ディスク4はザッパが2チャンネルで録音~編集したテイク集で、さすがに仕上がりのテンションが他のディスクとは違う。（梅）

ザ・マザーズ1970

Zappa Records/UME ZR 20033

disc1: ① Red Tubular Lighter ② Lola Steponsky ③ Trident Chatter ④ Sharleena (Roy Thomas Baker Mix) ⑤ Item 1 ⑥ Wonderful Wino (FZ Vocal) ⑦ "Enormous Cadenza" ⑧ Envelopes ⑨ Red Tubular Lighter (Unedited Master) ⑩ Wonderful Wino (Basic Tracks, Alt. Take) ⑪ Giraffe—Take 4 ⑫ Wonderful Wino (FZ Vocal, Alt. Solo) / disc2: ① Introducing...The Mothers ② Wonderful Wino ③ Concentration Moon ④ Mom & Dad ⑤ The Air ⑥ Dog Breath ⑦ Mother People ⑧ You Didn't Try To Call Me ⑨ Agon (Stravinsky) ⑩ Call Any Vegetable ⑪ King Kong Pt. I ⑫ Igor's Boogie ⑬ King Kong Pt. II ⑭ What Kind Of Girl Do You Think We Are ⑮ Bwana Dik ⑯ Daddy, Daddy, Daddy ⑰ Do You Like My New Car? ⑱ Happy Together (Gordon/Bonner) / disc3: ① "Welcome To El Monte Legion Stadium!" ② Agon (Stravinsky) ③ Call Any Vegetable (Edited) ④ Pound For A Brown ⑤ Sleeping In A Jar ⑥ Sharleena ⑦ The Air ⑧ Dog Breath ⑨ Mother People ⑩ You Didn't Try To Call Me ⑪ King Kong Pt.I ⑫ Igor's Boogie ⑬ King Kong Pt.II ⑭ "Eat It Yourself..." ⑮ Trouble Every Day ⑯ "A Series Of Musical Episodes" ⑰ Road Ladies ⑱ "The Holiday Inn Motel Chain" ⑲ What Will This Morning Bring Me This Evening? ⑳ What Kind Of Girl Do You Think We Are? / disc4: ① "What's The Deal, Dick?" ② Another M.O.I. Anti-Smut Loyalty Oath ③ Paladin Routine #1 ④ Portuguese Fenders ⑤ The Sanzini Brothers ⑥ Guitar Build '70 ⑦ Would You Go All The Way? ⑧ Easy Meat ⑨ "Who Did It?" ⑩ Turn It Down! ⑪ A Chance Encounter In Cincinnati ⑫ Pound For A Brown ⑬ Sleeping In A Jar ⑭ Beloit Sword Trick ⑮ Kong Solos Pt. I ⑯ Igor's Boogie ⑰ Kong Solos Pt. II ⑱ Gris Gris (Rebennack) ⑲ Paladin Routine #2 ⑳ King Kong—Outro

FZ: guitar, vocals
Howard Kaylan: vocals
Mark Volman: vocals,tambourine
Ian Underwood: alto sax, electric piano, organ
George Duke: electric piano, organ
Jeff Simmons: bass, vocals
Aynsley Dunbar: drums

Recording: **June-October,1970**
Release: June 26, 2020

200 Motels

The Mothers

同名映画のサントラ盤。ツアーに明け暮れる〝フランク・ザッパ〟が、訪れた200軒のモーテルで管弦楽曲を書き続けた話は、もちろんコメディである。〝フランク・ザッパ〟を演じるのは本人ではなく、リンゴ・スター。ビートルズ末期にテリー・サザーン原作のヒップな映画『キャンディ』と『マジック・クリスチャン』に出演して俳優として認められたリンゴがいたから、ビートルズ映画を配給してきたユナイテッド・アーティスツが動いたのかもしれない。ザッパにとっての映画は、それを構想しながらつくられていく音楽のためにある。だからシーンのイメージ（絵コンテ）はあっても、ストーリーはないのだ。よって脚本らしい脚本もなく、演技はほとんど即興。「こういうのもあり」と認識させたの

200モーテルズ

Bizarre/United Artists UAS 9956

disc1: ①Semi-Fraudulent/Direct-From-Hollywood Overture ②Mystery Roach ③Dance Of The Rock & Roll Interviewers ④This Town Is A Sealed Tuna Sandwich (prologue) ⑤Tuna Fish Promenade ⑥ Dance Of The Just Plain Folks ⑦This Town Is A Sealed Tuna Sandwich (reprise) ⑧The Sealed Tuna Bolero ⑨Lonesome Cowboy Burt ⑩Touring Can Make You Crazy ⑪Would You Like A Snack? ⑫Redneck Eats ⑬Centerville ⑭She Painted Up Her Face ⑮ Janet's Big Dance Number ⑯Half A Dozen Provocative Squats ⑰Mysterioso ⑱Shove It Right In ⑲Lucy's Seduction of A Bored Violinist & Postlude / disc2: ①I'm Stealing The Towels ②Dental Hygiene Dilemma ③Does This Kind of Life Look Interesting To You? ④Daddy, Daddy, Daddy ⑤Penis Dimension ⑥What Will This Evening Bring Me This Morning ⑦A Nun Suit Painted On Some Old Boxes ⑧Magic Fingers ⑨Motorhead's Midnight Ranch ⑩Dew On The Newts We Got ⑪The Lad Searches The Night For His Newts ⑫The Girl Wants To Fix Him Some Broth ⑬ The Girl's Dream ⑭Little Green Scratchy Sweaters & Courduroy Ponce ⑮Strictly Genteel (the finale)

FZ: guitar, bass
Mark Volman: vocals & special material
Howrd Kaylan: vocals & special material
Ian Underwood: keyboards & winds
Aynsley Dunbar: drums
George Duke: keyboards & trombone
Martin Lickert:bass
Jimmy Carl Black: vocal
Ruth Underwood: orchestra drum set
The Royal Philharmonic Orchestra

Recording: **January 28-February 5, 1971**
Release: October 4,1971

はビートルズのテレビ映画『マジカル・ミステリー・ツアー』だったが、それが世間で酷評されたのを知らぬザッパではない。「こういうのは俺の専売特許」と言わんばかりの構想を、音楽と映像が支えたからメジャー配給の作品になったわけだ。

ザッパは70年5月15日にUCLAで、ズービン・メータが指揮するロサンゼルス・フィルと、ニュー・マザーズにモーターヘッド・シャーウッドとドン・プレストンを加えた布陣での演奏で、多くの管弦楽曲を試していた。映画が具体的になったのはその年の秋で、撮影は71年2月。フロー&エディ、アンダーウッド夫妻、ダンバー、デューク、ポンズ、ブラック、マーティン・リカードから成るマザーズと、ロイヤル・フィルハーモニック・オーケストラによる録音風景は映画に記録されているが、音楽に集中するには映像は不要とも言える。ヴィデオ撮影した素材にエフェクトをかけ、それを35ミリ・フィルムに落とした映像の〝新しさ〟はいま観ても納得できるが、チープなセットの中で繰り広げられるバンドとグルーピーの乱痴気騒ぎに大した意味はない。修道女役で登場するキース・ムーンや、テレビ司会者に扮したオーストリアはウィーン出身の（ユダヤ系ドイツ人）フォーク歌手／俳優のセオドア・ビケル（サントラではナレーターを務めている）や、〝フランク・ザッパ〟を演じるリンゴは面白いが、いちばん注目すべきは一歩引くことで映画を俯瞰したザッパ監督のセンスである。アメリカン・ニュー・シネマが全盛の時代に生まれた〝珍品〟として映画史の片隅に記録されるのを想定したような、冷徹な意識も感じられるところが実にザッパらしい。

98分にまとめられた映画に対して、サントラ盤に収録された音は86分。映画ではほとんど言葉を発しないザッパがサントラでは饒舌なのも、思考の〝二重構造〟を思わせる。

後年、自作のすべての権利を買い戻そうとしたザッパだが、この映画とサントラ盤だけは難しく、映画は現在もユナイテッド・アーティスツのものだ。しかしサントラ盤の権利は97年に遺族の手に戻り、ボーナス・トラックと、映画の予告編をエンハンスと部分に加えたCDが発売された。

オリジナルLPは、ポスターとブックレットをつけた2枚組で、全米59位を記録した。

（和）

Playground Psychotics

Frank Zappa

プレイグラウンド・サイコティクス
Barking Pumpkin D2 D2 74244

disc1:
A TYPICAL DAY ON THE ROAD, PART 1
① Here Comes The Gear, Lads ② The Living Garbage Truck ③ A Typical Sound Check ④ "This Is Neat" ⑤ The Motel Lobby ⑥ Getting Stewed ⑦ The Motel Room ⑧ "Don't Take Me Down" ⑨ The Dressing Room ⑩ Learning "Penis Dimension" ⑪ "You There, With The Hard On!" ⑫ Zanti Serenade ⑬ Divan ⑭ Sleeping In A Jar ⑮ "Don't Eat There" ⑯ Brixton Still Life ⑰ Super Grease ⑱ Wonderful Wino ⑲ Sharleena ⑳ Cruisin' For Burgers ㉑ Diptheria Blues ㉒ Well ㉓ Say Please ㉔ Aaawk ㉕ Scumbag ㉖ A Small Eternity With Yoko Ono
disc2:
A TYPICAL DAY ON THE ROAD, PART 2
① Beer Shampoo ② Champagne Lecture ③ Childish Perversions ④ Playground Psychotics ⑤ The Mudshark Interview ⑥ "There's No Lust In Jazz" ⑦ Botulism On The Hoof ⑧ You Got Your Armies ⑨ The Spew King ⑩ I'm Doomed ⑪ Status Back Baby ⑫ The London Cab Tape ⑬ Concentration Moon, Part One ⑭ The Sanzini Brothers ⑮ "It's A Good Thing We Get Paid To Do This" ⑯ Concentration Moon, Part Two ⑰ Mom & Dad ⑱ Intro To Music For Low Budget Orchestra ⑲ Billy The Mountain
THE TRUE STORY OF 200 MOTELS
⑳ He's Watching Us ㉑ If You're Not A Professional Actor ㉒ He's Right ㉓ Going For The Money ㉔ Jeff Quits ㉕ A Bunch Of Adventures ㉖ Martin Lickert's Story ㉗ A Great Guy ㉘ Bad Acting ㉙ The Worst Reviews ㉚ A Version Of Himself ㉛ I Could Be A Star Now

FZ: guitar, vocal Mark Volman: vocal
Howard Kaylan: vocal Jim Pons: bass, vocal
Aynsley Dunbar: drums Ian Underwood: keyboards,sax
Don Preston: keyboards Bob Harris: keyboards
John Lennon: guitar, vocal
Yoko Ono: bag, vocal

Field Recordings: **1970-1971**
Live Recordings: **June-December 1971**
Release: Oct.27,1992

70年から71年のツアーにおける移動、楽屋での話、リハーサルなどをポータブル・レコーダーで録音した〝フィールド・レコーディング〟にライヴ・パフォーマンスを挿入した2枚組。つまりはツアー・ドキュメントなのだが、フロー&エディ期のマザーズ（通称タートル・マザーズ）の記録であり、ジョン・レノン&ヨーコ・オノとの共演場面も含まれるなど、注目に値する作品である。ディスク1の「ウェル」以降の5曲は、71年6月6日にフィルモア・イーストで行なわれた公演の模様で、ジョンとヨーコが客演。この日の音源は、『サムタイム・イン・ニューヨーク・シティ』にも使用されているものの、本作ではザッパとヨーコの前衛バトルが聴ける。また、同所での5日のライヴも収録されていることを思えば、『フィルモア・ライヴ'71』との関係性も浮かび上がってくる（ジャケットも同じカル・シェンケルが手がけた）。

ほかにも71年8月7日にロサンゼルスのポーリー・パヴィリオン公演や12月10日のロンドン、レインボウ・シアター（ザッパがステージから突き落とされて怪我をした日）での音源も使われており、当初は2枚組として発売される予定だった『ジャスト・アナザー・バンド・フロム L.A.』の影も感じとれるだろう。中でも30分を越える「ビリー・ザ・マウンテン」は、本作の核となっている。（山）

Fillmore East-June 1971

The Mothers

フィルモア・ライブ'71
Bizarre/Reprise MS 2042

① Little House I Used To Live In
② The Mud Shark
③ What Kind Of Girl Do You Think We Are?
④ Bwana Dik
⑤ Latex Solar Beef
⑥ Willie The Pimp Part One
⑦ Willie The Pimp Part Two
⑧ Do You Like My New Car?
⑨ Happy Together (Bonner/Gordon)
⑩ Lonesome Electric Turkey
⑪ Peaches En Regalia
⑫ Tears Began To Fal

FZ: Guitar & Dialog
Mark Volman: lead vocals & dialog
Howard Kaylan: lead vocals & dialog
Ian Underwood: winds & keyboard & vocals
Aynsley Dunbar: drums
Jim Pons: bass & vocals & dialog
Bob Harris: 2nd keyboard & vocals
Don Preston: minimoog

Recording: **June 5-6, 1971**
Release: August 2,1971

ザッパ史上初のフル・ライヴ・アルバムにして、新生マザーズの第1作。6月のニューヨーク、フィルモア・イースト公演からベスト・テイクを選んだ、オーヴァーダビングなしのリアル・ライヴである。ジョンとヨーコがゲスト出演した6日の〝部分〟はふたりが72年6月に発表した『サムタイム・イン・ニューヨーク・シティ』に収録され、97年の『プレイグラウンド・サイコティクス』で全貌が明らかになった。CD化のときから本作のフル・ステージ版は期待されていたから、『プレイグラウンド…』に続いてフィルモア・テープの蔵出しもあるのではないかと思われていたが、いまだに手がつけられていない。アナログ盤ではAB面に分かれていた「ウィリー・ザ・ピンプ」が、CD化の際に「パート2」をカットした形になったのはい

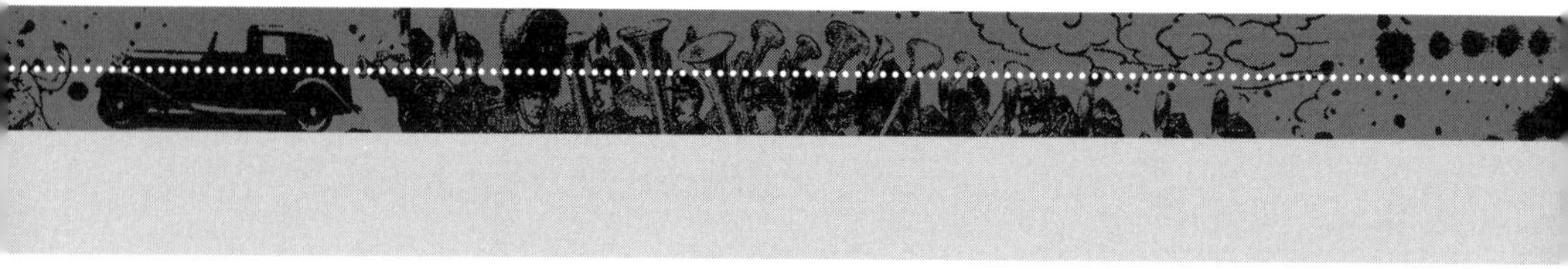

ただけなかったし、海賊盤を模したジャケットの意味もCDでは半減してしまったから、アナログ盤の価値は高まるばかり。ジョンとヨーコが『サムタイム・イン・ニューヨーク・シティ』の内袋で本作のジャケをアカで修正した〝冗談〟も、両方を並べて完結することだから、CDはオリジナル版をまったく再現していない、と言い切ってしまってもいいだろう。

フロー&エディことザ・タートルズのハワード・ケイランとマーク・ヴォルマンを正式メンバーとして迎え、イアン・アンダーウッド、アインズリー・ダンバー、ジム・ポンズ、ボブ・ハリス、ドン・プレストンという布陣となったマザーズは、ザッパが理想とした〝エンタテインメント・ロック・ショウ〟が実現できるバンドになったが、スタジオ・レコーディングで一曲一曲を練り上げていくと、即興から別のストーリーが生まれるチャンスはなくなり、鮮度はどんどん薄れていってしまう。『チャンガの復讐』で「キング・コング」のライヴ・テイクを「ザ・ナンシー&メアリー・ミュージック」につくり変えることに成功したザッパは、入念なリハーサルを行ったバンドがどれだけリアル・ライヴに耐えられるかという実験をここで行ったのだろうし、本作の仕上がりは大きな自信になったと思う。

タートルズの全米ヒット「ハッピー・トゥゲザー」まで入ったポップな内容は、全米38位まで上がったのを当然と思わせるが、その一方で反ニクソンをアピールする社会的な姿勢がザッパらしい。ニクソンの愛称に巨根をだぶらせた「ブワナ・ディック」の収録は翌年の大統領選を見据えてのことだったし、裏ジャケには「選挙のための登録を忘れるな」というメッセージも（アメリカでは事前に有権者登録しておかないと投票ができない）。

ちゃんとリハーサルしたバンドでステージに立ち、ライヴはすべて録音しておく、という創作のスタイルを明確にしたのはここからだが、新生マザーズをそういうバンドに育てるために、ザッパは金になるツアーを企画し、そのギャラをあてに先行投資しなければいけなくなったのだから、ハーブ・コーエンが一歩引いたのも納得がいく。

たったひとりの闘いを始めたミュージカル・ディレクターにしてギタリストの雄々しい姿が、なんとも潔いアルバムだ。

（和）

Just Another Band From L.A

The Mothers

ジャスト・アナザー・バンド・フロム L.A.
Bizarre/Reprise MS 2075

① Billy The Mountain
② Call Any Vegetable
③ Eddie, Are You Kidding?
④ Magdalena
⑤ Dog Breath

FZ: Guitar & Dialog
Mark Volman: lead vocals & dialog
Howard Kaylan: lead vocals & dialog
Ian Underwood: winds & keyboard & vocals
Aynsley Dunbar: drums
Don Preston: keyboards & minimoog
Jim Pons: bass & vocals

Recording: **August 7,1971**
Release: March 26,1972

71年11月後半からのヨーロッパ・ツアー（8カ国、23公演前後）はさんざんだった。12月4日のモントルー公演では火災に巻き込まれて機材を消失（それをレマン湖の対岸からから見ていたディープ・パープルが「スモーク・オン・ザ・ウォーター」をつくったのはあまりにも有名だ）、10日の千秋楽、ロンドンのレインボー・シアター公演では、ザッパに彼女を寝取られたと勘違いした暴漢によってステージから突き落とされて大怪我、4ヶ月近い静養を余儀なくされ、絶好調だったフロー&エディ入りマザーズを解散せざるをえなくなってしまった。

リプリーズとの契約を履行するために、ザッパは71年8月7日にロサンゼルスのUCLAで収録されたライヴをアルバムにすることを思いつき、『フィル

モア・イースト』に続く、このリアル・ライヴ・アルバムが生まれたのだ。

　しかし、ポップなニューヨーク編とは違って、このアルバムはわかりにくい。ザッパがカル・シェンケルとアニメ化を企画していた「ビリー・ザ・マウンテン」の25分近い〝オリジナル・ヴァージョン〟がA面を占めているのだが、あのビリー・ザ・キッドを山として登場させ、LAの地元ネタで固めたコメディは、東海岸でも理解されなかったといわれるほどローカルだからだ。

　フロー&エディの〝演技〟が素晴らしいのはわかるけれど、結局「ビリー・ザ・マウンテン」のアニメは企画だけで終わったから（ジャケ内側で多くのキャラクター図案が貼られた机にシェンケルが突っ伏しているのが〝頓挫〟を伝えている）、我々はこの物語をここに収録されたセリフから想像しなければならないわけで、それはハードルが高い。音楽と同じで、アドリブによってストーリーが分断されたり、逸脱した展開をメンバーがいちばん面白がっているようなところもあるから、どうにもついていけないのである。

　当時の日本盤のライナーは、ジョセフ・P・ラヴによるオリジナルのプレス・リリースを訳したもので、日本人による解説や歌詞の対訳は掲載されていない（誰もわからなかったのだろう）。当時はカリフォルニア州知事だったロナルド・レーガンを想わせるチーフ・リードンや、実名で登場するシカゴのテレビ・コメディアン、ボブ・ニューハートは良識的な白人層の欺瞞を象徴しているのだろうが、それがなんとなく摑めたのはCD化のときだったのだからタチが悪い。フロー&エディの演技に素早く対応するマザーズの凄さはわかるが、それだけではストレスが溜まってしまう。

　B面は、変化に富んだ「コール・エニー・ヴェジタブルズ」と、ストレートな「ドッグ・プレス」を音楽として楽しめるものの、そのあいだの2曲は寸劇混じりの歌もの。対訳を読んで「なるほどそういうことか」では、面白さを摑んでいないも同然だ。

　ジャケがホップだし、タイトルが想像させるのは『フィルモア・イースト』のLA篇だが、まったくそうではない。フロー&エディー時代のマザーズの真骨頂は感じられるが、蒙古タンメン中本の北極ぐらい〝試される〟激辛盤である。

（和）

Carnegie Hall

Frank Zappa

6月はフィルモア。10月はカーネギー・ホール。同じニューヨークの会場だが、かなり出来が違う。この10月11日のカーネギー・ホールでの公演に、ザッパがどのくらいメモリアルな気持ちを感じていたのかは定かではないが、2回の公演を収めたこの4枚組からは、この時点のザ・マザーズを全出しする気概が感じられる。本作と『フィルモア〜』の2作で71年に演奏されたレパートリーはほぼ網羅できるだろう。2011年の発売時には前座パースエイジョンズのパートまで収録されていたが、現在はその部分をカットしてリイシューされている。

まず注目したいのはディスク3の②〜⑥の「ディヴァン」だ。これは後年盛んに演奏される「ソファ」をキーにした組曲で、これまで断片的には公開されていたが、公式には本作で初めて全体が明らかになった。ディスク4の大半を占めるのがザッパ・カタログでは3度めの登場となる「ビリー・ザ・マウンテン」だ。これまでは大幅にカットされていた各楽器のソロパートも含め、三つのパートに分かれた約48分のヴァージョンになっている。両曲合わせて、神、宇宙、自然、人間社会の様々な営みを統合したスケールの大きなロック・シアター作品とも言え、これを面白おかしくライヴ演奏出来るのはフロー&エディの実力あればこそだ。カーネギー・ホールにもふさわしい。

（梅）

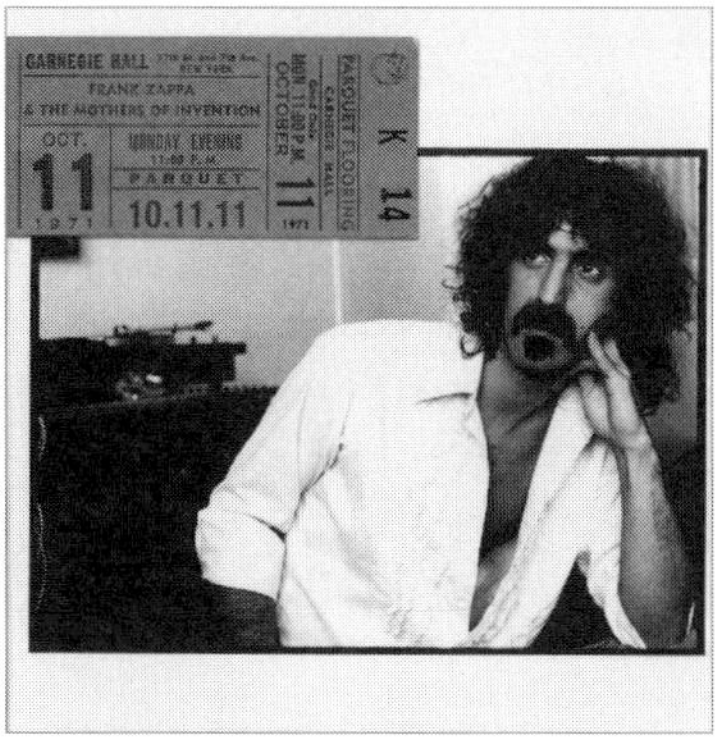

カーネギー・ホール

Vaulternative Records VR2011-1

disc1:
FZ Show 1
① Hello (to FOH)/Ready?! (to the Band) ② Call Any Vegetable ③ Anyway The Wind Blows ④ Magdalena ⑤ Dog Breath
disc2:
① Peaches En Regalia ② Tears Began To Fall ③ Shove It Right In ④ King Kong ⑤ 200 MOTELS Finale ⑥ Who Are The Brain Police?
disc3:
FZ Show 2
① Auspicious Occasion ② DIVAN persists of: Once Upon A Time ③ Sofa #1 ④ Magic Pig ⑤ Stick It Out ⑥ Divan Ends Here ⑦ Pound For A Brown ⑧ Sleeping In A Jar ⑨ Wonderful Wino ⑩ Sharleena ⑪ Cruising For Burgers
disc4:
① Billy The Mountain—Part 1 ② Billy The Mountain—The Carnegie Solos ③ Billy The Mountain—Part 2 ④ The $600 Mud Shark Prelude ⑤ The Mud Shark

FZ: lead guitar, vocals
Mark Volman: vocals, percussion
Howard Kaylan: vocals
Ian Underwood: keyboards, alto sax
Don Preston: keyboards, gong
Jim Pons: bass, vocals
Aynsley Dunbar: drums

Recording: **October 11, 1971**
Release: November 17, 2011

Joe's Domage

Frank Zappa

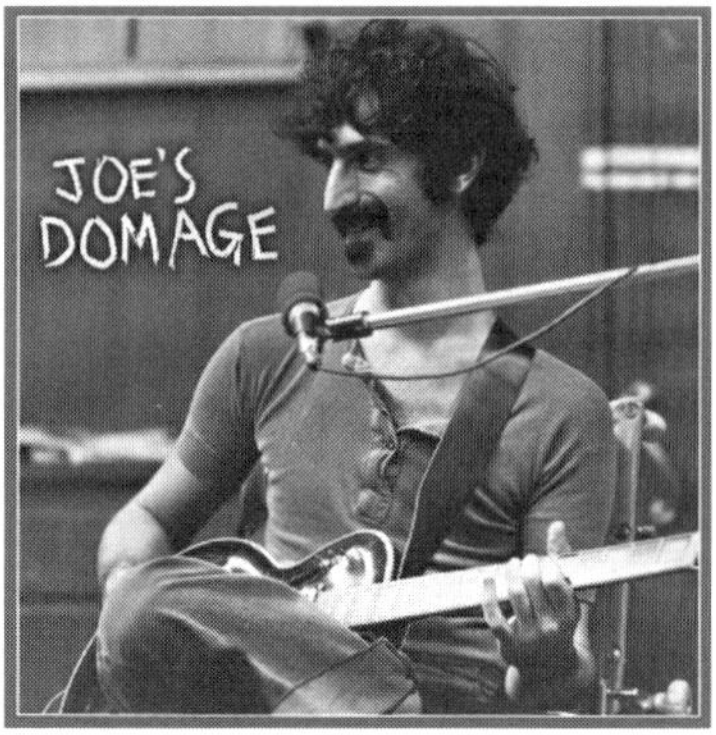

ジョーのドマージュ

Vaulternative Records VR2011-1

① When it's perfect…
② The New Brown Clouds
③ Frog Song
④ It Just Might Be A One Shot Deal
⑤ The ending line…
⑥ Blessed Relief/The New Brown Clouds
⑦ It Ain't Real So What's The Deal
⑧ Think It Over (some)/Think It Over (some more)
⑨ Another Whole Melodic Section
⑩ When it feels natural…

FZ: guitar, voice
Tony Duran: guitar, vocals
Ian Underwood: organ
Sal Marquez: trumpet
Malcolm McNab: trumpet
Ken Shroyer: trombone
Tony Ortega: baritone sax
Alex Dmochowski: bass, vocals
Aynsley Dunbar: drum

Recording: **spring 1972**
Release: Oct.1,2004

活気に満ちたロック・シアター作品を披露したフロー&エディ・マザーズの活動は、71年12月のロンドン公演において、ザッパが観客から4メートル下のオーケストラ・ピットに突き落とされて終わった。ザッパは数か月の入院を余儀なくされるが、72年の3月頃には演奏やリハーサルができるまでには快復していた。まだ車椅子姿だったけれど。

“Joe's exciting new series”の第2弾となる本作は、そのリハーサルを記録したカセット・テープを基に提出された証拠物件のようなアルバムだ。決して音質は良くないが、ザッパ史上最大度数の変化を見せるフロー&エディ期からグランド・ワズー期のミッシングリンクとしての意味は大きい。事故後の療養期間中にザッパは「グレッガリー・ペッカリー」や「ハッチェントート」と題された、バレエを想定した楽曲を構想していた。それらはある種前年のロック・シアター的大作の延長とも言える。本作で試されている曲は『ワカ・ジャワカ』『グランド・ワズー』や数年後の「グレゴリー・ペッカリー」などの作品に発展する。⑧は「ハッチェントート」のための曲で「グランド・ワズー」の初期ヴォーカル付きヴァージョン。

ゲイルが比喩を駆使した、とても凝ったライナーノートを書いてるが、当時はフランクが無事に演奏を再開できた事に、強く安堵を感じていただろう。（梅）

Waka/Jawaka

Frank Zappa

ワカ/ジャワカ

Bizarre/Reprise MS 2094

① Big Swifty
② Your Mouth
③ It Just Might Be A One-Shot Deal
④ Waka/Jawaka

FZ: guitar & percussion
Tony Duran: slide guitar
George Duke: ring-modulated & echoplexed electric piano
Don Preston: piano & Mini Moog
Sal Marquez: many trumpets & chimes
Joel Peskin: tenor sax
Mike Altschul: baritone sax & piccolo
Bill Byers: trombone & baritone horn
Ken Shroyer: trombone & baritone horn
Erroneous: electric bass
Aynsley Dunbar: drums
Jeff Simmons: Hawaiian guitar & vocal
“Sneaky Pete” Kleinow: pedal steel solo
Janet Ferguson: vocal
Kris Peterson: vocal

Recording: **April-May,1972**
Release: July 5,1972

71年12月10日、ロンドンのレインボー・シアターでのライヴの最中に「俺の女に色目をつかいやがった」と勘違いしたトレヴァー・ハウエルなる暴漢がステージに乱入し、ザッパを殴りオーケストラ・ピットに突き落とし、重傷を負わせる。ザッパは72年の大半を車いす生活でするはめになり、スタジオ・ワークを中心とする生活を送ることになった。その時の作品が72年発表の『ジャスト・アナザー・バンド・フロムL.A.』『ワカ/ジャワカ』『ザ・グランド・ワズー』の3作である。中でも本作は69年に発表された『ホット・ラッツ』のパート2と位置付けられ、ジャケットにも表記されている。(洗面台のジャケット・イラストが‘HOT’と‘COOL’となるべきところ‘HOT’と‘RATS’になっている!)インストゥルメンタルでヴォーカル曲をはさむという形式であり、ザッパの作品群の中でもフュージョン、プログレッシヴ・ロックの色が濃い作品となっている。

「ビッグ・スウィフティ」はジョージ・デューク（kbd）、トニー・デュラン（g）、サル・マルケス（tp）、などの6人のメンバーによるもの。ザッパはこれまでサックスを使用することはあっても、トランペットを積極的に使ったことはあまりなかったが、ここではサル・マルケスによるミュート奏法などのオーヴァーダビングを施し、ザッパ流ジャズ・ロックを聴かせてくれる。ライヴでも重要なレパートリーであり、『オン・ステージ第1集』『同・第2集』などに収録されている。

「ユア・マウス」はエインズリー・ダンバーのドラム・ロールで始まるゴキゲンな曲で、サル・マルケスとクリス・ピーターソンによるヴォーカルが光る。続く「イット・ジャスト・マイト・ビー・ア・ワン・ショット・ディール」はザッパ流カントリー&ウェスタンといった雰囲気のポップ・ソング。ジャネット・ネヴィル=ファーガソンのヴォーカル、トニー・デュランのスライド・ギター、ジェフ・シモンズのハワイアン・ギターときて、スニーキー・ピート・クライノウのペダル・スティール・ギターのソロがなんとも心地よい。そして流れるように「ワカ／ジャワカ」へ。「ビッグ・スウィフティ」では6人のプレイヤーだったが、この曲は7人で。サル・マルケスがトランペットに加え、フリューゲル・ホルンまでプレイし、まさに大活躍。ちなみに曲間に流れるチャイムも担当。これがなかなかいい味出してる。

ドン・プレストンはキーボードにプラスしてミニ・モーグをプレイ。音色がとてもチャーミングだ。ザッパがギター・ソロで応酬し、ビル・バイヤーズ（tb）、ケン・シュロイヤー（tb）、マイク・アルトシュル（sax）のホーン・セクションがからむ。エイズリー・ダンバーがドラム・ソロで中間部を締めにかかると、ホーンが一体となってエンディングへとなだれ込む（「ワカ／ジャワカ」はライヴのセットリストに加わることはなかったが、ザッパのトリビュート・コンサート『ザッパズ・ユニバース』（93年）でスティーヴ・ヴァイのギターで聴くことができる）。

ビルボードのアルバム・チャートは152位。アメリカ以外ではチャート・インしなかった。（真）

The Grand Wazoo

The Mothers

グランド・ワズー
Bizarre/Reprise MS 2094

① For Calvin (And His Next Two Hitch-Hikers)
② The Grand Wazoo
③ Cletus Awreetus-Awrightus
④ Eat That Question
⑤ Blessed Relief

FZ:guitar, percussion, vocal / Tony Duran:slide guitar
Erroneous: electric bass / Aynsley Dunbar:drums
George Duke:keyboards / Don Preston:minimoog
Alan Estes: percussion / Bob Zimmitti:percussion
Lee Clement: percussion / Janet Ferguson:vocal / “Chunky”:vocal
Mike Altschul: woodwinds / Earle Dumler: woodwinds
Tony “Bat Man” Ortega: woodwinds
JoAnn Caldwell McNab: woodwinds
Johnny Rotella: woodwinds / Fred Jackson: woodwinds
Sal Marquez: trumpet / Malcolm McNab: brass
Bill Byers: trombone / Ken Shroyer: trombone
Ernie Tack: brass / Joel Peskin: brass / Ernie Watts: sax

Recording: **April-May,1972**
Release: November 27,1972

『ワカ／ジャワカ』に引き続き制作されたザッパがマザーズ・オブ・インヴェンション名義で発表したジャズ・ロック路線の作品。更に録音メンバーを増やし、総勢23名が参加したビッグ・バンド形式によるもの。内ジャケットには「クリータス・オウリータス・オウライタスおよびグランド・ワズーの伝説」のストーリーが掲載され、そのサウンドトラックであると述べられている。

《この妄想の支配者、それがクリータス・オウリータス・オウライタス。ファンキーの帝王である。クリータスは、失業ミュージシャンから成る素晴らしい軍団を擁している。クリータスとその軍団が、現在彼らがいる場所を支配しているのだが、それは彼らが戦闘に出動していない時の話。戦う相手は、幻の宿敵

である悪党集団、ミディオークラッツ・オブ・ペデストリウム。ミディオークラッツも、素晴らしい軍団を擁しており、これら二つの軍団は、毎週月曜日に殴り合いを繰り広げる。その週の戦闘のスコアは、広告掲示板、電信柱に張り付けられるチラシ、水道橋の横っ面へのスプレー・ペイント、そして、チャートと呼ばれる石板の上に公表される。およそ帝王と呼ばれる人物全てが、ファンキーであるでなしに関わらず、統治上の問題を抱えており、クリータスも例外ではない。ずるずると続く戦争を別として、問題となっているのは、市民の間に見られる不穏な動き。音楽を憎むマゾヒスティックで禁欲的な狂信者のグロテスクな教団が、帝王自身のサウナ・バスの下にあった地下墓地から、湧き出してきたのだ。彼らは、クエスチョンズと呼ばれている。（中略）クエスチョンズどもは、お決まりの汚い床を持った楕円形の闘技場に、どっと押し出される。ばっちりと正装したクリータスが入場するのは、この時だ。そして、原始的だが効果は抜群のグランド・ワズーという名で知られる特大のメガフォンを使って、クリータスはクエスチョンズに語りかける…》（茂木健翻訳「グランド・ワズー」解説より）

オリジナルLPは「フォー・カルヴィン」が1曲目に収録されていたが、リマスターCDでは「ザ・グランド・ワズー」が1曲目になった。70年前後はシカゴやブラッド、スウェット&ティアーズなどのブラス・ロックの潮流があり、タイトル曲はザッパなりの回答とも言える。『ワカ／ジャワカ』のように多重録音に頼らず、全員一斉に演奏し、その後ツアーに出ることを目論んだ。72年9月はメンバーを17人集めて「ザ・グランド・ワズー・オーケストラ」を組織し、その後はメンバーを10人編成に縮小し、「プチ・ワズー」と名付けて、年末までアメリカ各地を回った。9月24日のボストン公演は『ワズー』として発表されている。

「クリータス・オウリーラス・オウライタス」は躍動感あふれるさながら行進曲風の趣。「イート・ザット・クエスチョン」ではジョージ・デュークのまるで踊るかのようなエレクトリック・ピアノにザッパのギターが粘っこく絡みつく。最後を飾る「ブレスト・リリーフ」はジョージ・デュークがせつなくキーボードを奏で、ホーンセクションが哀愁漂う音色で味付けを施している。　（真）

Wazoo

Frank Zappa

72年9月10日、ロサンゼルスのハリウッド・ボウルを皮切りに、20人編成のグランド・ワズー・オーケストラのツアーはスタート。ベルリン、ロンドン、ハーグ、ニューヨークを回り、本作に収録の24日ボストン公演において予定通りに解散した。

ディスク1①はメンバー紹介で、たっぷり時間をかけて各楽器を紹介していく。これは会場での楽器の鳴り具合をその場でチェックするという意図もあったためだ。各曲の演奏時間は長く、様々な楽器のソロパートと、楽団全体アンサンブルをコントロールし、緩急のある流れを演出している。ギターを弾く時以外はタクトを持ち、指揮をするザッパはまだ足にギプスを装着していた。

ハイライトはディスク2①〜⑤、33分の「グレッガリー・ペッカリー」だ。ここでは4つの楽章に分けられて、各主題のあとにソロパートがある。タンゴやハバネラ的なエキゾチックなリズムが導入されて、どこかカーラ・ブレイのバンドを思い出す。本来はこの後に「ビッグ・スイフティ」が演奏されるが収録時間の関係でディスク1④に移動している。

その「ビッグ・スイフティ」は、ザッパが大怪我を負った71年12月のロンドン公演での「キング・コング」のギターソロ内で初めて主題部分が演奏されており（「オン・ステージ3」参照）、9ヶ月後に復帰したツアーでの堂々たる演奏ぶりは、リヴェンジとしても話が出来すぎかも。（梅）

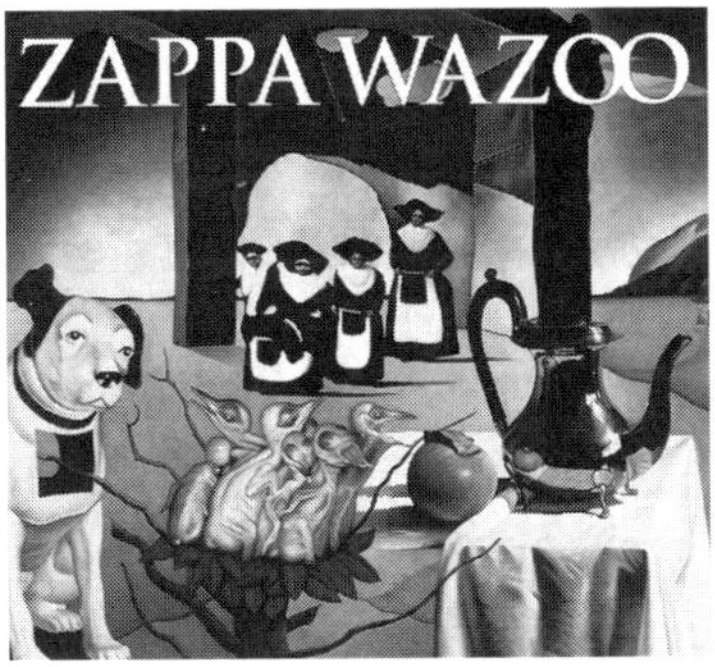

ワズー

Vaulternative Records VR 2007-2

disc1:
① Intro Intros
② The Grand Wazoo
② (Think It Over)
③ Approximate
④ Big Swifty
disc2:
① "Ulterior Motive"
② The Adventures Of Greggery Peccary: Movement I
③ The Adventures Of Greggery Peccary: Movement II
④ The Adventures Of Greggery Peccary: Movement III
⑤ The Adventures Of Greggery Peccary: Movement IV —The New Brown Clouds
⑥ Penis Dimension
⑦ Variant I Processional March

FZ: guitar and white stick with cork handle
Tony Duran: slide guitar
Ian Underwood: piano and synthesizer
Dave Parlato: bass
Jerry Kessler: electric cello
Jim Gordon: electric drums
Mike Altschul: piccolo, bass clarinet and other winds
Jay Migliori: flute, tenor sax and other winds
Earle Dumler: oboe, contrabass sarrusophone and other winds
Ray Reed: clarinet, tenor sax and other winds
Charles Owens: soprano sax, alto sax and other winds
Joann McNab: bassoon
Malcolm McNab: trumpet in D
Sal Marquez: trumpet in Bb
Tom Malone: trumpet in Bb, also tuba
Glenn Ferris: trombone and euphonium
Kenny Shroyer: trombone and baritone horn
Bruce Fowler: trombone of the upper atmosphere
Tom Raney: vibes and electric percussion
Ruth Underwood: marimba and electric percussion

Recording: **Sep.24, 1972**
Release: October 31, 2007

Imaginary Diseases

Frank Zappa

イマジナリー・ディジージーズ

Zappa Records ZR 20001

① Oddients
② Rollo
③ Been To Kansas City In A Minor
④ Farther O'Blivion
⑤ D.C. Boogie
⑥ Imaginary Diseases
⑦ Montreal

FZ: conductor, guitar
Tony Duran: slide guitar
Malcolm McNab: trumpet
Gary Barone: trumpet, flügelhorn
Tom Malone: trumpet, trombone, tuba
Bruce Fowler: trombone
Glenn Ferris: trombone
Earle Dumler: oboe, saxophone
Dave Parlato: bass
Jim Gordon: drums

Recording: **Oct-Dec,1972**
Release: January 13,2006

ワーナー／リプリーズが発刊する広報紙“Circular”の72年10月9日号に、ザッパはグランド・ワズーについての長い記事を掲載している。そこではグランド・ワズー・オーケストラがボストンで解散することを宣言しており、その1ヶ月後に規模を縮小したバンドでツアーをし、グランド・ワズーとはレパートリーが異なることを明記している。つまり、それがいわゆるプチ・ワズーだ。記事の通りに10月下旬から12月上旬までアメリカ・ツアーを行う。編成はギター2人、ベース、ドラムにホーンセクションが6人。考え方として、グランド・ワズーのオーケストラ志向とは異なる、ホーンの6人がポリフォニックなキーボードの代役を果たすというバンド形態で、これはかなりイカしている。特にジム・ゴードンのドラムがいつになくグルーヴィーだ。

そんなイカしたプチ・ワズーはのライヴ録音は2006年まで正式に発表されることはなかった。本作収録の音源は、ザッパ自身によって編集とミックスが行われており、『オン・ステージ』シリーズに収録される可能性もあったが、それは常に見送られてきた。どこか後年の作品のプロト・タイプ的な質感があり、発表のタイミングを逸した気がする。

しかしながら、完全な未発表曲の⑥を始め、このツアーならではのアレンジやインプロヴィゼーションなどは聴きどころは多い。（梅）

Little Dots

Frank Zappa

リトル・ドッツ

Zappa Records/UME ZR20026

① Cosmik Debris
② Little Dots Part 1
③ Little Dots Part 2
④ Rollo
⑤ Kansas City Shuffle
⑥ “Columbia, S.C.” Part 1
⑦ “Columbia, S.C.” Part 2

FZ: conductor, guitar
Tony Duran: slide guitar
Malcolm McNab: trumpet
Gary Barone: trumpet, flügelhorn
Tom Malone: trumpet, trombone, tuba
Bruce Fowler: trombone
Glenn Ferris: trombone
Earle Dumler: oboe, saxophone
Dave Parlato: bass
Jim Gordon: drums
Maury Baker: drums, steel drum

Recording: **Oct-Dec,1972**
Release: November 4, 2016

当初からプチ・ワズー・ツアーからは2作のアルバムが用意されていると言われており。『イマジナリー・ディジージーズ』から10年を経て本作がようやく発表された。

タイトル曲の「リトル・ドッツ」は前作タイトル曲同様、このツアーのみで演奏されたもう一つの重要な未発表曲だ。「小さな点」は「ザ・ブラック・ページ」の様に、スコアの視覚的イメージからついたタイトルだろう。主題はグランド・ワズーのツアーで初演になる「アプロキシメイト」に似た複雑な曲で、テーマから各楽器のソロという構成で演奏されている。プチ・ワズーの2作はテーマ後の即興パートが多く収録されているが、興味深いのが⑤だ。麻薬吸引中の楽屋に踏み込んだ警察に逮捕されたジム・ゴードンの代役で、前座のティム・バックリーのバンドのモーリー・ベイカーがドラムを叩いている。簡単なメロディーは用意したと思われるが、スティール・ドラムを活かした他の曲にはない異色なムードを持つ25分の即興曲だ。

さらに注目したいのが①と③で、どちらも2年後に発表される『アポストロフィ』に関係する曲だ。他にもこのツアーの曲はタイトルやメロディーなど同作にリンクする要素が多い。そういう点からも、プチ・ワズーはグランド・ワズー・オーケストラよりも、翌年からスタートするディスクリート時代のバンドに近く、その前段階的印象がある。（梅）

Over-Nite Sensation

The Mothers

リプリーズとの契約を満了し、ワーナー・ブラザーズ本体と原盤供給契約したザッパ／コーエンは、変態（ビザール）でも普通（ストレート）でもないものにしようじゃないかというワーナーの提案を受け容れて、分別のある（ディスクリート）レーベルを発足させた。その第1弾となった本作は、ザッパの低音ヴォーカルをフィーチャーした歌もの集というまさかの新機軸だったが、作家・音楽監督でギタリストという一般的なロック・ファンにはわかりにくい立場から、ヴォーカル＆ギター＝フランク・ザッパとなったのは大進歩で、あら不思議、エロ・グロ・ナンセンスまでスッキリ見えるようになった。『200モーテルズ』でいい仕事をしたデイヴィッド・B・マクラッケンに表を、カル・シェンケルに内側を描かせたジャ

オーヴァーナイト・センセーション
DiscReet MS 2149

① Camarillo Brillo
② I'm The Slime
③ Dirty Love
④ Fifty-Fifty
⑤ Zomby Woof
⑥ Dinah-Moe Humm
⑦ Montana

FZ: guitar & vocals
Ralph Humphrey: drums
Sal Marquez: trumpet & vocals
George Duke: keyboards & synthesizer
Tom Fowler: bass
Bruce Fowler: trombone
Ruth Underwood: marimba, vibes & percussion
Ian Underwood: flute, clarinet, alto & tenor sax
Jean-Luc Ponty: violin & baritone violin
Kin Vassy: vocals
Ricky Lancelotti: vocals
Tina Turner, Debbie & Lynn: backing vocals

Recording: **March-June, 1973**
Release: September 7,1973

ケットもそれなりに分別があったからか、全米32位まで上がった。

　収録された7曲は73年初頭にLAの3つのスタジオを使った録音されたもので、ジョージ・デューク、サル・マルケス、アンダーウッド夫妻に、久々に登板となったジャン＝リュック・ポンティと、新顔のファウラー兄弟、ラルフ・ハンフリー。ザッパを含めた10人がここでのマザーズだ。そう。オーディションに合格して2曲でヴォーカルを取ったリッキー・ランセロッティというメンバーもいたのだが、麻薬がもとで怪我をしたので即刻解雇となり、ジャケには写真を載せてもらえなかった。レコーディングにはアイク&ティナ・ターナーのコーラス隊アイケッツとティナも参加しているが、契約の問題からかノン・クレジット。2月下旬からのツアーが決まっていたこともあって、メンバー個々のプレイでバンドのスケールの大きさを示すことが優先されたのだろう。各曲にストーリー的なつながりはなく、どこまでも音楽的な達成点が優先された感がある。笑えるところもあるが、歌詞を知らずに聴けばプログレ・バンドのようにも受け取れるのがミソだった。

　しかし、ロス北西の小さな町の名前と、日本でも販売されているピンク色の食器洗いタワシの名前を合わせた「カマリロ・ブリロ」は、使い古しのタワシみたいな頭をした薄気味悪い女との情事を歌った曲だし、「アイム・ザ・スライム」では妄想に耽る倒錯者のつぶやきにティナとアイケッツが合いの手を入れる。タイトル通りの内容の「ダーティ・ラヴ」ではコーダ部分でプードルを絡めたプレイをコール&レスポンスで聴かせるが可笑しいし、ランセロッティがヴォーカルを取った「フィフティ・フィフティ」はヤクでイカれたハード・ロック・バンドをおちょくったナンバーだ。「ゾンビ・ウーフ」はザッパ音楽を5分あまりに凝縮した名曲で、複雑なヴォーカル・パートとアグレッシヴなギター・ソロが強烈。「ダイナ・モー・ハム」もよくできた曲だが、発電機のような性行為で知られた女とことに及ぶも乗ってこず、見ていた妹がもよおしはじめるという低俗なポルノに仕立ててフュージョン的な名演をブチ壊す。ヤッピーをからかった「モンタナ」も緊張感にあふれた曲で、アイケッツのヴォーカルとルースのマリンバのユニゾンが最高にカッコいい。（和）

Apostrophe(')

Frank Zappa

顔。ジャケット全面の埋めた顔にふさわしい音でもある。絶好調のマザーズを一瞬止めてのソロ名義には大きな効果があり、名義はどうだろうとザッパ音楽は揺るぎないことをアピールした。クレジットにはマザーズのメンバーに加えてジャック・ブルースやジム・ゴードンの名前まであるから、これをマザーズと言ってしまうのは躊躇われたのかもしれないが、「ヴォーカル／ギター＝フランク・ザッパ」のわかりやすさが受けたことは全米10位という成績に表れている。

　ウォーターゲイト事件と、オイル・ショックの元凶となった第4次中東戦争の勃発。ザッパはすぐにニクソンを批判した「ディッキーズ・サッチ・アン・アス・ホール」を書き、73年のライヴでは盛んに演奏

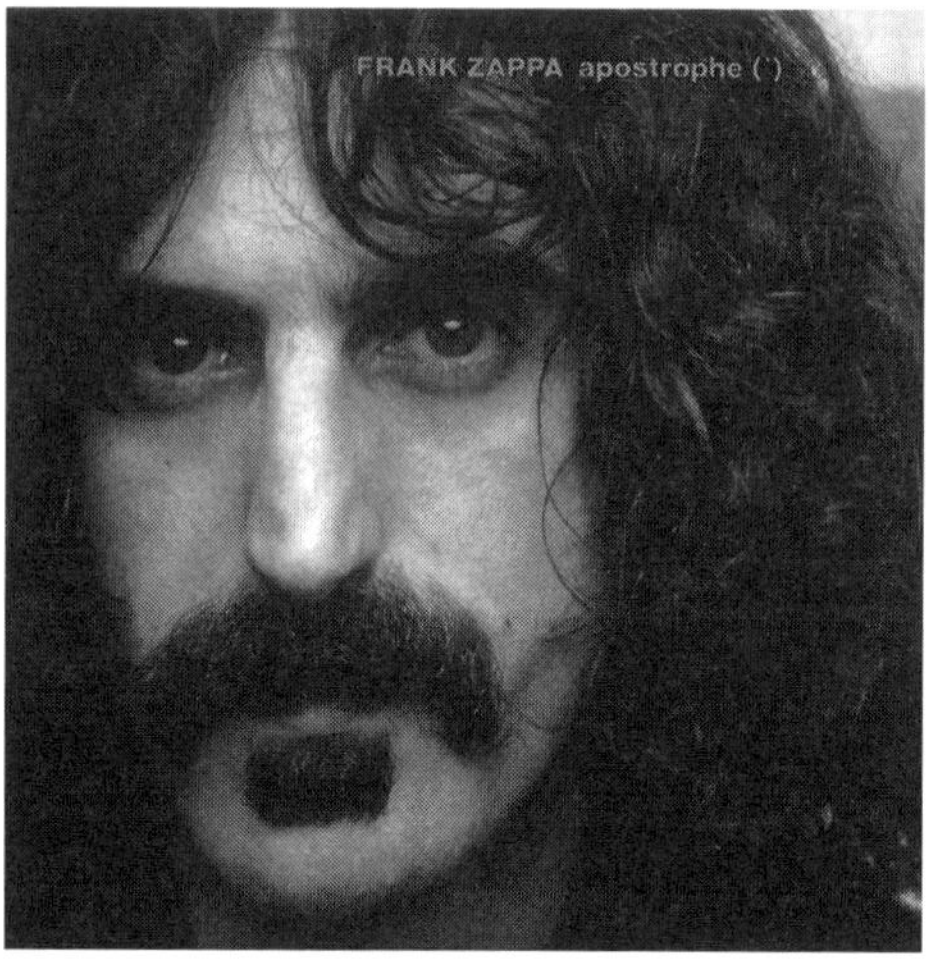

アポストロフィ(')

DiscReet DS 2175

1. Don't Eat The Yellow Snow
2. Nanook Rubs It
3. St. Alfonzo's Pancake Breakfast
4. Father O'Blivion
5. Cosmik Debris
6. Excentrifugal Forz
7. Apostrophe'
8. Uncle Remus
9. Stink-Foot

FZ: vocals, guitar / Lynn: vocals
Robert "Frog" Camarena: vocals
Ruben Ladron de Guevara: vocals
Debbie: vocals / Ray Collins: vocals
Sue Glover: vocals / Kerry McNabb: vocals
Sal Marquez: trumpet / Ian Underwood: saxophone
Napoleon Murphy Brock: saxophone, vocals
Bruce Fowler: trombone
Don "Sugarcane" Harris: violin
Jean-Luc Ponty: violin
Ruth Underwood: percussion
George Duke: keyboards, vocals
Tony Duran: rhythm guitar / Tom Fowler: bass guitar
Erroneous: bass guitar / Jack Bruce: bass
Aynsley Dunbar: drums / Ralph Humphrey: drums
Johnny Guerin: drums / Jim Gordon: drums

Many recording: **1969-1974**
Release: March 22,1974

した。ザッパ史上初のオーストラリア公演を2枚組のライヴ・アルバムにする案も出たが、塩化ヴァイナル不足を理由にワーナーに拒否され、本作に落ち着いたわけだ。これが売れなければ次の『ロキシー』は出なかったかもしれない。

問題の「ディッキーズ・サッチ・アン・アス・ホール」は、『オン・ステージ第3集』で73年12月12日のロキシー公演が蔵出しされ、シドニー公演のライヴは『オン・ステージ第6集』や『ワン・ショット・ディール』で陽の目を見るのだが、〝怒涛〟の印象がある当時のライヴと比べると本作は〝ダイジェスト版〟的で、いまや食い足りない感じがする。

しかし発売当時はザッパ入門には最適のアルバムと評され、八木康夫さんによる凝った日本盤のライナーによってザッパのキャリアが楽しく俯瞰されたのも転機となった。「変わったハード・ロック」として本作を聴いてザッパのファンになった輩も日本には多いのではないかと思う。

ジャック・ブルース、ジム・ゴードンと共作したインストのタイトル曲はスタジオ・ライヴだが、その他はこれでもかというダビングと、鋭い編集によって形になった曲だ。

冒頭からの4曲は組曲と言ってよく、「恐怖の黄色い雪」と「ナヌークからそいつを奪う」はエスキモーと毛皮密猟者の話、「聖アルフォンゾの朝食はパンケーキ」と「オブリヴィオン神父」はオナニー好きなカトリック神父をめぐる話だが、それが宗教の仕組みに言及した「コズミック・デブリス」にいたるのだから、笑ってばかりはいられない。ザッパにとって世界とは、犬のおしっこで黄色く染められた雪を右目になすりつけられる密猟者や、ハレンチな格好で信者たちが食べるパンケーキをこねている神父も〝ありえる〟ことで、「俺がそんなインチキにひっかかると思ってるのか」と言ってのける自由がある場所なのである。B面の4曲もそういう意味ではつながっていて、存在と実在を論じた「臭い足」でオチがつけられる。

ザッパのクセがすごい低音ヴォーカルと、エリック・クラプトンには真似できない音階のギター・ソロの魅力をコンパクトにまとめてみせて、「どうだ」という顔をしたのだから、このジャケはふさわしい。この顔にこの音、バッチリじゃないか。

（和）

The Crux Of The Buiscuit

Frank Zappa

2016年に登場した『アポストロフィ』のオーディオ・ドキュメンタリー。ジャック・ブルースを迎えて、同作のタイトル曲がレコーディングされたのは72年の11月8日で、プチ・ワズー・ツアーの真っ最中の事。同時期のセッションは本作の③④⑧⑨⑩に収録されており、③以外の曲でジャック・ブルースの演奏が聴ける。基本的なメンバーは、ジム・ゴードン（ds）とトニー・デュラン（g）で、二人はプチ・ワズーのメンバーでもあった。プチ・ワズー・ツアーでは『アポストロフィ』に関連した曲やメロディーが幾つも初公開されており、72年の秋に同作の初期図面が引かれた印象がある。

⑥はいわゆる「イエロー・スノー組曲」の19分の初期ライヴ・バージョンで、73年6月24日シドニー録音。ジャン＝リュック・ポンティ参加の第1次ディスクリート・マザーズによる充実した演奏だ。ザッパはオーストラリでのライヴ・アルバムの企画も考えていたようで、実際にこの曲は、当時からザッパ自身によって12分に編集されたヴァージョンがラジオでオンエアされており、2006年の『ワン・ショット・ディール』にも収録された。

本作のタイトルは「スティンク・フット」にちなむが、音源の収録はなく、同曲に対する謎は残った。歌詞に登場する"Imaginary Diseases"をタイトルにした曲はプチ・ワズーで演奏されている。（梅）

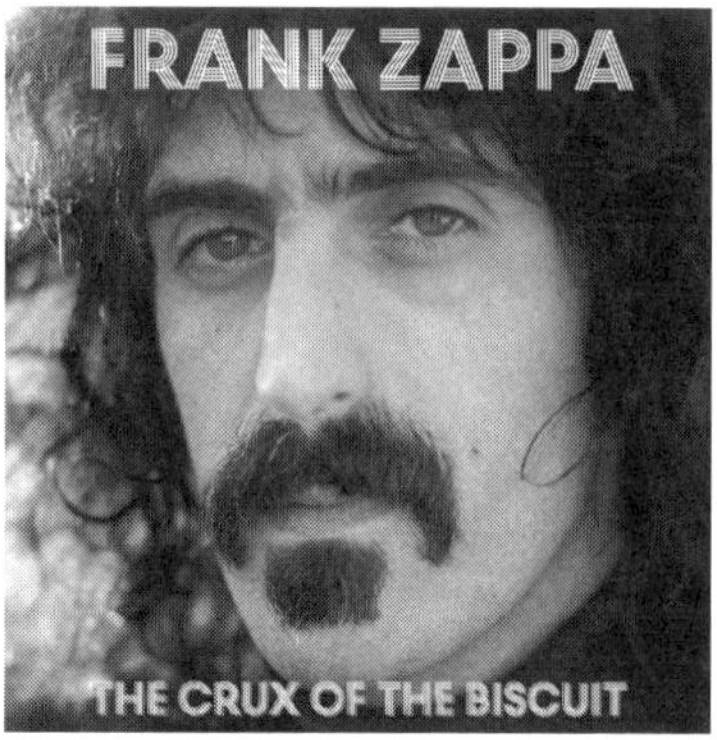

ザ・クラックス・オブ・ザ・ビスケット
Zappa Records/UME ZR 20020

① Cosmik Debris
② Uncle Remus (Mix Outtake)
③ Down In De Dew (Alternate Mix)
④ Apostrophe' (Mix Outtake)
⑤ The Story Of "Don't Eat The Yellow Snow/ St.Alphonzo's Pancake Breakfast"
⑥ Don't Eat The Yellow Snow/ St. Alphonzo's Pancake Breakfast(Live)
⑦ Excentrifugal Forz (Mix Outtake)
⑧ Energy Frontier (Take 4)
⑨ Energy Frontier (Take 6 With Overdubs)
⑩ Energy Frontier (Bridge)
⑪ Cosmik Debris (Basic Tracks—Take 3)
⑫ Don't Eat The Yellow (Basic Tracks-Alternate Take)
⑬ Nanook Rubs It (Basic Tracks-Outtake)
⑭ Nanook Rubs It (Session Outtake)
⑮ Frank's Last Words...

FZ: guitar,lead vocals
George Duke: keyboards
Sal Marquez: trumpet
Bruce Fowler: trombone
Ian Underwood: saxophone
Jean-Luc Ponty: violin
Ruth Underwood: percussion
Tom Fowler: bass
Ralph Humphrey: drums
Tina, Debbie & Lynn: back-up vocals
Tony Duran: rhythm guitar
Erroneous: bass guitar
Jack Bruce: bass
Aynsley Dunbar: drums
Jim Gordon: drums

Many recordings: **1972-1973**
Release: July 15, 2016

Road Tapes #2

Frank Zappa

『ロード・テープス』のシリーズ第2弾。1973年8月23日、24日にヘルシンキのフィンランディア・ホールで行なわれた3回のショウの中からベスト・テイクを2枚組に纏めた作品。

この時のマザーズの陣容はジャン=リュック・ポンティ（vln）、ジョージ・デューク（kbd・vo）、イアン・アンダーウッド（syn）、ルース・アンダーウッド（per）、ブルース・フォウラー（tb）、トム・フォウラー（b）、ラルフ・ハンフリー（ds）といった面々で、翌年に控える結成10周年ツアーのメンバーの録音とは、またひと味違う価値を生み出している。

ディスク1の1曲目から4曲目までと、10曲目からの3曲が24日の演奏。5曲目から9曲目までと、ご当地に合わせたようなタイトルながら、実は即興演奏というラストが、23日のアーリー・ショウから。ディスク2は1曲目から3曲目までが24日のショウで、4曲目が23日のレイト・ショウから。5曲目は23日のレイト・ショウと24日の演奏を編集。6曲目は23日のアーリー・ショウの音源である。ショウの全体像はこのままだったようで、冒頭の「エリック・ドルフィー・メモリアル・バーベキュー」から演奏のスピードが速く、一気に進んでいく流れには勢いがある。各メンバーのソロもたっぷり披露され、ザッパの指揮下にあったバンドがばっちり機能していたことがわかる。（山）

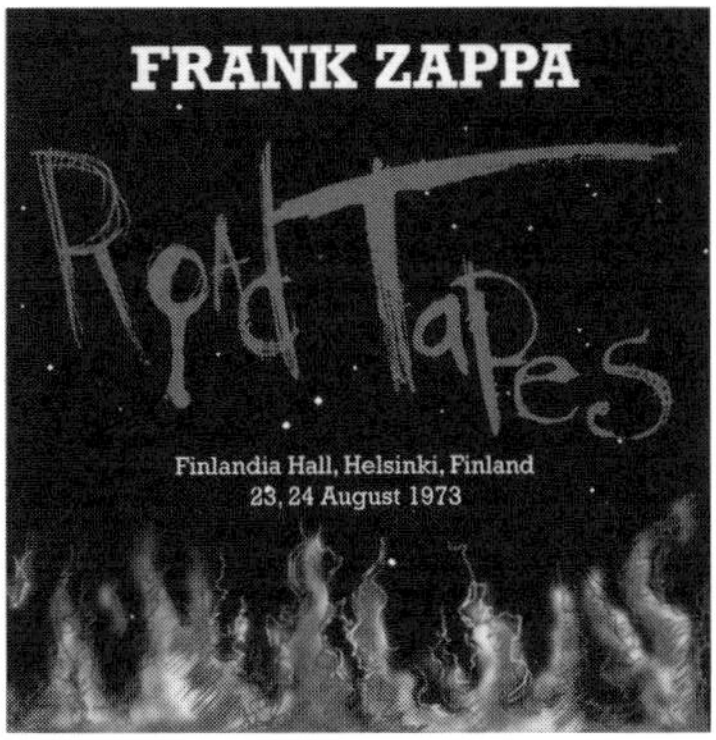

ロード・テープス #2

Vaulternative VR 20041

disc1:
① Introcious
② The Eric Dolphy Memorial Barbecue
③ Kung Fu
④ Penguin In Bondage
⑤ Exercise #4
⑥ Dog Breath
⑦ The Dog Breath Variations
⑧ Uncle Meat
⑨ RDNZL
⑩ Montana
⑪ Your Teeth And Your Shoulders
⑪ And Sometimes Your Foot Goes
⑪ Like This…/Pojama Prelude
⑫ Dupree's Paradise
⑬ All Skate/Dun-Dun-Dun (The Finnish Hit Single)

disc2:
① Village Of The Sun
② Echidna's Arf (Of You)
③ Don't You Ever Wash That Thing?
④ Big Swifty
⑤ Farther O'Blivion
⑥ Brown Shoes Don't Make It

FZ: guitar, vocals
Jean-Luc Ponty: violin
George Duke: keyboards, vocals
Ian Underwood: bass clarinet, synthesizer
Ruth Underwood: percussion
Bruce Fowler: trombone
Tom Fowler: bass
Ralph Humphrey: drums, cowbell

Many recordings: **Aug.23-24,1973**
Release: October 31, 2013

Halloween 73

Frank Zappa

ハロウィーン73

Zappa Records/UME ZR20031/ZR20031Z

disc1: ① "Happy Halloween To Each And Every One Of You" ② Pygmy Twylyte ③ The Idiot Bastard Son ④ Cheepnis ⑤ "Another Assembly Of Items" ⑥ The Eric Dolphy Memorial Barbecue ⑦ Kung Fu ⑧ Penguin In Bondage ⑨ T'Mershi Duween ⑩ The Dog Breath Variations ⑪ Uncle Meat ⑫ RDNZL ⑬ Village Of The Sun ⑭ Echidna's Arf (Of You) ⑮ Don't You Ever Wash That Thing? ⑯ Montana
disc2: ① Dupree's Paradise ② "Almost Up To Date" ③ Dickie's Such An Asshole ④ "That Greatest Of American Holidays" ⑤ Cosmik Debris ⑥ "We're Hurtin' For Tunes" ⑦ Pygmy Twylyte ⑧ The Idiot Bastard Son ⑨ Cheepnis ⑩ I'm The Slime ⑪ Big Swifty
disc:3: ① The History Of The San Clemente Magnetic Deviation ② Dickie's Such An Asshole ③ "Another New Event" ④ Farther O'Blivion—Part 1 ⑤ Farther O'Blivion—Part 2 ⑥ "Pervert's Special Holiday" ⑦ Penguin In Bondage ⑧ T'Mershi Duween ⑨ RDNZL ⑩ Inca Roads ⑪ Medley: Son Of Mr. Green Genes/King Kong/Chunga's Revenge
disc4: ① The Eric Dolphy Memorial Barbecue ② Penguin In Bondage ③ T'Mershi Duween ④ Dog Breath ⑤ The Dog Breath Variations ⑥ Uncle Meat ⑦ RDNZL ⑧ Magic Fingers ⑨ Inca Roads ⑩ Farther O'Blivion ⑪ Cosmik Debris ⑫ Big Swifty

FZ: guitar, vocals
Napoleon Murphy Brock: tenor sax, flute, vocals
George Duke: keyboards, vocals
Bruce Fowler: trombone
Ruth Underwood: percussion
Tom Fowler: bass
Ralph Humphrey: drums
Chester Thompson: drums

Recording: **October 31, 1973**
Release: October 25, 2019

２０１５年にゲイルが亡くなり、次男のアーメットがザッパ作品のリリースを引き継いでから、ザッパ商品の傾向は明らかに変化した。ゲイルのプロデュースは、基本的にフランクの意思や、自身の想いを反映した内容やタイミングを考慮していた。それ故ファンのニーズとは若干のズレがある場合もあった。一方アーメットは、すべてを知りたいファンの欲望に応えた全出しモードで、特に近年その傾向は強い。ザッパが残したすべての音源には価値がある。でも、ゲームや仮装セットのオマケは、ちょっと……以下略。

本作はここ数年の間にシリーズ化されてきたハロウィーン・ショウのボックスセット・シリーズの73年版で、２回の公演とリハーサルを４枚のＣＤに収録している。ナポレオン・マーフィー・ブロックやチェスター・トンプソンが加わった第２次ディスクリート・マザーズの、ロキシー・シアターの40日前にあたる演奏だ。この編成でのツアーは10月26日が初日で、その直前の20、21日のリハーサルをディスク４で知ることができる。バンドはすでに仕上がっており、曲中のおどけたやりとりにも余裕を感じさせる。いまやロキシー・シアターのショーも全公演聴くことができるが、ディスク１の⑥⑦はロキシーでは演奏されていない。ディスク４の⑧もレアな１曲。おそらくリハーサルだけでしか演奏されていない。（梅）

Roxy & Elsewhere

Frank Zappa / Mothers

ロキシー&エルスウェア

DiscReet 2DS 2202

① Penguin In Bondage
② Pygmy Twylyte
③ Dummy Up
④ Village Of The Sun
⑤ Echidna's Arf (Of You)
⑥ Don't You Ever Wash That Thing?
⑦ Cheepnis
⑧ Son Of Orange County
⑨ More Trouble Every Day
⑩ Be-Bop Tango (Of The Old Jazzmen's Church)

FZ: guitar, vocals
George Duke: keyboards, synthesizer, vocals
Tom Fowler: bass
Ruth Underwood: percussion
Jeff Simmons: rhythm guitar, vocals
Don Preston: synthesizer
Bruce Fowler: trombone, dancing
Walt Fowler: trumpet
Napoleon Murphy Brock: tenor sax, flute, lead vocals
Ralph Humphrey: drums
Chester Thompson: drums
Debbi, Lynn, Ruben, George & Froggy: additional back-up vocals

Recording: **December 8-10,1973**
Release: September.10,1974

73年1月発足のディスクリート・レコードは、ビザール／ストレイトがリプリーズの傘下であったのに対して、リプリーズと同列の独立した存在のレーベルだった。それは、ビザール／ストレイトの終焉によって、60年代からのタイムラインが終了し、ザッパの音楽活動が、70年代型ミュージック・ビジネスに参入していくミッションを持ったことを示していた。しかし、75年になると、マネージャーのハーブ・コーエンとの関係が悪化し、早くもレーベルに陰りが見えてくる。通例的にザッパの黄金期といわれることの多いディスクリート・レコード期だが、特に73年から74年にかけては、コンサート・ツアーと音楽創作が高度に連動した2年間だった。73年12月のロキシー・シアターの公演はその2年間のセンターにあたり、ザッパとマザーズの充実期の象徴として後年まで印象付けられてきた。

ディスクリート期に至る数年間は、60年代カルチャーとしての各音楽ジャンルが、相互影響しながら、交配とモードチェンジを試みたプログレッシヴな時代だった。そんな音楽的景観の中で、ザッパはマザースを刷新させる事を怠らなかった。ロキシーのマザーズが編成されたのは10月。9月まで参加のジャン=リュック・ポンティとイアン・アンダーウッドの二人の白人が抜け、ナポレオン・マーフィ・ブロックとチェスター・トンプソンの二人の黒人が加わり、ファンキーを中枢としたバンドが設定完了した。本作には、黒人音楽のレボリューションを無視しないロックと、ロックのエクスプロージョンと対峙するジャズを、ファンキーな現代音楽アンサンブルが同時に演奏するが如し音楽が、ライヴ・レコーディングされている。それを実行するのが、白人と黒人のドラマーと女性パーカッショニストを擁するバンドである。この素晴らしい設計に感服する。

本作は基本的に、12月8日~10日のハリウッドのロキシー・シアターでの録音だが、ザッパはロキシーの音源だけでアルバムを構成しなかった。⑧⑨と①の一部は74年5月のマザーズ10周年ツアーからの演奏で、このツアーのバンドはルース不在の、また別の異なる編成だ。ロキシーのショーは映画化を想定した撮影が行われており、レコードは映画とは異なる別個の作品を意図したのか、あるいは、技術的な問題で映画を棚上げにし、映画のサントラ盤としてのアルバムを却下したのか、今となってはわからない。しかし〝エルスウェア〟から追加された⑧⑨は素晴らしく、他に類を見ないファンキー・プログレな⑤⑥⑦⑩など、全編ハイライトと言いたくなるロキシーでの演奏と合わせてパッケージ化した意図はわかる。『ロキシーとその他の場所』というタイトルもふさわしい。各曲はスタジオでのオーヴァーダビングで完成度を上げており、いわば本作はアレンジ重視のメタ・ライヴ盤と言え、この手法で後年数多くの作品が制作されことになる。

レコード時代は各面冒頭にザッパの語りがあり、サイド2以外はフェイドアウトする構成になっていた。その感覚はCDでは伝わりにくいが、ザッパはCD化に際して変更を加えなかった。 （梅）

Roxy By Proxy
Frank Zappa

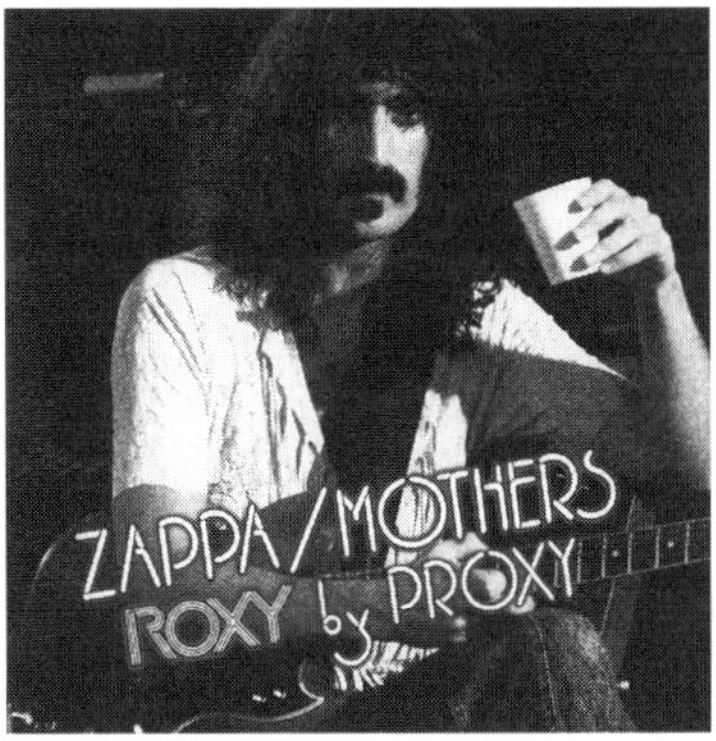

ロキシー・バイ・プロキシー
Zappa Records ZR 20017

① "Carved In The Rock"
② Inca Roads
③ Penguin In Bondage
④ T'Mershi Duween
⑤ Dog Breath Variations/Uncle Meat
⑥ RDNZL
⑦ Village Of The Sun
⑧ Echidna's Arf (Of You)
⑨ Don't You Ever Wash That Thing
⑩ Cheepnis—Percussion
⑪ Cheepnis
⑫ Dupree's Paradise
⑬ King Kong/Chunga's Revenge/Mr. Green Genes

FZ: guitar, vocals
Napoleon Murphy Brock: tenor sax, flute, vocals
George Duke: keyboards, vocals
Bruce Fowler: trombone
Ruth Underwood: percussion
Tom Fowler: bass
Ralph Humphrey: drums
Chester Thompson: drums

Recording: **December 8-10, 1973**
Release: March 13, 2014

　今ならクラウドファンディングで出資を募るという手があっただろう。本作は後に『ロキシー・ザ・ムーヴィー』というタイトルになる映像作品の制作資金を集めることを目的に、２０１２年12月に発売計画が発表された。それは、１０００ドル払うと本作の原盤が送付され、それを複製して販売する権利を得られるというものだった。当初から疑問を感じるプランで、ライセンスを取得した人もごくわずかだった。最終的に14年に通常のＣＤとして発売され、翌年に完成する『ロキシー・ザ・～』の予告編的役割を担った。

　現在は、ロキシー・シアター全公演を収録した『ザ・ロキシー・パフォーマンス』が出ているので、その抜粋版となる本作は役目を終えた感はある。他のロキシー復刻盤との違いは、80年代のザッパの片腕エンジニア、ボブ・ストーンによる87年ミックスで、長年のリスナーには耳なじみが良いかもしれない。

　ブックレットにはルース・アンダーウッドが長文のライナーノートを書いており、ロキシーでの演奏がベストではない事を指摘している。自分の演奏にもミスがあり、ザッパが望む標準に達していないとも記しているが、そこにむしろ演奏家としての真摯な姿勢を感じる。ザッパがロキシーでの一度限りの出来事にスピリットを感じ、オーヴァーダビングとリミックスで完成版を仕立て上げた意味は大きい。（梅）

Roxy The Movie Soundtrack

Frank Zappa

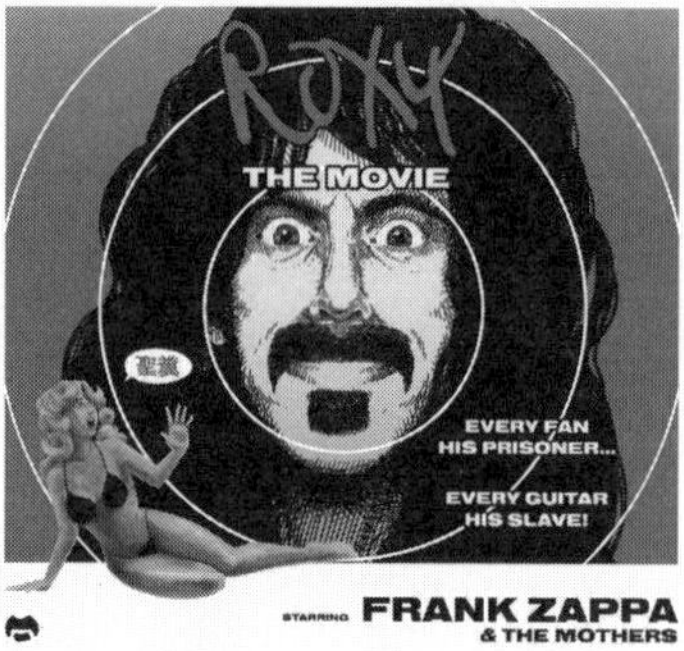

ロキシー・ザ・ムーヴィー・サウンド・トラック

DiscReet 2DS 2202

① Something Terrible Has Happened
② Cosmik Debris
③ Penguin In Bondage
④ T'Mershi Duween
⑤ Dog/Meat
⑥ RDNZL
⑦ Echidna's Arf (Of You)
⑧ Don't You Ever Wash That Thing?
⑨ Cheepnis—Percussion
⑩ Cheepnis
⑪ Be-Bop Tango (Of The Old Jazzmen's Church)

FZ: guitar, vocals
Napoleon Murphy Brock: tenor sax, flute, vocals
George Duke: keyboards, vocals
Bruce Fowler: trombone
Ruth Underwood: percussion
Tom Fowler: bass
Ralph Humphrey: drums
Chester Thompson: drums

Recording: **December 9-10,1973**
Release: October 30, 2015

撮影から42年。様々な形で断片的に映像や録音が公開されつつ、発売予告のトレーラー映像の公開から15年。主に映像と音声の不一致という技術的問題を克服して、『ロキシー・ザ・ムーヴィー』は映画として完成した。2015年10月のことだ。その発売を待たずして、『ロキシー・バイ・プロキシー』での資金集めから、本作の完成のために尽力したゲイル・ザッパが10月7日に他界した。その4ヶ月前には公式リリースの100番目となる、ザッパ最後の新作『ダンス・ミー・ディス』を発売し終えており、ゲイルの偉大な仕事によってフランクの作品史は一旦の完結を迎えていた。

本作はDVDとブルーレイで発売され、サウンドトラック盤となるCDとセットの2枚組仕様だ（故に本ディスク・ガイドにカウント）。本編は、73年12月9日、10日の4回の公演から最良のパートを抽出して、一つのショーとして仕立て上げられている。CD版は映像本編から『オン・ステージ1』で公開済みの2曲をカットした、ハイライト版のライヴ・アルバムといった趣だ。オーヴァーダビングをされていないネイキッドな演奏も素晴らしく、逆に『ロキシー・アンド・エルスウェア』に於けるザッパの制作意識への理解が深まる。フィナーレの⑪がフルサイズで収録され、フェイドアウトせずに終わるだけでも望外の喜び。長年の謎が解明された気分になる。（梅）

The Roxy Performances

Frank Zappa

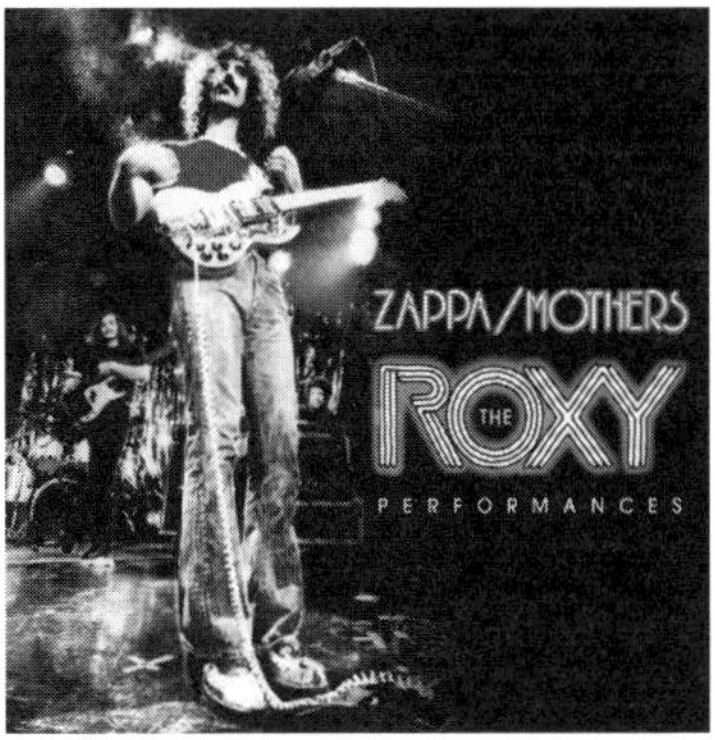

ザ・ロキシー・パフォーマンセズ

Zappa Records/UME ZR20028

disc1: ①Sunday Show 1 Start ②Cosmik Debris ③"We're Makin' A Movie" ④Pygmy Twylyte ⑤The Idiot Bastard Son ⑥Cheepnis ⑦Hollywood Perverts ⑧ Penguin In Bondage ⑨ T'Mershi Duween ⑩ The Dog Breath Variations ⑪ Uncle Meat ⑫ RDNZL ⑬ Montana ⑭ Dupree's Paradise / disc2: ① Dickie's Such An Asshole ② Sunday Show 2 Start ③Inca Roads Village Of The Sun ⑤Echidna's Arf (Of You) ⑥Don't You Ever Wash That Thing? ⑦ Slime Intro ⑧ I'm The Slime ⑨Big Swifty / disc3: ①Tango #1 Intro ② Be-Bop Tango (Of The Old Jazzmen's Church) ③Medley: King Kong/Chunga's Revenge/Son Of Mr. Green Genes ④Monday Show 1 Start ⑤Montana ⑥Dupree's Paradise ⑦Cosmik Intro ⑧Cosmik Debris / disc4: ①Bondage Intro ②Penguin In Bondage ③T'Mershi Duween ④The Dog Breath Variations ⑤Uncle Meat ⑥RDNZL ⑦ Audience Participation—RDNZL ⑧Pygmy Twylyte ⑨The Idiot Bastard Son ⑩Cheepnis ⑪Dickie's Such An Asshole ⑫ Monday Show 2 Start 3 ⑬Penguin In Bondage ⑭T'Mershi Duween ⑮The Dog Breath Variations ⑯Uncle Meat ⑰ RDNZL / disc5: ①Village Of The Sun ②Echidna's Arf (Of You) ③Don't You Ever Wash That Thing? ④Cheepnis—Percussion ⑤"I Love Monster Movies" ⑥Cheepnis ⑦ "Turn The Light Off"/Pamela's Intro ⑧Pygmy Twylyte2The Idiot Bastard Son ⑩Tango #2 Intro ⑪Be-Bop Tango (Of The Old Jazzmen's Church) / disc6: ①Dickie's Such An Asshole ②Big Swifty—In Rehearsal ③Village Of The Sun ④Farther O'Blivion—In Rehearsal ⑤Pygmy Twylyte ⑥ That Arrogant Dick Nixon ⑦Kung Fu—In Session ⑧Kung Fu—With Guitar Overdub ⑨Tuning And Studio Chatter ⑩Echidna's Arf (Of You)—In Session ⑪Don't Eat The Yellow Snow—In Session ⑫Nanook Rubs It—In Session ⑬St. Alfonzo's Pancake Breakfast—In Session ⑭Father O'Blivion—In Session ⑮Rollo (Be-Bop Version) / disc7: ①Saturday Show Start ②Pygmy Twylyte/Dummy Up ③ Pygmy Twylyte—Part II ④Echidna's Arf (Of You) ⑤Don't You Ever Wash That Thing? ⑥Orgy, Orgy ⑦Penguin In Bondage ⑧T'Mershi Duween ⑨The Dog Breath Variations ⑩Uncle Meat/Show End

Recording: **December 8-12, 1973**
Release: February 2, 2018

89年に発売されたヴィデオ『ザ・トゥルー・ストーリー・オブ・200・モーテルズ』には『ロキシー・アンド・エルスウェア』からの「ダミー・アップ」の映像が3分ほど収録されている。『ロキシー・ザ・ムーヴィー』以前から知られつつも同作ではオミットされた映像は他にもあり、いつかロキシー公演全体が公開されることを予感させることになった。

そして『ロキシー・ザ〜』から2年4ヶ月後、本作が世に出た。ディスク1から5までに12月9、10日の4回の公演を、ディスク6に10日のリハーサルと12日のボリック・スタジオ、ディスク7に8日のサウンドチェックと撮影のための演奏を収録しており、内容は予感を遥かに上回っている。前出の「ダミー・アップ」は8日の無観客ライヴで、『ロキシー・アンド〜』のサイド1は8日の収録であることが判明。またボリック・スタジオでは同作のオーヴァーダビングを行っており、『アポストロフィ』収録の曲も録音されるが使用されなかった。

4回のそれぞれ異なるショーはすべて素晴らしく、全貌を聴くことによって73年マザーズの〝強力〟ぶりを実感してもらうしかない。ショーの重要曲はニクソンを題材にした「ディキーズ〜」で、アンコールをこのポリティカル・ソングで大盛り上がりにしているが、ザッパは88年まで同曲をレコード化しなかった。（梅）

The Dub Room Special

Frank Zappa

ロキシー公演のフィルム編集が技術的な問題で棚上げになった半年後、ザッパは新たな映像プログラムの計画を速やかに実行することにした。74年の6月には、バンド編成を6人にスリム化し、8月27日、ロサンゼルスのローカル放送局ＫＣＥＴでヴィデオ撮影とレコーディングを行った。翌年には『ア・トークン・オブ・ヒズ・エクストリーム』という番組になり、アルバム『ワン・サイズ・フィッツ・オール』のベーシック・トラックにもなった。

『ア・トークン～』は数回オンエアされたのみだった。ヴィデオ・ソフトが普及し始めた82年、ザッパはこの素材を活かした映像作品の発売を企画する。81年のハロウィーン・ショーや編集スタジオでの楽屋落ち的なやりとりを追加して再構成した『ダブ・ルーム・スペシャル』だ。本作はそのサントラ盤として07年に発売された。編集とミックスは82年にザッパが行っており、当時2枚組レコードで発表する意図もあったのではないかと思わせる。

74年、81年どちらのショーも、全貌が明らかな現在、本作の価値を見出すならば、ミックス違いと、レッド・ホット・チリ・ペッパーズのジョン・フルシアンテが書いたライナーノートになるだろう。ジョンはザッパの88年ツアーのオーディションに合格したものの、薬がＮＧということで参加しなかった、という余談をここに報告します。（梅）

ダブ・ルーム・スペシャル

Zappa Records ZR 20006

① A Token Of My Extreme (Vamp)
② Stevie's Spanking
③ The Dog Breath Variations
④ Uncle Meat
⑤ Stink-Foot
⑥ Easy Meat
⑦ Montana
⑧ Inca Roads
⑨ Room Service
⑩ Cosmik Debris
⑪ Florentine Pogen

FZ: guitar, vocals
Napoleon Murphy Brock: sax, vocals
George Duke: keyboards, vocals
Ruth Underwood: percussion
Tom Fowler: bass
Chester Thompson: drums
Ray White: guitar, vocals
Steve Vai: stunt guitar, vocals
Tommy Mars: keyboards, vocals
Robert Martin: keyboards, vocals
Ed Mann: percussion, vocals
Scott Thunes: bass, vocals
Chad Wackerman: drums

Recording: **August 27, 1974**
October 31, 1981
Release: August 24,2007

A Token Of His Extreme Soundtrack

Frank Zappa

ア・トークン・オヴ・ヒズ・エクストリームサウンドトラック

Zappa Records ZR20015

① The Dog Breath Variations/Uncle Meat
② Montana
③ Earl Of Duke
④ Florentine Pogen
⑤ Stink-Foot
⑥ Pygmy Twylyte
⑦ Room Service
⑧ Inca Roads
⑨ Oh No/Son Of Orange County
⑩ More Trouble Every Day
⑪ A Token Of My Extreme

FZ: guitar, vocals
Napoleon Murphy Brock: tenor sax, vocals
George Duke: keyboards, vocals
Ruth Underwood: percussion
Tom Fowler: bass
Chester Thompson: drums

Recording: **Aug.27, 1974**
Release: Nov.25, 2013

『ア・トークン・オブ・ヒズ・エクストリーム』はTVプログラムとしては各国で数回放送されたのみだったが、それをソースにしたブートレグによって、長年その存在は知られてきた。『ダブ・ルーム～』が先にパッケージとして世に出たため、本作はそのための素材となってしまった感がなきにしもあらずだが、2013年にようやく単独のタイトルとしてDVD化され、その半年後にサントラ盤として本作が発売された。

本作のバンドは、フランク、ジョージ、チェスター、トム、ルース、マーフィ・ブロックの第4次ディスクリート・マザーズ。この時期としては最小人数の6人で、73年の初頭以来一年半かけて精鋭部隊が編成された感がある。6月末から8月中旬までのツアーを経て、本作と次の『オン・ステージ第2集』と合わせて、バンドの能力が全開する最良のタイミングが記録されることになった。

『ダブ・ルーム～』とは①②③⑤⑥⑧⑨が重複しているが、リマスタリングで音質は向上している。ザッパが仕上げた同作と、どちらのミックスを好むかはリスナー次第か。音質以外にも、③は『ダブ・ルーム～』ではカットされたギターソロがあり、それはDVD版よりも長い、といった差異をいくつか確認することができる。数曲でダビングが施されており、特に①②のメドレーが素晴らしく、このバンドの最高のサンプルとしたいほど。（梅）

You Can't Do That On Stage Anymore Vol.2 The Helsinki Concert

Frank Zappa

74年9月22日、23日にフィンランドのヘルシンキで行われたショウを蘇らせたCD2枚組、LPだと3枚組のセット。ひとつのコンサートを完全収録した2時間2分というのはザッパ史上初めてのことだったから話題にもなったが、実際は22日（2回）と23日、計3回のショウを記録した16トラックのマルチ・テープから編集されたものだった。ヘルシンキ・コンサートでの名演はファンのあいだでは伝説にもなっていたから、この蔵出しは喜ばれ、とくに箱入りとなったLPヴァージョンがコレクター心をくすぐった。近年LPはとんと見かけないから、市場に出たら高値がつくのではないかと思う。

　ここでのマザーズは、ザッパ、ナポレオン・マーフィ・ブロック、ジョージ・デューク、ルース・アンダー

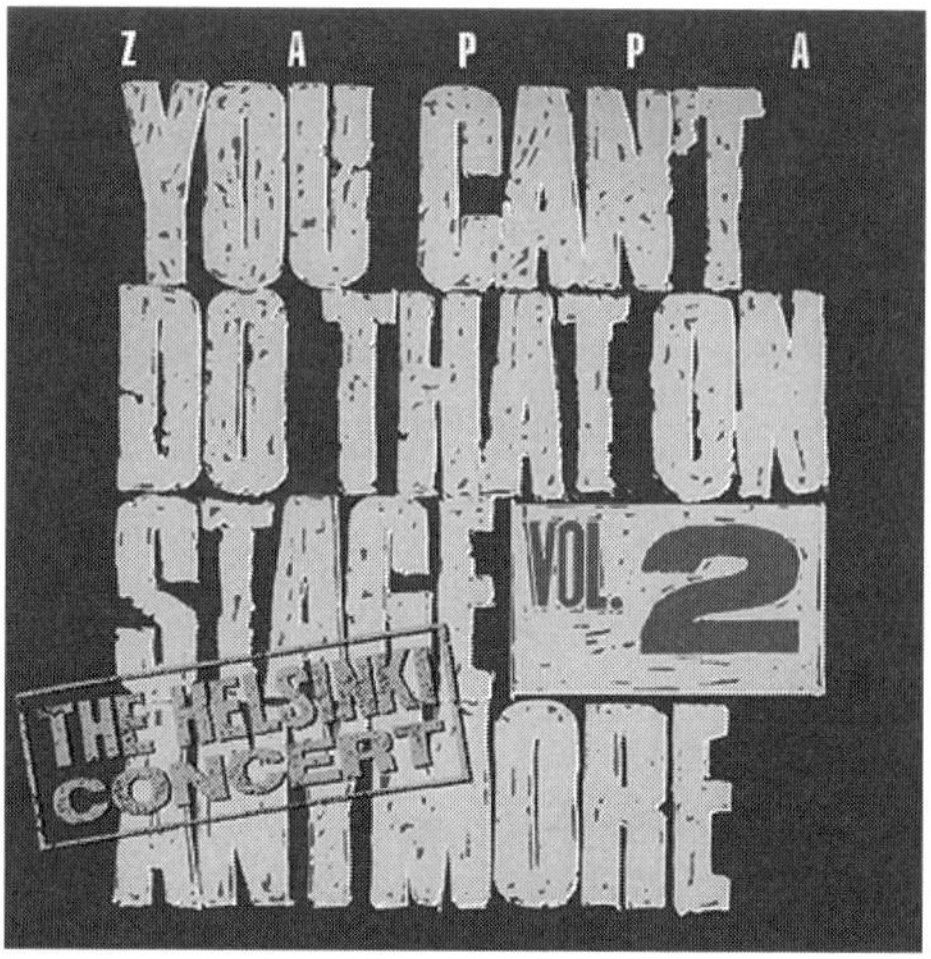

オン・ステージVol.2
ザ・ヘルシンキ・コンサ=ト
Rykodisc RCD 10083/84

---

① Tush Tush Tush (A Token Of My Extreme)
② Stinkfoot
③ Inca Roads
④ RDNZL
⑤ Village Of The Sun
⑥ Echidna's Arf (Of You)
⑦ Don't You Ever Wash That Thing?
⑧ Pygmy Twylyte
⑨ Room Service
⑩ The Idiot Bastard Son
⑪ Cheepnis
disc2:
① Approximate
② Dupree's Paradise
③ Satumaa (Finnish Tango)
④ T'Mershi Duween
⑤ The Dog Breath Variations
⑥ Uncle Meat
⑦ Building A Girl
⑧ Montana (Whipping Floss)
⑨ Big Swifty

FZ: guitar,vocal
Napoleon Murphy Brock: sax,vocal
George Duke: keyboards,vocal
Ruth Underwood: percussion
Tom Fowler: bass
Chester Thompson: drums

Recording: **September 22-23,1974**
Release: October 25,198

ウッド、トム・ファウラー、チェスター・トンプソンの6人。『ロキシー&エルスウェア』の8人ないし10人のメンバーから差し引いた6人編成で、曲も『ロキシー…』と重なるのは、「ピグミー・トワイライト」「ヴィレッジ・オブ・ザ・サン」「エキドナズ・アーフ」「ドンチュー・エヴァー・ウォッシュ・ザット・シング」「チープネス」だけ。

歴代メンバーの中でもとくにハイ・テクニックな布陣で怒涛の演奏を繰り広げたのは、ＬＡの地元ネタで笑わせることも、アメリカ政府をおちょくってウケを取ることもヨーロッパではできなかったからだろうが、寸劇風の「タッシュ・タッシュ・タッシュ」から思いのほかレイド・バックした「臭い足」を経て「インカ・ローズ」へ、というザッパらしいステージ展開も味わえるし、「インカ・ローズ」のインスト・パートは歴代トップ・クラスの超絶さだ。

テクニシャンを集めたバンドの場合、リハーサルを重ねて演奏に整合性が出てくると、アドリブ・パートの仕掛け合いがスリルになるだけで、よほどのことがないかぎりハプニングは起こらない。ザッパはそういう〝うまいプロレス〟みたいな技の応酬を嫌う。ときには受け身が取れないほどのコーナーポスト最上段からの真っ逆さまや、血まみれの場外乱闘も見せて、観客に「ヤバイ！」と思わせるのだ。それを引き出すのはアドリブの域を超えた〝即興〟なのだが、フリー・ジャズとも大きく異なるのは、テーマの部分の一糸乱れぬユニゾンと、反則まじりの即興から始まる仕掛け合いの、大きな落差なのである。ザッパはきっと、酒を飲みながら楽しめる範囲のジャズやフュージョンが大嫌いなのだろう。クラシック作品もつくるし、ジャズ・バンドでもありえないほどの譜面も書くけれど、ライヴはパンクな精神に貫かれている。しかもシリアス一辺倒も嫌う。16分音符の長いユニゾンが♪ダカダカダカダン！と終わったあとの無音のシークエンスに、それまでのリズムとはまったくズレたタイミングでゲップしてみせるような、くだらないギャグが大好きだからだ。

クレイジー・キャッツやドリフターズが音楽なんか捨てて得た大衆性と巨万の富を知っている人が、「それでも俺は音楽なんだ」とやって見せたような類稀なエンタテインメントがここにある。ザッパはその在り方を「ロック」と呼んだ。

（和）

One Size Fits All

The Mothers Of Invention

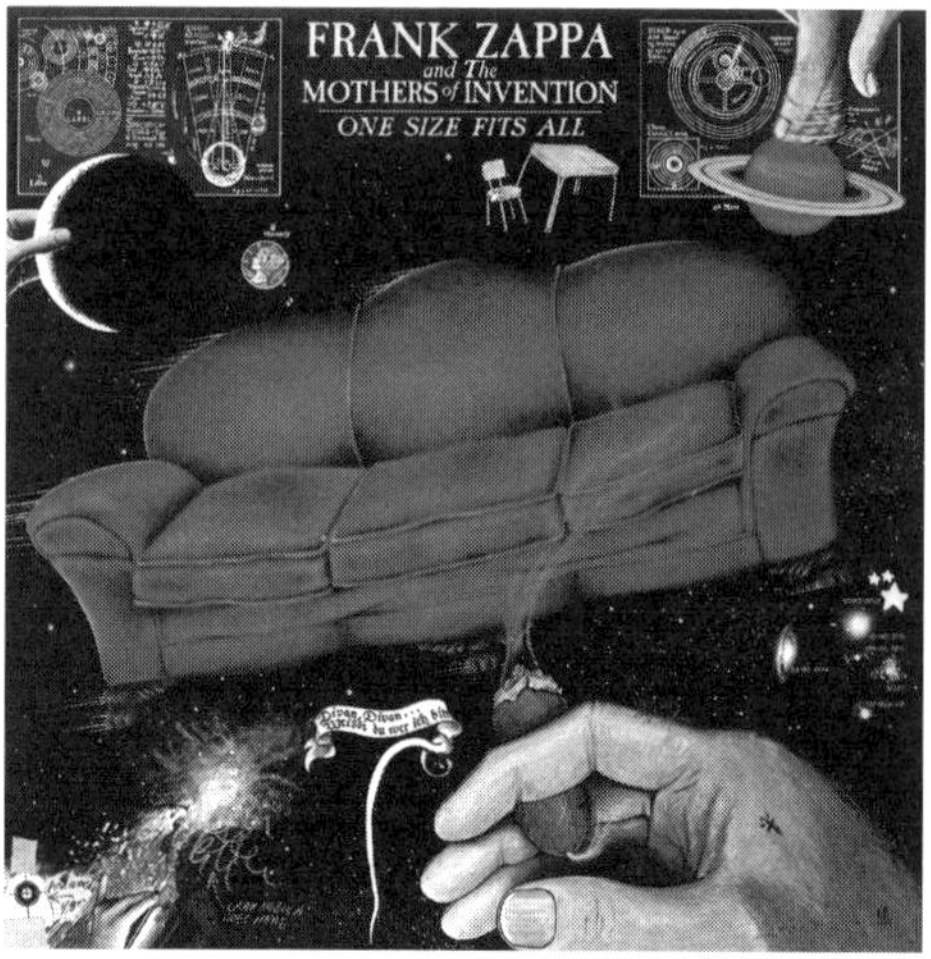

ワン・サイズ・フィッツ・オール

DiscReet DS 2216

① Inca Roads
② Can't Afford No Shoes
③ Sofa No.1
④ Po-Jama People
⑤ Florentine Pogen
⑥ Evelyn, A Modified Dog
⑦ San Ber'dino
⑧ Andy
⑨ Sofa No.2

FZ: guitars, vocals
George Duke: keyboards
Napoleon Murphy Brock: flute and tenor sax, vocals
Chester Thompson: drums, gorilla victim
Tom Fowler: bass
Ruth Underwood: percussion
James "Bird Legs" Youmans: bass
Johnny "Guitar" Watson: flambe vocals
Captain Beefheart: harmonica

Recording: **August 27, 1974/December,1974-April,1975**
Release: June 25,1975
ザッパがマザーズ・オブ・インヴェンションの名を冠した最後のアルバム。日本語タイトルは『万物同サイズの法則』。参加メンバーは、ジョージ・デューク(kbd)、ナポレオン・マーフィー・ブロック(fl・sax)、チェスター・トンプソン(ds)、ルース・アンダーウッド(per)、トム・ファウラー(b)(「キャント・アフォード・ノー・シューズ」のみジェイムス・〝バード・レッグズ〟・ユーマン)。宇宙空間に赤紫のソファが漂うカヴァー・イラストはおなじみのカル・シェンケル(このソファは未完に終わった「ハンチェントゥート」に登場するキャラクター、ドラクマ女王が座るという設定)。ルース・アンダーウッドのマリンバで始まる「インカ・ローズ」は変拍子のザッパ流プログレッシヴ・ロックの名曲。ギター・ソロは別のライヴでの演奏をオーヴァーダビングしたものだ。当初ジョージ・デュークはシンセサイザーの演奏に専念するはずだったが、ザッパにヴォーカルもやれと言われて仕方なくやったとか。二つのヴァージョンで収録された「ソファ」は、元々ライヴでレパートリーとされていたもので、ここでスタジオ録音が初お目見え。『ザッパズ・ユニバース』（93年）ではスティーヴ・ヴァイのギターで楽しめる。ザッパのギター・リフが印象的な「ポ・ジャマ・ピープル」はザッパのヴォーカルにギター・ソロとまさにザッパのオン・ステージ。「フロレンティアン・ポーゲン」はナポレオン・マーフィー・ブロックがヴォーカルをとり、チェスター・トンプソンが途中キレのあるドラミングを見せる。トンプソンはこの後ジェネシスにサポート・ドラマーとして加入することになり、まさにプログレッシヴ・ロックの王道へと進むわけである。「エヴェリン・ア・モディファイド・ドッグ」はザッパがヴォーカルを取ったラグタイム風の小品。「サン・ベルディーノ」はキャプテン・ビーフハートがブラッドショット・ローリン・レッドというクレジットでハーモニカ演奏し、ザッパにとってのヒーロー、ジョニー・〝ギター〟・ワトソンがヴォーカルを担当、気持ちよさそうに歌っている。彼は続く「アンディ」でもメイン・ヴォーカルを取った。ワトソンは35年生まれのブルース・ギタリストでT-ボーン・ウォーカーらテキサス系ブルースの流れを汲むサウンドを基調としながら、シンセサイザーやトーキング・モジュレーターを取り入れたファンクを展開するなど、大胆に新しいサウンド切り開いたことでも知られている。55年にはアール・キングの“Those Lonely, Lonely Nights”がR&Bチャート10位に食い込むヒットを記録している。96年にジャパン・ブルース・カーニバルに来日し、横浜のクラブで単独公演の最中に心筋梗塞で倒れそのまま帰らぬ人となった。

このアルバムは4ｃｈステレオ・ヴァージョンも計画されたが、実現していない。88年のＣＤ化をはじめ、何回かリマスター盤が発売されているが、再発されるごとにバック・カヴァーの星座の数が増えているという不思議なアルバムだ。96年にはゴールドＣＤも発売され、高音質化も実現しているが、他のザッパ作品同様ハイレゾでの配信は未だなされていないようである。（真）

Studio Tan

Frank Zappa

スタジオ・タン

DiscReet DSK 2291

① The Adventures Of Greggery Peccary
② Lemme Take You To The Beach
③ Revised Music For Guitar And Low-Budget Orchestra
④ RDNZL

FZ: guitar, vocals
George Duke: keyboards
Bruce Fowler: trombone
Tom Fowler: bass
Ruth Underwood: percussion
Chester Thompson: drums
James "Bird Legs" Youmans: bass
Davey Moire: vocals ②
Eddie Jobson: keyboards, yodeling
Max Bennett: bass
Paul Humphrey: drums
Don Brewer: bongos
Abnuceals Emuukha Electric Symphony Orchestra

Recording: **December,1974-February, 1975**
Release: Sep.15,1978

本作、『スリープ・ダート』、『オーケストラル・フェイヴァリッツ』と続く3作は配給のワーナー・ブラザースがザッパの意向を無視して、ジャケット・デザインを決め、発売したといういわくつきの作品群。タイトルは「あんまりスタジオにいたから、スタジオ焼けしちゃったよ」という意味で、ザッパ流の自虐ネタとも受け取れる。

ワーナーとのトラブルもあり、ザッパ自身は評価していないという印象はあるが、作品自体はまさしくザッパ・ワールド満載。

LPでは片面をしめる「ザ・アドヴェンチャーズ・オブ・グレゴリー・ペッカリー」はジョージ・デューク（kbd）、ルース・アンダーウッド（per）、チェスター・トンプソン（ds）を交えての一大組曲だ。「レメ・テイク・ユー・トゥ・ザ・ビーチ」はデイヴィ・モアがヴォーカルをとるビーチ・ボーイズ風のポップな一品（エディ・ジョブソンがなんとヨーデルを担当している！）。このような小品を忍び込ませるのがザッパらしい趣向であろうか。

最後はLPでは'Redunzl'というタイトルであったインストゥルメンタル'RDNZL'『オン・ステージ第2集』（74年9月ヘルシンキ・コンサート）『オン・ステージ第5集』（82年ツアー）にライヴ・バージョンも収録されている。

ビルボード・アルバム・チャートでは147位を記録。　（真）

Sleep Dirt
Frank Zappa

スリープ・ダート
DiscReet DSK 2292

① Filthy Habits
② Flambay
③ Spider Of Destiny
④ Regyptian Strut
⑤ Time Is Money
⑥ Sleep Dirt
⑦ The Ocean Is The Ultimate Solution

FZ: guitars, keyboards
Dave Parlato: bass
Terry Bozzio: drums
George Duke: keyboards
Ruth Underwood: percussion
Chester Thompson: drums
Bruce Fowler: all brass
James “Bird Legs” Youmans: bass, guitar
Patrick O’Hearn: string bass, electric bass

Recording: **December,1974-February,1975/ May-June, 1976**
Release: Release: January 12,1979

『ホット・ラッツ』『ワカ／ジャワカ』に続く『ホット・ラッツ3』として企画されたもの。イラストを描いたゲイリー・パンターはザッパとは一度も面会をせずに仕上げたという。後年「パンターの描いた絵はよかった」とイラストレーターのマット・グレーニングからザッパの感想を聞いて一安心したという。

　オリジナルLPではすべてインストゥルメンタルであったが、CD化に際し、「フラムベイ」「スパイダー・オブ・デスティニー」「タイム・イズ・マニー」にタナ・ハリス（vo）とチャド・ワッカーマン（ds）のプレイがオーヴァー・ダビングされた。この3曲はザッパが71年に大怪我をして、ロンドンで車椅子生活を送っていた時に未完に終わったSFミュージカル「ハンチェントゥート」のために作曲された。

「スリープ・ダート」は「あー」というため息とも独り言とも言えない言葉で始まるジェームス・ユーマン（b）との非常に珍しいアコースティック・ギター・デュオ曲。

13分を超える「ジ・オーシャン・イズ・ジ・アルティメイト・ソリューション」では、ザッパとパトリック・オハーン（b）、テリー・ボジオ（ds）との壮絶なバトルが繰り広げられる。ザッパは前半アコースティック・ギター、後半はエレクトリック・ギターと思う存分に弾きまくっている。

（真）

1975

Bongo Fury

Zappa / Beefheart / Mothers

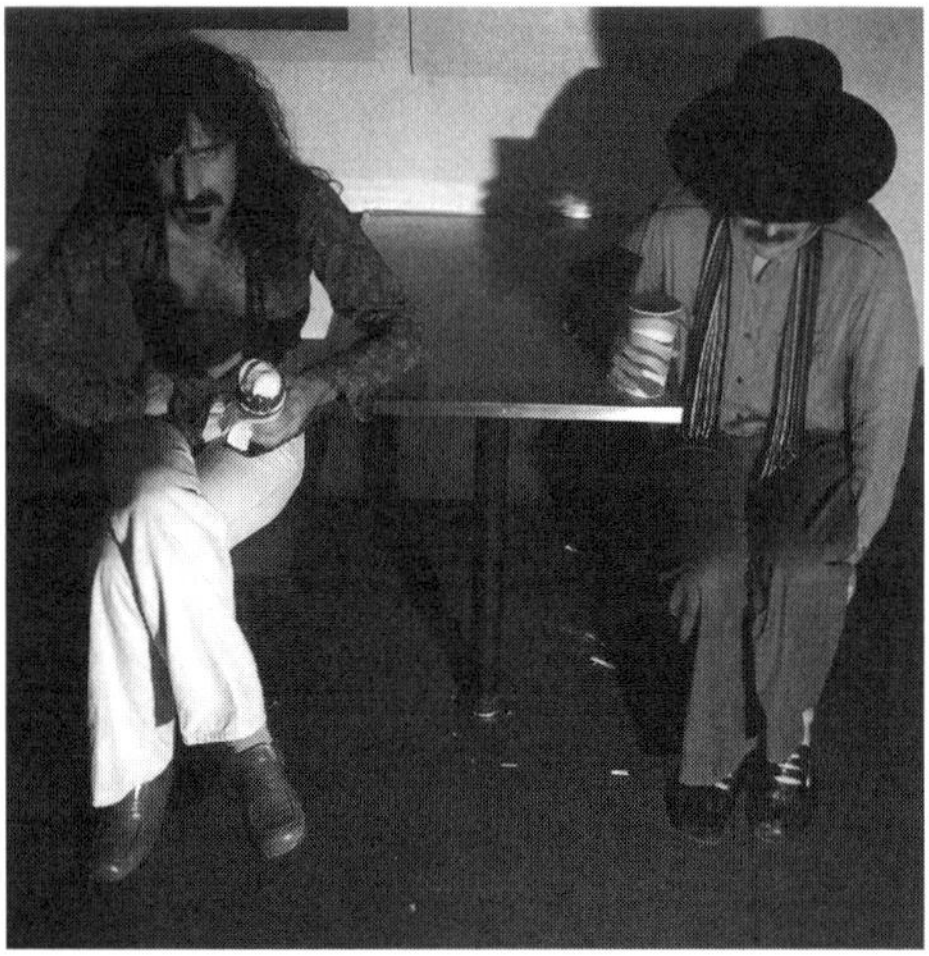

ボンゴ・フューリー

DiscReet DS 2234

① Debra Kadabra
② Carolina Hard-core Ecstasy
③ Sam With The Showing Scalp Flat Top (Van Vliet)
④ Poofter's Froth Wyoming Plans Ahead
⑤ 200 Years Old
⑥ Cucamonga
⑦ Advance Romance
⑧ Man With The Woman Head (Van Vliet)
⑨ Muffin Man

FZ: guitar, vocals
Captain Beefheart: harp, vocals, shopping bags
George Duke: keyboards, vocals
Napoleon Murphy Brock: sax, vocals
Bruce Fowler: trombone, fantastic dancing
Tom Fowler: bass, also dancing
Denny Walley: slide guitar, vocals
Terry Bozzio: drums, moisture
Chester Thompson: drums

Recording: **May 20-21, 1975**
Release: Oct. 2,1975

バンドのメンバーに去られ、自身も生活に困窮したビーフハートが頼ったのは、実際にはハーブ・コーエンだったのだろう。「ビーフハートの再起を旧友ザッパが助ける」という図はそれなりにドラマティックだからザッパも乗り、75年春のツアーにビーフハートを加えたのだ。

しかし、リハーサルに真剣に臨まないビーフハートにザッパがキレる。口もきかなくなってしまったという。本作の主なソースとなった75年5月20日、21日のテキサス、アルマジロ・ワールド・ヘッドクォーターズの前後に撮影されたと思しきジャケットは、ふたりの関係を物語っている。

FZ：ったくしょーがねーよ、お前は。

CB：……（返す言葉なし）

コーエンはディスクリートの予算でビーフハートの『バット・チェイン・プラー』のつくるのだが、自分が稼いだ金をコーエンが横流ししていると激怒し、彼を訴えることになる。これがディスクリート全体の問題に発展し、ワーナーとコーエンの結託にまで審議が及んだから、ディスクリートは閉鎖されることになり、契約履行のために『スタジオ・タン』『スリープ・ダート』『オーケストラル・フェイヴァリッツ』をワーナーに置いてこなければいけなくなったのだから（許可なく決められたアートワークにザッパが悪態をついたおかげでワーナーが勝手に出したかのように誤解されたが、3作はザッパの意思でまとめられたれっきとした〝オリジナル・アルバム〟だ）、その発端となったビーフハートをザッパが一生許さなかったのも納得がいく。

全曲がテキサスのライヴのように見えるこのアルバム、しかし「２００才のウエイトレス」「クカマンガ」と、「マフィン・マン」のイントロのみは75年初頭のスタジオ録音で、ドラムはチェスター・トンプソン。それ以外は、デューク、ブロック、ファウラー兄弟、デニー・ウォリー、テリー・ボッジオというメンバーでのテキサス・ライヴだ。

ビーフハートがヴォーカルを取るのは、73年に彼が書いた「角刈りのサム」と「ハリウッドのオカマ野郎」、「デブラ・カダブラ」「ワイオミングの町の２００年祭」、そして「２００才のウエイトレス」の5曲である。口を利かなかろうが、やがて絶交しようが、ザッパとビーフハートがタッグを組んでいるのだからそりゃ強力。怪獣映画をもとにした「デブラ・カダブラ」と、SM趣味を爆発させた「キャロライナ・ハードコア・エクスタシー」、アルバム・タイトルが連呼される「角刈りのサム」はストレートに押していく。もろブルースの「ワイオミングの町の２００年祭」を挟んでA面のラストに置かれた「２００才…」は69年に南部の町で見かけた老女を歌ったという珍しくマジな曲。

やたらと「２００」なのは76年のアメリカ建国２００年に向けてのことだった。そう考えるとビーフハートという〝ブルースマン〟の起用も理解できるし、「クカマンガ」では初めてのテレビ出演に向けての練習風景を歌ってしまったザッパらしからぬ〝郷愁〟にもうなづける。ちなみに日本盤LPは、タイトルが直接ジャケ表に刷られている。（和）

Joe's Camouflage

Frank Zappa

ザッパ史のミッシング・リンクを解明する「ジョーの発掘」シリーズの現時点での最新作。75年5月の『ボンゴ・フューリー』ツアーと、9月からツアーを開始する最後のマザーズ名義のバンドとの間には、幻のバンド編成が存在した。残されたプロモ写真で確認はされていたが、そのリハーサルの様子が本作で公開され、その資料価値は非常に高い。『ボンゴ』からは、テリー、ナポレオン、デニー・ウォーリーが継続。新たにロイ・エストラーダ。ロバート・カマレナ、ノヴィ・ノヴァックが参加している。ロバートはザッパ作品から名前をとったバンド、ルーベン&ザ・ジェッツの、ノヴィはチャンキー・ノヴィ&アーニーのメンバーで、両グループともザッパの関与があり、カヴァー・デザインをカル・シェンケルが担当するといった、興味深い関係性がある。

　ここでのアレンジやレパートリーは、9月以降のツアーに反映されており、ブルース度を上げて、レイドバックしていくマザーズを確認できる。⑨はこの曲の最初期のヴァージョンで、ノヴィのヴィオラが、この曲のムードを決定したのではないかとも想像してしまう。①⑭は本作のみで聴ける未発表曲。③⑫もここでしか聴けないメロディーがあり、のちに歌詞がついて別の曲に変化するが、それもまだ未発表のままだ。こういう形でもマテリアルが公開されるのは意義深い。

（梅）

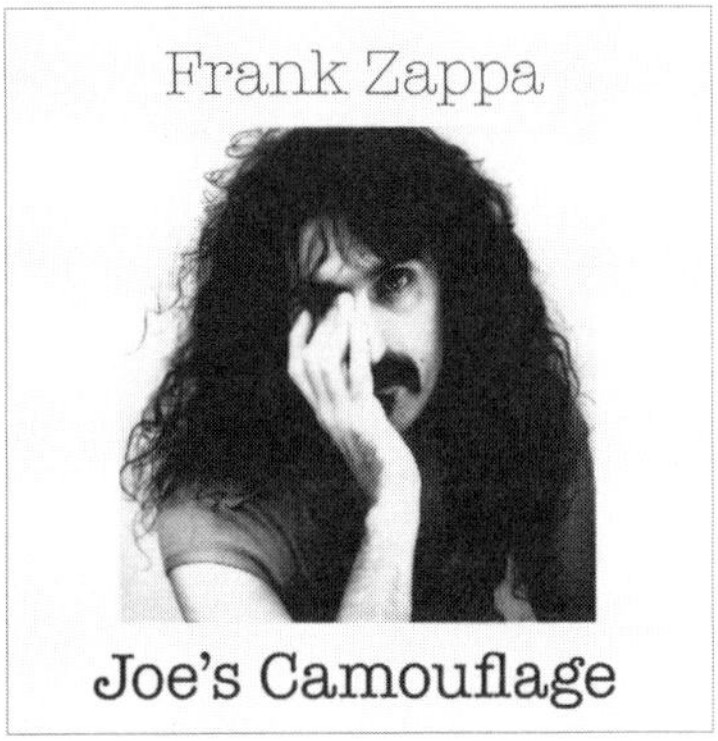

ジョーズ・カモフラージュ
Vaulternative Records VR 20132

---

① Phyniox (Take 1)
② T'Mershi Duween
③ Reeny Ra
④ "Who Do You Think You Are?"
⑤ "Slack 'Em All Down"
⑥ Honey, Don't You Want A Man Like Me?
⑦ The Illinois Enema Bandit
⑧ Sleep Dirt—In Rehearsal
⑨ Black Napkins
⑩ Take Your Clothes Off When You Dance
⑪ Denny & Froggy Relate
⑫ "Choose Your Foot"
⑬ Any Downers?
⑭ Phyniox (Take 2)
⑮ "I Heard A Note!"

FZ: guitar, vocals
Denny Walley: guitars, vocals
Robert "Frog" Camarena: vocals, guitar
Novi Novog: viola, keyboards, vocals
Napoleon Murphy Brock: vocals, sax, keyboards
Roy Estrada: bass, vocals
Terry Bozzio: drums

Recording: **Aug.-Sep.1975**
Release: Jan.30, 2014

Orchestral Favorites

Frank Zappa

オーケストラル・フェイヴァリッツ
DiscReet DSK 2294

① Strictly Genteel
② Pedro's Dowry
③ Naval Aviation In Art?
④ Duke Of Prunes
⑤ Bogus Pomp

FZ: guitar, conductor
Michael Zearott: conductor
Dave Parlato: bass
Terry Bozzio: drums
Abnuceals Emuukha Electric Symphony Orchestra

Recording: **September 17-19,1975**
Release: May 4,1979

ワーナー末期3部作の最後を締めるのは、すべてインストゥルメンタルのオーケストラとの共演作。75年9月にUCLAで行われた公演のライヴを元にしているが、当然のことながらオーヴァー・ダビングがなされている。79年当時、日本盤は発売されなかった。楽団は「アブヌシールズ・エミューカ・エレクトリック・シンフォニー・オーケストラ」、指揮はマイケル・ジーロットというクレジット。バンドのメンバーは、デイヴ・パーラート（b）、テリー・ボジオ（ds）、エミル・リチャーズ（per）だ。

「ストリクトリー・ジェンティール」は『200モーテルズ』の再演で、オリジナルは歌唱付きであったが、前半部分をアレンジし、オーケストラのみの演奏形態にまとめられた。「ペドロズ・ダウリー」はまさに現代音楽然とした前衛的アプローチが展開される曲。続く「ネイヴァル・エイヴィエイション・イン・アート」は1分ほどの小品だが、前曲の一部と思われる雰囲気を漂わせる。「デューク・オブ・プルーンズ」は『アブソリュートリー・フリー』の再演で、こちらもオリジナルは歌唱付きであったが、歌がない分ザッパのギター・ソロが堪能できる。「ボーガス・パンプ」は『200モーテルズ』の収録曲を再構成したもので、後年の一連の管弦楽クラシック作品へとつながる。ビルボードでは168位を記録した。（真）

Orchestral Favorites 40th Anniversary

Frank Zappa

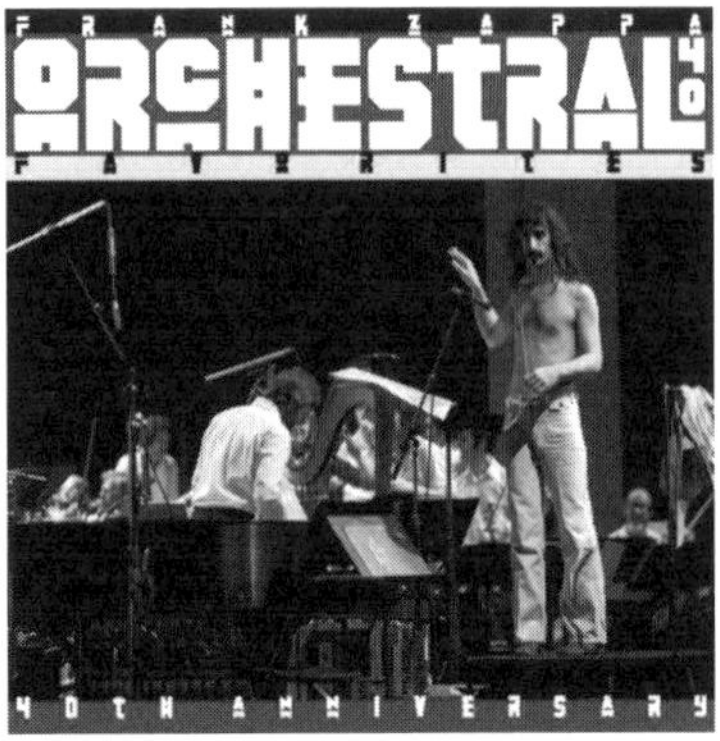

オーケストラル・フェイヴァリッツ 40thアニヴァーサリー

Zappa Records/UME ZR20030

disc1:
① Strictly Genteel
② Pedro's Dowry
③ Naval Aviation In Art?
④ Duke Of Prunes
⑤ Bogus Pomp
⑥ Strictly Genteel (Keyboard OD Version)
disc2:
① Show Start/Bogus Pomp Explained
② Bogus Pomp
③ Revised Music For Low-Budget Symphony Orchestra
④ The Story Of Pedro's Dowry
⑤ Pedro's Dowry
⑥ The Story Of Rollo
⑦ Rollo
disc3:
① Black Napkins Instructions
② Black Napkins
③ Dog/Meat
④ The Players
⑤ Naval Aviation In Art?
⑥ "Another Weirdo Number"
⑦ Lumpy Gravy (Extract)/Improvisation
⑧ Evening At The Hermitage
⑨ "A Special Guest Artist"
⑩ Duke Of Prunes
⑪ "Absolutely Disgusting"
⑫ The Adventures Of Greggery Peccary
⑬ Strictly Genteel

FZ: guitar, conductor
Michael Zearott: conductor
Dave Parlato: bass
Terry Bozzio: drums
Abnuceals Emuukha Electric Symphony Orchestra

Recording: **September 17-19,1975**
Release: August 30, 2019

まさかの「ドント・イート・ジ・イエロー・スノー」のスマッシュ・ヒットで得た金を元手に、ザッパはオーケストラ企画を立ち上げた。リハーサルは3日間、コンサートは75年9月17、18日。この短期間でザッパの難曲を仕上げるのが困難なのは承知の上。19日には同じホールで録音のみ行なっている。コンサートでのワールド・プレミアの演奏と並行して、オーケストラ演奏による素材録音という目的もあったわけだ。そしてアルバムも発表された。

本作はその『オーケストラル・ファイヴァリッツ』のリマスター盤と、9月18日のコンサートを収録した40周記念盤だ。ザッパ自身は公開をしなかった音源なので、確かに演奏は完璧ではない。が、どこかのどかな会場のムードと、グランド・ワズー公演からの継続性を感じさせるレパートリーが興味深く、かつ楽しい。ディスク3⑫はこの日だけの演奏で、中間部から始まり、断片的なパートを録音するような作業を、聴衆の前で行なっている。実際に素材として『スタジオ・タン』の同曲ラストに使用された。3⑫はハーモニカをフィーチャーしているが、レコード化の際にザッパのギターに差し替えられた。3②はこの曲のライヴにおけるオーケストラルな初演。

この公演の録音は、その後の作品に意外なくらい素材として多く使用されており、ザッパの制作プロセスの一端を解き明かしてくれる。（梅）

Joe's Menage

Frank Zappa

ジョーのメナージュ

Vaulternative Records VR 20081

① Honey, Don't You Want A Man Like Me?
② The Illinois Enema Bandit
③ Carolina Hard-Core Ecstasy
④ Lonely Little Girl
⑤ Take Your Clothes Off When You Dance
⑥ What's The Ugliest Part Of Your Body?
⑦ Chunga's Revenge
⑧ Zoot Allures

FZ: guitar, vocals
Norma Jean Bell: alto sax, vocals
Napoleon Murphy Brock: tenor sax, vocals
André Lewis: keyboards, vocals
Roy Estrada: bass, vocals
Terry Bozzio: drums, vocals

Recording: **November 1, 1975**
Release: September 26, 2008

75年9月末からスタートしたツアー、メンバーはザッパとナポレオン・マーフィ・ブロック、テリー・ボジオ、ロイ・エストラーダ、アンドレ・ルイスの5人。マザーズ名義では最後のツアーで、65年のマザーズ同様の小人数のバンドだった。「ジョーの発掘」シリーズとして4作目の本作は、ツアー開始から約一ヶ月後の11月1日の公演を録音したカセットテープをソースにしている。①を除いて『FZ：OZ』（本作の2ヶ月半後）と曲目が重複しているが、11月から12月初頭の間だけ参加した女性サックス奏者のノーマ・ベルが加わった、6人編成の音源であるという点で大きな価値がある。ノーマのソロとヴォーカルは⑦で聞くことができる。が、しかし、本作はアルバムとしてはひどく中途半端な感が否めない。

　ブックレットに、ザッパとある熱心なファンについてのテキストが掲載されており、細かく内容は記さないが、ファンとの交流、距離感、信頼関係、不信感など、考えさせられる内容ではある。ザッパがそのファンに本作を含む未発表音源のカセットテープを渡し、後年ゲイルあてにそのテープが送られてきたというエピソードが、本作のリリースの背景になっている。そこにゲイルの思いがあるのは理解できるが、それをこうしてCD化する意味は共有しづらい。ザッパが選んだ演奏は素晴らしいのだけれど。　（梅）

FZ:OZ

Frank Zappa

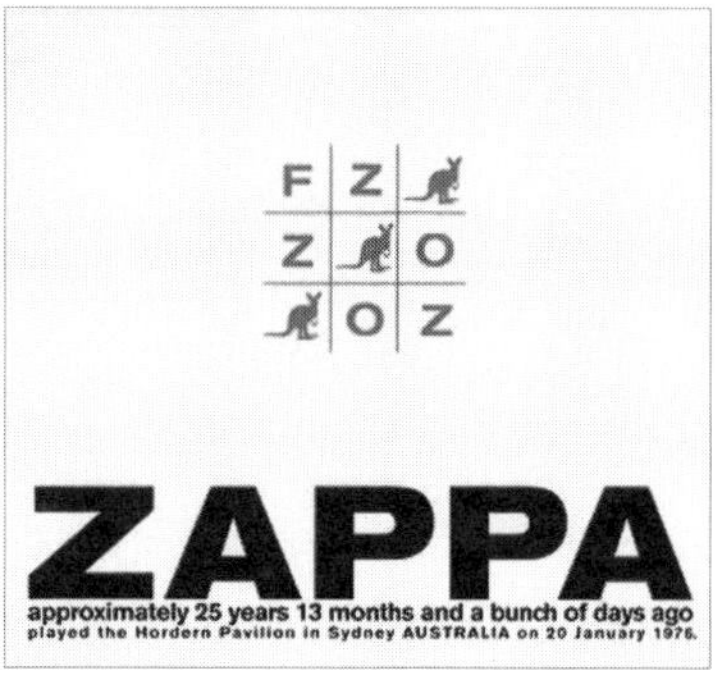

FZ:OZ
Vaulternative VR 2002-1

disc1:
① Hordern Intro (Incan Art Vamp)
② Stink-Foot
③ The Poodle Lecture
④ Dirty Love
⑤ Filthy Habits
⑥ How Could I Be Such A Fool?
⑦ I Ain't Got No Heart
⑧ I'm Not Satisfied
⑨ Black Napkins
⑩ Advance Romance
⑪ The Illinois Enema Bandit
⑫ Wind Up Workin' In A Gas Station
⑬ The Torture Never Stops
disc2:
① Canard Toujours
② Kaiser Rolls
③ Find Her Finer
④ Carolina Hard-Core Ecstasy
⑤ Lonely Little Girl
⑥ Take Your Clothes Off When You Dance
⑦ What's The Ugliest Part Of Your Body?
⑧ Chunga's Revenge
⑨ Zoot Allures
⑩ Keep It Greasy
⑪ Dinah-Moe Humm
⑫ Camarillo Brillo
⑬ Muffin Man
⑭ Kaiser Rolls (Du Jour)

FZ: guitar, vocals
Napoleon Murphy Brock: tenor sax, vocals
André Lewis: keyboards, vocals
Roy Estrada: bass, vocals
Terry Bozzio: drums, vocals

Recording: **January 20, 1976**
Release: Aug.16, 2002

マザーズ名義では最後となった76年1～3月のツアーから、オーストラリアのシドニー公演（1月20、21日）を蘇らせたものだ。

両日とも1インチの8トラック・テープにバラ録りされたが、21日の分は使い物にならなかったため、ザッパはまず20日のラフ・ミックスをつくった。ただしデッキは一台だったため、テープ交換時の空白が3箇所あったのだ。欠損部分を埋めるために日本公演のテープやブートレッグからのインポーズが行われたのだけれど、違和感はまったくない。

CDの収録時間の関係で、実際には11曲目に演奏された「ハニー、ドンチュー・ウォント…」と、14曲目「トライン・トゥ・グロウ・ア・チン」をカットしたが、その代わりに初出のレア曲「カイザー・ロールズ」のスタジオ・リハーサル・テイクがディスク2の最後に加えられた。「ハウ・クッド・アイ・ビー…」の冒頭部分は2月8日の東京公演、ライヴ本編の「カイザー・ロールズと、「ズート・アリュアーズ」の一部はブートとレッグから取られたようだが、気にならない。「拷問…」でハーモニカを吹くノーマン・ガンストンとは、オーストラリアの俳優ギャリー・マクドナルドが演じるテレビのキャラクターだった。

もはや伝説となった日本公演を想像させるという意味でも、この発掘ライヴ盤は意義深い。死後のリリースの中でも指折りのものだ。（和）

Frank Zappa Plays The Music Of Frank Zappa

Frank Zappa

フランク・ザッパ・プレイズ・ザ・ミュージック・オヴ・フランク・ザッパ

Barking Pumpkin UMRK 02

① Black Napkins
② Black Napkins (from "Zoot Allures")
③ Zoot Allures
④ Merely a Blues in A
⑤ Zoot Allures (from "Zoot Allures")
⑥ Watermelon in Easter Hay
⑦ Watermelon in Easter Hay (from "Joe's Garage")

FZ: lead guitar
Terry Bozzio: drums
Napoleon Murphy Brock: sax,vocals
Norma Bell: vocals
André Lewis: keyboards
Roy Estrada: bass
Chester Thompson: drums
Tom Fowler: bass
George Duke: keyboards
Dave Parlato: bass
Ruth Underwood: marimba
Patrick O'Hearn: bass
Tommy Mars: keyboards
Peter Wolf: keyboards
Ed Mann: percussion
Adrian Belew: guitar
Vinnie Colaiuta: drums
Arthur Barrow: bass
Warren Cuccurullo: guitar

Recording: **Nov.22,1975/Feb.3,5,1976/Feb.24,1978/Sep.27,1974**
Release: Oct.31,1996

通販のみという形でリリースされたギター・アルバム。ドゥイージルが父のプレイから選んだお気に入りを聴き比べるという企画ものだ。CDは絶版になって久しいが、配信サイトでは販売されている。

注目は「ブラック・ナプキン」。日本でライヴ録音され、『ズート・アリュアーズ』に収録されたヴァージョンがオリジナルと考えると初期ヴァージョンにあたる、75年11月22日に旧ユーゴスラビアのリュブリャナで収録された7分10秒のヴァージョン（ノーマン・ベルとナポレオン・マーフィ・ブロックがいる）が興味深いし、『ズート…』と同じ2月3日の大阪公演が聴き比べに使うことで、曲がどう変化したかがわかるようになっている。

2月5日の日本青年館で収録された「ズート・アリュアーズ」が初登場となったのも一部では話題だったが、出たときから入手困難なCDだったから、噂には聞いたけど、という人もいまだに少なくないと思う。

ザッパ家が始めた通販は（当たり前だが）ザッパ家から直接届いたので、当初は「付加価値」ではあったけれど、通販オンリーの高いCDに送料がプラスされるとんでもないことになった。しかし、いまやザッパ家のやり方はインディペンデントでは珍しくなくなり、小ロットのリリースを可能にする方法になっている。改めて、時代に先駆けていたんだなぁ、と思ったり。（和）

Zoot Alures

Frank Zappa

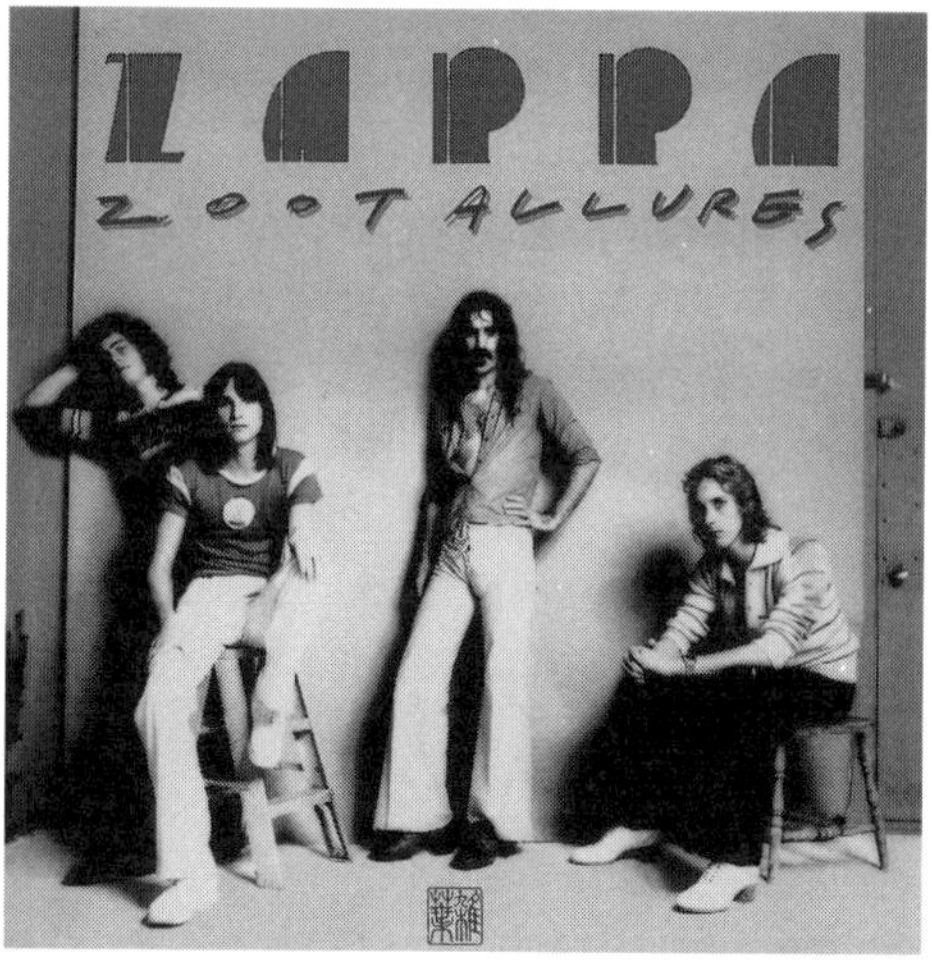

ズート・アリュアーズ

Warner Bros. BS 2970

① Wind Up Workin' In A Gas Station
② Black Napkins
③ The Torture Never Stops
④ Ms. Pinky
⑤ Find Her Finer
⑥ Friendly Little Finger
⑦ Wonderful Wino
⑧ Zoot Allures
⑨ Disco Boy

FZ: guitar, bass, vocals, keyboards
Terry Bozzio: drums, backing vocals
Davey Moiré: vocals
Andre Lewis: organ, vocals
Roy Estrada: bass, vocals
Napoleon Murphy Brock: vocals
Ruth Underwood: synthesizer, marimba
Captain Beefheart: harmonica

Recording: **May-June, 1976**
Release: October 29,1976

初回日本盤には「虚飾の魅惑」というタイトルが付けられていた。『ズート・アリュアーズ』とはフランス語でいうところの“zut alors!”（くそったれ！）の英語読みであり、当時のザッパの置かれた状況を暗示しているものであろうか。

まずは75年4月、71年に予定されていた公演をキャンセルされたイギリス、ロイヤル・アルバート・ホールを訴える。8月にはMGMがオリジナル・マザーズ時代の録音をさまざまな編集アルバムとして発売したことに対する損害賠償を起こし、10万ドルを勝ち取る。そして長らくマネージャーを務めていたハーブ・コーエン相手に訴訟を起こして12年に渡る関係を清算した。

『ズート・アリュアーズ』はレコード・プラントで進

められていたが、コーエンから訴訟を起こされてもワーナー・ブラザースが買ってくれるならと判断したため、最終的には賠償を求められる形でマスターがザッパからワーナーへと渡ったのだ。そうした経緯からザッパ作品の中で唯一ワーナーから発売されることになった（ハーブ・コーエンはアリス・クーパー、リンダ・ロンシュタット、トム・ウェイツらも手掛けた敏腕マネージャーであったが、この一件以来ザッパと袂を分かち、生涯和解することなく、2010年にこの世を去っている）。日本公演時の音源を使用したせいもあろうが、ジャケットの表に「雑葉」印、裏には「不乱苦雑派」の手書き文字が書かれている。なお、ジャケット写真に登場するパトリック・オハーンとエディ・ジョブソンは録音には参加していない。

オープニングを飾る「ウィンド・アップ・ワーキン・イン・ア・ガス・ステーション」はデイヴィ・モイアのファルセット・ヴォイスで軽快なロックン・ロール・ナンバー。「ガソリンスタンドでもっと精出して働け」とは何とも愉快なタイトル。「ブラック・ナプキンズ」は76年2月3日大阪厚生年金会館にライヴ音源を使用したザッパによるギター・インストゥルメンタル。ライヴでは頻雑に演奏され、『オン・ステージ第6集』、『メイク・ア・ジャズ・ノイズ』でも発表されているが、スタジオ・ヴァージョンは発表されていない。「ザ・トーチャー・ネヴァー・ストップ」は秀逸な日本語タイトル「拷問は果てしなく」で知られるザッパを代表する名曲であり、テリー・ボジオ（ds）とザッパの二人だけでレコーディングされた。初期バージョンはキャプテン・ビーフハートがヴォーカルをとっており、『オン・ステージ第4集』に収録されている。「フレンドリー・リトル・フィンガー」は中東風のイントロで始まるインストゥルメンタル。「ワンダフル・ウィノ」はマザーズのベーシストだったジェフ・シモンズが発表したソロ“Lucille Has Missed My Mind Up”の収録曲の改作で、これもザッパとボジオによる録音。「ズート・アリューズ」はザッパのギター・ソロが十分に味わえるインスト。「ディスコ・ボーイ」はこのアルバムから唯一カットされ、シングル・ヴァージョンではドラム・マシーンのイントロがカットされている。B面の「ファイド・ハー・ファイナー」ではビーフハートがハーモニカで参加している。ビルボードは71位を記録した。（真）

Philly '76

Frank Zappa

フィリー'76

Vaulternative Records VR 20091

disc1:
① The Purple Lagoon
② Stink-Foot
③ The Poodle Lecture
④ Dirty Love
⑤ Wind Up Workin' In A Gas Station
⑥ Tryin' To Grow A Chin
⑦ The Torture Never Stops
⑧ City Of Tiny Lites
⑨ You Didn't Try To Call Me
⑩ Manx Needs Women
⑪ Chrissy Puked Twicetation
⑬ The Torture Never Stops
disc2:
① Black Napkins
② Advance Romance
③ Honey, Don't You Want A Man Like Me?
④ Rudy Wants To Buy Yez A Drink
⑤ Would You Go All The Way?
⑥ Daddy, Daddy, Daddy
⑦ What Kind Of Girl Do You Think We Are?
⑧ Dinah-Moe Humm
⑨ Stranded In The Jungle
⑩ Find Her Finer
⑪ Camarillo Brillo
⑫ Muffin Man

FZ: guitar, vocals
Bianca Odin: vocals, keyboards
Ray White: vocals, rhythm guitar, cowbell
Eddie Jobson: keyboards, violin
Patrick O'Hearn: bass, vocals
Terry Bozzio: drums, vocals

Recording: **Oct.29, 1976**
Release: Dec.15,2009

美人女性シンガー／鍵盤奏者ビアンカ・オーディンがいたのは76年10月から11月にかけてのごく短期間。ザッパ、ビアンカ、レイ・ホワイト、エディ・ジョブソン、パトリック・オハーン、テリー・ボッジオという珍しい布陣の6人組ザッパ・バンドが、10月29日にフィラデルフィアのスペクトラムで行ったコンサートを完全収録した2時間14分のリアル・ライヴ盤である。レコード・プラントの16トラック・モービル・ユニットを使用しての録音だから、音質もまったく問題なしだ。

『ズート・アリュアーズ』からのバンドにレイ・ホワイトを加えたザッパは、おそらくヴォーカル強化の目的でビアンカを採用したのだろうが、彼女のシンセがPファンク的だったり、お喋りパートがラップに近くなったりした（「ヴァリー・ガール」への布石）のが面白く、『シーク・ヤブーティ』以降の路線に直結するところも見受けられる。

ビアンカはその後、ビアンカ・サーントンと名乗ってジャイアンツというMCAのソウル・バンドでメイン・ヴォーカルをとったり、リー・オスカーやタジ・マハール、ヴァン・モリソンのアルバムにコーラス参加しているが、1ヶ月足らずしかいなかったザッパ・バンドがキャリアのハイライトだ。すぐクビになったのは彼女のドラッグ癖をザッパが嫌ったから。このライヴを聴くと、もう一枚あったらなぁ、と思う。（和）

Zappa In New York

Frank Zappa

ザッパ・イン・ニューヨーク

DiscReet 2D 2290

disc1:
① Titties & Beer
② Cruisin' For Burgers
③ I Promise Not To Come In Your Mouth
④ Punky's Whips
⑤ Honey, Don't You Want A Man Like Me?
⑥ The Illinois Enema Bandit

disc2:
① I'm The Slime
② Pound For A Brown
③ Manx Needs Women
④ The Black Page Drum Solo/Black Page #1
⑤ Big Leg Emma
⑥ Sofa
⑦ Black Page #2
⑧ The Torture Never Stops
⑨ The Purple Lagoon/Approximate

FZ: conductor, guitar, vocals
Ray White: guitar, vocals / Eddie Jobson: keyboards, violin, vocals
Patrick O'Hearn: bass, vocals / Terry Bozzio: drums, vocals
Ruth Underwood: percussion, synthesizer
Don Pardo: sophisticated narration
David Samuels: timpani, vibes / Randy Brecker: trumpet
Mike Brecker: tenor sax, flute / Lou Marini: alto sax, flute
Ronnie Cuber: baritone sax, clarinet
Tom Malone: trombone, trumpet, piccolo

Recording: **December 26-29,1976**
Release: March 13,1978
76年12月に行われたニューヨークのフェルト・フォーラムとパラディアムでのコンサートをまとめたライヴ盤。ジャケットの雪景色の街を撮影したのはザッパの息子、ドゥイージル。ジャケット見開き内部のメンバーはザッパの妻ゲイルが撮影した。テリー・ボジオがヴォーカルをとる「パンキー・ウィップス」はサンプル盤には収録されていたが、当時アメリカで人気だったエンジェルのギタリスト、パンキー・メドウスを揶揄した内容だったため、ワーナーがクレームをおそれ、第2版（市販の初回盤）では外されたのだ。しかし、英国初版は米国のサンプル盤と同じ曲目で市場に出てしまった（エンジェルはカサブランカ・レコード所属のロック・バンドで同所属のキッス（悪魔）と対比させて、「天使」という位置づけで売り出されたが、鳴かず飛ばずで終わる。鍵盤のグレッグ・ジェフリアがその後リーダー・バンド、ジェフリアで売れたのはご愛敬）。

トップを飾るのはザッパとボジオの掛け合いがユニークな「ティティーズ・アンド・ビア」。続いて『アンクル・ミート』に収録されていた「クルージング・フォー・バーガーズ」。オリジナルに比べ、ザッパのギター・ソロが存分に味わえるスピード感溢れる激しいインストゥルメンタル。「アイ・プロミス・ノット・トゥ・カム・イン・ユア・マウス」では一転ジャズ風のホーン・セクションからギターへとつながり、エディ・ジョブソンのきらびやかなシンセサイザーが流れる。「パンキーズ・ウィップス」をはさみ、「ハニー・ドント・ユー・ウォント・ア・マン・ライク・ミー?」は女性をくどくナンパ・ソング。「ザ・イリノイ・エネマ・ベンディット」はマイケル・ケニヨンという実在したイリノイの浣腸強盗の話。新加入したレイ・ホワイトが声高らかに歌う。「アイム・ザ・スライム」は『オーヴァーナイト・センセーション』収録曲。「サタデー・ナイト・ライヴ」（76年12月11日放映）に出演した際にもこの当時のメンバーで演奏している。「パウンド・フォー・ブラウン」は全曲に続けて切れ目なく演奏され、ジョブソンのキーボードをメインとしてループのように繰り返され続いてザッパのギター・ソロが鳴り響く。「マンクス・ニーズ・ウィン」と「ブラック・ページ・ドラム・ソロ・ブラック・ページ#1」は難曲「ブラック・ページ」の一部分である。楽譜を渡されたボジオが「音符だらけで真っ黒じゃねえか」と叫んだところからタイトルがつけられたというこの曲は2分割されて収録されている。「ビッグ・レッグ・エマ」は元々67年4月にシングル曲として発表されたもので、ようやくアルバムに収められることになった。「ソファ」はマイケル・ブレッカーのテナー・サックスをフューチャーした別ヴァージョン。「ザ・トーチャー・ネヴァー・ストップ」は前作に収録されたヴァージョンとほとんど大差ないが、イントロがフルートに変更されている。「パープル・ラグーン/アプロクシメイト」ではマイケル（バリトン・サックス）、ザッパ（g）、ロニー・キューバー（テナー・サックス）、パトリック・オハーン（b）、ランディ・ブレッカー（tp）、ボジオ（ds）が壮絶なバトルを繰り広げる。

（真）

Zappa In New York 40th Anniversary

Frank Zappa

ザッパ・イン・ニューヨーク
40thアニヴァーサリー

Zappa Records/UME ZR20029

disc1: ①Titties & Beer ②I Promise Not To Come In Your Mouth ③Big Leg Emma ④Sofa ⑤Manx Needs Women ⑥The Black Page Drum Solo/Black Page #1 ⑦Black Page #2 ⑧Honey, Don't You Want A Man Like Me? ⑨The Illinois Enema Bandit ⑩ The Purple Lagoon ／disc2: ①"The Most Important Musical Event Of 1976" ②Peaches En Regalia ③The Torture Never Stops ④Black Page #2 ⑤Punky's Whips Intro ⑥Punky's Whips ⑦I Promise Not To Come In Your Mouth ⑧Honey, Don't You Want A Man Like Me? ⑨The Illinois Enema Bandit ⑩"Two For The Price Of One" ⑪Penis Dimension ⑫Montana ／ disc3: ①America Drinks ②"Irate Phone Calls" ③Sofa #2 ④"The Moment You've All Been Waiting For" ⑤I'm The Slime ⑥Pound For A Brown ⑦Terry's Solo ⑧The Black Page DrumSolo/Black Page #1 ⑨Big Leg Emma ⑩"Jazz Buffs And Buff-etts" ⑪The Purple Lagoon ⑫Find Her Finer ⑬The Origin Of Manx ⑭Manx Needs Women ⑮Chrissy Puked Twice ⑯Cruisin' For Burgers ／ disc4: ①The Purple Lagoon/Any Kind Of Pain ②"The Greatest New Undiscovered Group In America" ③Black Napkins ④Dinah-Moe Humm ⑤Finale ／disc5: ①The Black Page #2 (Piano Version) ②I Promise Not To Come In Your Mouth (Alternate Version) ③Chrissy Puked Twice ④Cruisin' For Burgers (1977 Mix) ⑤Black Napkins ⑥Punky's Whips (Unused Version) ⑦The Black Page #1 (Piano Version)

Recording: **December 26-29,1976**
Release: March 29, 2019

40周年記念版はCD5枚組。ニューヨークのマンホールの蓋を模した直径約20センチの缶に、ブックレットと紙ジャケCD、チケットのレプリカをパックしたものが段ボールの外箱に入っている。

ディスク1には77年のLPヴァージョンの全10曲（「パンキー・ウィップス」を外したところに「ビッグ・レッグ・エマ」を入れた米国市販版）を収録しているのだが、CDは5曲を加えて曲順も変え、30分も長くした（一応の）完全版だったから、LPヴァージョンはむしろレア。

ディスク2〜4は12月26〜29日のライヴから、LPには使わなかったテイクを並べたもので、完全版CDにも入らなかった曲や部分はほとんど初出だ。一部MCが編集されたりしている以外はほぼリアル・ライヴで、聴きどころはたくさんある。

しかしこれなら、各日のリアル・ライヴをそのまま出すが、完全版CDにぶつけるような別ヴァージョンを曲が重なるのを怖れずにつくった方がよかったのではないかと思えてしまう。後半に行くに従って重箱の隅をつつくような印象が強くなっていくのが否めないからだ。ディスク5には「パンキー…」の別ヴァージョンも入っているぐらいだから、選曲／編集しだいだったのでは？

ラストにルースの自宅で2017年に録音されたピアノ・ソロの「ブラック・ページズ」を入れたのも、悪いけど蛇足という気がする。（和）

Lather

Frank Zappa

レザー

Rykodisc RCD 10574/76

disc1:
①Re-gyptian Strut ②Naval Aviation In Art? ③A Little Green Rosetta ④Duck Duck Goose ⑤Down In De Dew ⑥For The Young Sophisticate ⑦Tryin' To Grow A Chin ⑧Broken Hearts Are For Assholes ⑨The Legend Of The Illinois Enema Bandit ⑩Lemme Take You To The Beach ⑪Revised Music For Guitar & Low Budget Orchestra ⑫RDNZL
disc2:
①Honey, Don't You Want A Man Like Me? ②The Black Page #1 ③Big Leg Emma ④Punky's Whips ⑤Flambé ⑥The Purple Lagoon ⑦Pedro's Dowry ⑧Läther ⑨Spider Of Destiny ⑩Duke Of Orchestral Prunes
disc3:
①Filthy Habits ②Titties 'N Beer ③The Ocean Is The Ultimate Solution ④The Adventures Of Greggery Peccary

FZ:guitar, percussion, bass, vocal / George Duke:keyboards / Bruce Fowler:trombone / James "Bird Legs":bass / Ruth Underwood:percussion / Chester Thompson:drums / Dave Parlato:bass / Terry Bozzio:drums / Emil Richards:percussion / Andre Lewis:keyboards / Roy Estrada:bass / Ray White:guitar, vocals/ Eddie Jobson:violin, keyboards/ Patrick O'Hearn:bass Jim Gordon:drums / Tom Fowler:bass / Ralph Humphrey:drums / Ricky Lancelotti:vocals / David Samuels:percussion / Randy Brecker:trumpet Michael Brecker:sax/ Lou Marini:sax / Ronnie Cuber:sax / Tom Malone:trombone Don Pardo:narration / Davey Moire:vocals/ Max Bennett:bass / Paul Humphrey:drums / Don Brewer:bongos

Many recordings: **1973-1977**
Release: Sep.24,1996

よほどの大物じゃなければアナログ盤をリリースしなかった97年に日本だけで出たLP5枚組のボックス・セットが、ザッパの当初企画した4枚組LPに最も近い形になった。96年版CDのボーナス・トラックをディスク5の片面だけにプレスしているから、オリジナル・アイディアを再現した4枚は、3枚組だったCDよりはるかにわかりやすい。

74年から3年がかりで制作された大作『レザー』は、4枚組に難色を示したワーナーに棚上げにされ、『ザッパ・イン・ニューヨーク』を挟んでの裁判の結果、『スタジオ・タン』『スリープ・ダート』『オーケストラル・フェイヴァリッツ』に分断されるという憂き目に合う。そう勧告してきたワーナーにブチキレたザッパは77年12月、ロサンゼルス東方のパサディナにあるローカル局で、4枚組『レザー』の全曲をオンエアし、のちには『スタジオ・タン』以降の3枚を「ワーナーが勝手につくったもの」と言い放つのだ（自分で編集したのに）。

ザッパは93年に『ロスト・エピソード』の編集を終えたあと、オリジナル・アイディアの『レザー』に多少の色をつけてリリースする準備に入り。スペンサー・クリスルと「レジプシャン・ストラット」などのリミックス・ヴァージョンを制作したが、そこで命が尽きたのだった。

ザッパの死後、ゲイルとクリスルによって再現された『レザー』には、93年にリミックスされた4曲がボーナス収録されたが、それも含めてCD3枚に収録したことでオリジナルのアイディアが曇ったのは否めない。日本だけで出たLPセットは、盤をひっくり返す〝間〟を含めての4枚組だったオリジナル版を、だからみごとに蘇らせているわけだ。

この完全版で初登場となったのは、曲間の会話を除けば「ダック・ダック・グース」と「ダウン・イン・ザ・デュー」、ボーナス・トラックの「レザー・グッズ」と「リヴェンジ・オブ・ニック・ナック・ピープル」の4曲ということになる。ただし「ダック・ダック・グース」の前半部分は「レザー・グッズ」に含まれているし、後半は別のCDで蔵出しされている。「ダウン・イン・ザ・デュー」もカセット・オンリーという形ではあったがオフィシャル・リリースされたことがあったし、「リヴェンジ・オブ…」は映画『ベイビー・スネイクス』とそのヴィデオ版に収録されていた曲で、ここではエディット・ヴァージョンとなっている。

つまり、新しい曲はほとんどないと言えるのだが、大曲「グレッガリー・ペッカリー」に関しては『スタジオ・タン』LPのフェイド・アウト・ヴァージョンとも、海賊盤『レザー』とも、『スタジオ・タン』CDとも異なる細かな編集が施されていて、思い入れの強いこの曲にザッパが真っ先に取りかかっていたのを想像させるのだ。

それも含めて、分断された3枚からは漏れてしまった〝思想〟がニョキッと勃ち上がってくるのがこのアルバムの凄みだ。37歳のザッパのデカくて硬いチンコからドバドバと放出されたのは生への希求であり、人間愛だ。有無を云わせない。ジャケはピンク・フロイド『原子心母』に対抗する『編集鬼父』か。（和）

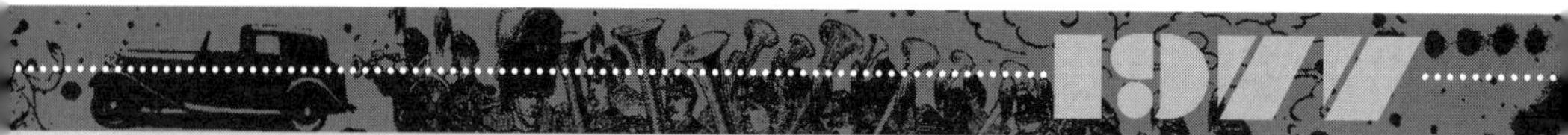

Baby Snakes

Frank Zappa

ベイビー・スネイクス

Barking Pumpkin BPR 1115

① Intro Rap/Baby Snakes
② Titties & Beer
③ The Black Page #2
④ Jones Crusher
⑤ Disco Boy
⑥ Dinah-Moe Humm
⑦ Punky's Whips

FZ: guitar, vocals
Terry Bozzio: drums, vocals
Roy Estrada: gas mask, vocals
Adrian Belew: guitar, vocals
Ed Mann: percussion
Patrick O'Hearn: bass
Tommy Mars: keyboards, vocals
Peter Wolf: keyboards

Recording: **October 28-31, 1977**
Release: March 28,1983

　1977年12月に単館で公開された映画『ベイビー・スネイクス』のサウンドトラック・アルバム。映画は80年代前半に90分版のヴィデオが出たが、完全版として一般に流通するのは87年になってから。したがって本作は、観客動員や販売促進とは関係ないところでリリースされている。それでも、幻のフィルムの一端が窺える作品として、また、ピクチャー・レコードというコレクタブルなアイテムとしてファンに受け入れられた。映画は、77年10月のハロウィンにニューヨークのパラディアムで行なわれたコンサートの模様が中心に据えられ、本作の内容もそれに準じたものになっている。

　タイトル・トラックこそ『シーク・ヤブーティ』に収録されていたスタジオ・テイクだが、ほかはパラディアムでのライヴ音源。『ザッパ・イン・ニューヨーク』で外された「パンキーズ・ウィップス」（エンジェルのパンキーを揶揄した曲）が入ったのは喝采ものだったし、「ダイナ・モ・ハム」と「ディスコ・ボーイ」がライヴ・ヴァージョンで聴けるのは新鮮だった。

　88年にCD化された際には、楽屋で収録されたファンの声を収めた「イントロ・ラップ」が加えられるに留まったが、12年になって、映画と同じ内容の音を使った全30曲の『ベイビー・スネイクス ― ザ・コンプリート・サウンドトラック』がダウンロード販売されている。（山）

Helloween '77

Frank Zappa

ハロウィーン77

Zappa Records/UME ZR20027

October 28, 1977—Show 1
October 28, 1977—Show 2
October 29, 1977—Show 1
October 29, 1977—Show 2
October 30, 1977
October 31, 1977

① Halloween 1977 Show Start/Introductions ② Peaches En Regalia ③ The Torture Never Stops ④ Tryin' To Grow A Chin ⑤ City Of Tiny Lites ⑥ Pound For A Brown ⑦ The Demise Of The Imported Rubber Goods Mask ⑧ Bobby Brown Goes Down ⑨ Conehead (Instrumental) ⑩ Flakes ⑪ Big Leg Emma ⑫ Envelopes ⑬ Terry's Halloween Solo ⑭ Disco Boy ⑮ Läther ⑯ Wild Love ⑰ Titties'N Beer ⑱ Halloween Audience Participation ⑲ The Black Page #2 ⑳ Jones Crusher ㉑ Broken Hearts Are For Assholes ㉒ Punky's Whips ㉓ Halloween Encore Audience ㉔ Dinah-Moe Humm ㉕ Camarillo Brillo ㉖ Muffin Man ㉗ San Ber'dino ㉘ Black Napkins

FZ: guitar, vocals
Terry Bozzio: drums, vocals
Roy Estrada: gas mask, vocals
Adrian Belew: guitar, vocals
Ed Mann: percussion
Patrick O'Hearn: bass
Tommy Mars: keyboards, vocals
Peter Wolf: keyboards

Recording: **October 28-31,1977**
Release: October 20, 2017

ザッパのコンサートは基本的にセグエ、つまり全編メドレーだ。ショーが始まると本編の終了まで演奏は途切れない。同様に、レコードやCDにおいても曲間のない編集を行う。ショーはショー、レコードはレコードで、一つの時間の流れのコンポジションという考え方があるからだろう。また、こんな発言もある「一曲終わる度に聴衆に拍手を求めるのはフェアじゃない。聴衆は拍手をしたい時に自由にすればいい」と。この発言から、ザッパが考える観客とのあるべき関係性が見えてくる。

ザッパは、自由で能動的な精神を感じるさせるとして、ニューヨークのオーディエンスを好んだ。そして74年以降、ハロウィーンには必ずニューヨークでコンサートを開いてきた。本作は２０１７年に開催40周年を記念してリリースされた77年10月28〜31日のパラディアムでの6回のハロウィーン・ショーを収録したボックスセットである。

ザッパにしては珍しく30日以外は同メニューなのは映画『ベイビー・スネイクス』のためにショーを撮影していたからか。二人のキーボード奏者によるオーケストレーションが華やかで、バンド全体が堂々とした雰囲気だ。どの公演も素晴らしく、ザッパのライヴが新しいフェイズに移行した感がある。各回の公演は長いが、USBメモリにデータを収録するというリリース形態で、セグエで聴くことができる　（梅）

Sheik Yerbouti

Frank Zappa

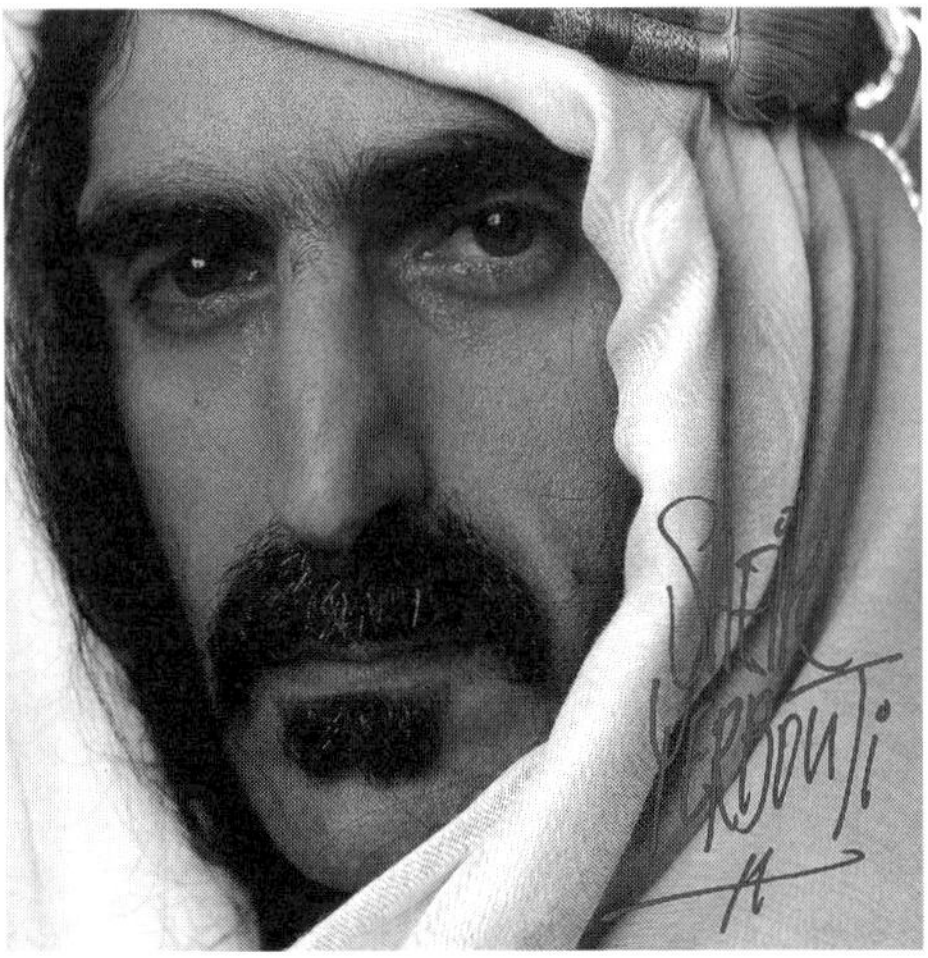

シーク・ヤブーティ

Zappa SRZ-2-1501

① I Have Been In You
② Flakes
③ Broken Hearts Are For Assholes
④ I'm So Cute
⑤ Jones Crusher
⑥ What Ever Happened To All The Fun In The World
⑦ Rat Tomago
⑧ Wait A Minute
⑨ Bobby Brown Goes Down
⑩ Rubber Shirt (FZ/Bozzio/O'Hearn)
⑪ The Sheik Yerbouti Tango
⑫ Baby Snakes
⑬ Tryin' To Grow A Chin
⑭ City Of Tiny Lites
⑮ Dancin' Fool
⑯ Jewish Princess
⑰ Wild Love
⑱ Yo' Mama

FZ: lead guitar, vocals
Adrian Belew: rhythm guitar, vocals
Tommy Mars: keyboards, vocals
Peter Wolf: keyboards, butter
Patrick O'Hearn: bass, vocals
Terry Bozzio: drums, vocals
Ed Mann: percussion, vocals

Recording: **January/February, 1978**
Release: Mar.3,1979
ここから後期が始まった、と言わざるをえないのが悲しくもあるが、コランビアに配給を任せたザッパ・レーベルの第一弾は、ステージ／スタジオ一体型創作手法の完成を告げる大傑作となった。タイトルはKC&サンシャイン・バンドの76年の大ヒット「シェイク・ユア・ブーティ」のパロディ。ウサマ・ビン・ラディンみたいな扮装にさしたる意味はなかったが、9・11の遠因となった79年の中東情勢に動物的な勘で反応していたのかもしれない。

主な素材となったのは78年1月のロンドン、ハマースミス・オデオン公演だが、望んだ機材を調達できなかったため4トラックで録音したという「ラット・トメイゴ」（「拷問は果てしなく」のギター・「俺が住んでいた小さな家」のイントロ）が効果的に使われ、一部はニューヨークのパラディアム公演のライヴも混ぜられている。「ゴムのシャツ」にいたっては74年のスウェーデン・ライヴを素材としてつくられたのだが、2枚組全18曲はそういうことをまったく感じさせず、一気に聴かせるのである。

ボッジオ、オハーン、トミー・マーズ、エド・マンという唄えるメンバーがいながら、ブルック以下4名のコーラス隊、加えて当時はまったく無名だったエイドリアン・ブリューという布陣で、唄って唄って唄いまくるのだから、わかりやすさは倍増。ヨーロッパでヒットした「ボビー・ブラウン」（両刀使いの男がそのうちに自分の性がわからなくなるという話）や、ディスコ・ブームに乗るべく12インチ・シングルを切った「ダンシング・フール」、のちに映画になる「ベイビー・スネイクス」といったポップ・ナンバーが揃っているのだから、全米21位、全英32位は当然だった。ラストの「ヨー・ママ」はヴォーカル・パートから怒涛のギター・ソロへという展開で大団円。うるさ方のオールド・ファンも息の根を止められたのだった。

ナッシュヴィルのクラブでカントリーを唄っていたブリューがザッパの目にとまったのは、声と節まわしがボブ・ディランに似ていたからだろう。コケイン常習者を歌った「フレイクス」でザッパのヴォーカルが〝持ってけよ、ボブ〟と終わると、ブリューの登場となるのは、ディランが相変わらずマリファナを吸っていたのを知ってのことだったはずだ。ブリューが唄うもう1曲、「ジョーンズ・クラッシャー」の歌詞も、ディランの「やせっぽちのバラッド」のパロディだから、ブリューは完全にモノマネ要員。

デイヴィッド・ボウイのバンドを経てエイドリアン・ブリューがキング・クリムゾンに入ったとき、ザッパはどう思ったのだろう？　モノマネ芸人が一流のミュージシャンと認められたのを喜んだのか、ボウイもフリップも知れてるな～と思ったのか、（私もブリューは大好きなんですが）ザッパ大魔神に訊いてみたかったよね。

そんな本作の日本盤ライナーがまた八木康夫さんの労作（もちろん笑える）で、とってもタメになったからタレ目になった。79年という歴史的なニュー・ウェイヴ・イヤーに、音楽的には真逆のザッパに〝パンク〟を感じたのも忘れられない。（和）

Hammersmith Odeon

Frank Zappa

ハマースミス・オデオン

Vaulternative Records VR 20101

disc1:
① Convocation/The Purple Lagoon
② Dancin' Fool
③ Peaches En Regalia
④ The Torture Never Stops
⑤ Tryin' To Grow A Chin
⑥ City Of Tiny Lites
⑦ Baby Snakes
⑧ Pound For A Brown
disc2:
① I Have Been In You
② Flakes
③ Broken Hearts Are For Assholes
④ Punky's Whips
⑤ Titties 'N Beer
⑥ Audience Participation
⑦ The Black Page #2
⑧ Jones Crusher
⑨ The Little House I Used To Live In
disc3:
① Dong Work For Yuda
② Bobby Brown
③ Envelopes
④ Terry Firma
⑤ Disco Boy
⑥ King Kong
⑦ Watermelon In Easter Hay [Prequel]
⑧ Camarillo Brillo
⑨ Muffin Man
⑩ Black Napkins
⑪ San Ber'dino

Recording: **Jan.25-27 & Feb.28,1978**
Release: Release: Nov.6, 2010

生誕70年を祝してのリリースは、78年1月25〜27日のロンドン、ハマースミス・オデオンのライヴから、CD3枚に全29曲を収録したものだ。

3面見開きトレーのデジパックCDに、ハマースミス・オデオン型のバースデイ・ケーキを表紙にしたライナー入りのデジパック。そこには風船や紙ナプキンもついているという遊び心あふれる仕様のとぼけたカヴァーもよかったが、外箱が薄くて弱いから値段を納得させる高級感に欠けたのが残念だった。

テリー・ボッジオ、パトリック・オハーン、エイドリアン・ブリュー、トミー・マーズ、エド・マンというメンバーの、『シーク・ヤブーティ』のもとになった演奏だから悪いわけがないが、『シーク…』をわかりやすくするために省かれたソロはとんでもないものばかり。「こんなにスゴいバンドだったっけ?」と思わずにはいられない。

「バウンド・フォー・ア・ブラウン」におけるエド・マンの長いヴァイオリン・ソロと、それを支えるリズム・セクションの緊張感あふれるプレイや、その後の鍵盤ふたりのソロにはヤラれるが、そういうプレイが目白押しなのだ。

「アイ・ハヴ・ビーン・トゥ・ユー」でさんざん悪口を言われるピーター・フランプトンに〝スペシャル・サンクス〟を贈る茶目っ気も含め、ザッパイズムが死してなお健在なのも笑えた。いいライヴだ。（和）

Chicago '78

Frank Zappa

シカゴ'78

Vaulternative Records/Zappa Records/UME
ZR20025

disc1:
① Chicago Walk-On
② Twenty-One
③ Dancin' Fool
④ Easy Meat
⑤ Honey, Don't You Want A Man Like Me?
⑥ Keep It Greasy
⑦ Village Of The Sun
⑧ The Meek Shall Inherit Nothing
⑨ Bamboozled By Love
⑩ Sy Borg
disc2:
① Little House I Used To Live In
② Paroxysmal Splendor
③ Yo Mama
④ Magic Fingers
⑤ Don't Eat The Yellow Snow
⑥ Strictly Genteel
⑦ Black Napkins

FZ: guitar, vocals
Ike Willis: guitar, vocals
Denny Walley: slide guitar, vocals
Tommy Mars: keyboards, vocals
Peter Wolf: keyboards
Ed Mann: percussion, vocals
Arthur Barrow: bass, vocals
Vinnie Colaiuta: drums, vocals

Recording: **September 29,1978**
Release: November 4, 2016

78年8月から9月にかけて、ザッパはヨーロッパの数都市で開催されたフェスティバル・ツアーに参加し、イギリスではネブワース・フェスにも出演した。共演はジェネシス、スコーピオンズ、ブームタウン・ラッツ、ジョン・マクラフリン&シャクティなどなど。ここでシャクティのヴァイオリン奏者、L・シャンカールとの出会いがあり、ザッパとシャンカールは幾度となく共演する。

8月からのメンバーは、トミー、ピーター、エドの継続組、復帰したデニー・ウォーリー、アーサー・バロウ、ヴィニー・カリウタのリズム勢、そしてアイク・ウィリス。

本作はツアー開始から約1ヶ月後、9月29日のシカゴ公演のセカンド・ショーをフルに収録している。テリーとヴィニーの個性の違いか、全体的にキレとスピードを感じるアンサンブルで、2①②の即興も当意即妙に様々な曲を繰り出してくる。1⑦⑩はアイクのヴォーカルで、『シーク～』期よりもフュージョン&ファンキー成分が増した洗練されたムードがある。1②はギター・ソロのための21拍子の曲で、10年後の演奏になる『トランスフュージョン』のタイトル曲は基本的に同一曲だ。ザッパはインプロヴィゼイションのパートナーとして、ヴィニーがベストとみなしていたが、これ以降のツアーで、この曲の姉妹曲と言えそうな奇数拍子のギター・ソロ曲が数多く演奏されていくことになる。（梅）

Helloween

Frank Zappa

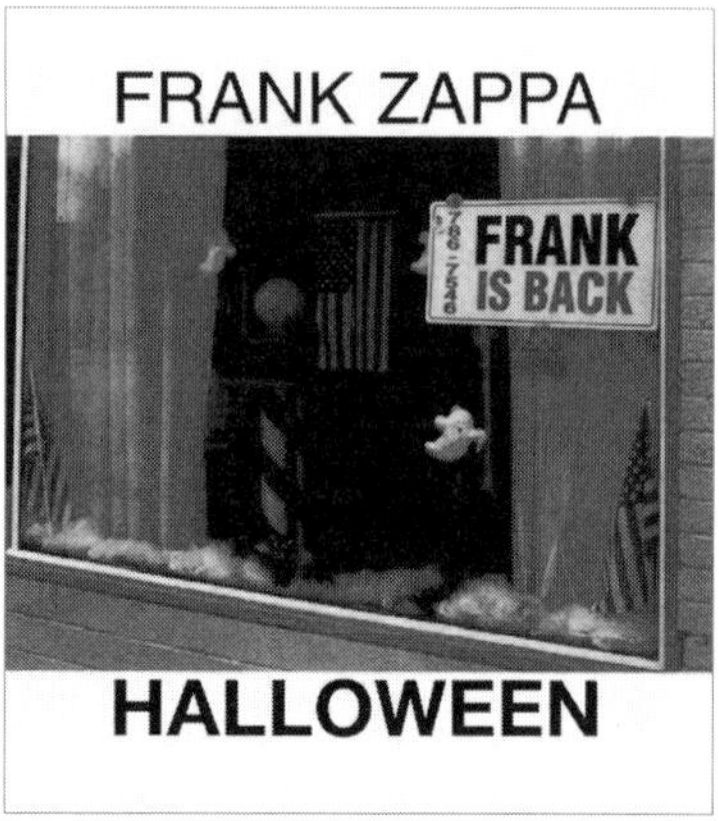

ハロウィーン

DVD-A: Vaulternative/DTS 1101

① NYC Audience
② Ancient Armaments
③ Dancin' Fool
④ Easy Meat
⑤ Magic Fingers
⑥ Don't Eat The Yellow Snow
⑦ Conehead
⑧ "Zeets"
⑨ Stink-Foot
⑩ Dinah-Moe Humm
⑪ Camarillo Brillo
⑫ Muffin Man
⑬ Black Napkins (The Deathless Horsie)

FZ: guitar,vocal
Denny Walley: guitar, vocals
Tommy Mars: keyboards, vocals
Peter Wolf: keyboards
Ed Mann: percussion
Arthur Barrow: bass
Patrick O'Hearn: bass
Vinnie Colaiuta: drums
L. Shankar: electric violin

Recording: **October 27~31,1978**
Release: February 4,2003

2017年以降、各年のハロウィーン・ショーを収録したボックス・セットがシリーズ化されるが、最初にハロウィーンを冠したアルバムが03年の本作だ。DVDオーディオというフォーマットのみでのリリースで、78年のハロウィーン・ウィーク6回のコンサートからの抜粋を収録している。②④⑤⑦⑧はザッパによって編集済みの音源で、②はシングルのB面としてリリースされていた。本作は、アルバムとしてどこかコンパクトな印象があるが、それはDVDでリリースすることが優先目的だったからだろう。

前作の『シカゴ78』から約1ヶ月後の演奏で、バンドの動きに若干の変化がある。アイク・ウィリスが10月中旬に一時的にバンドを離脱しており、入れ替わりにパトリック・オハーンが復帰し、ベーシストが二人いるという一風変わった編成になっている。本作ではそのアンサンブルを聴くことができる。

アイクが不在のため、幾分ヴォーカルが手薄になった印象だが、ゲスト参加のL・シャンカールのヴァイオリン・ソロが、他にない本作ならではのムードを決定づけている。ハロウィーン当日の31日は、ザッパのショーとしては最長の4時間に渡るもので、グレイトフル・デッドのように長時間のソロが繰り広げられるというものだった。⑬でのギターとヴァイオリンのソロの交歓はまさにデッドのようだ。（梅）

Joe's Garage Act.1

Frank Zappa

1979年3月の『シーク・ヤブーティ』に続くザッパ・レコードからの第2弾としてリリースされたアルバムは、このあと11月に発売される2枚組LP『ジョーのガレージAct II&III』と併せることで完結するザッパ流〝ロック・オペラ〟の第1幕。当初は3枚組として発表する構想もあったようだが、セールス面を懸念するなどの理由から分けられたという。

実際に87年には3枚組ボックス・セットも出ているが、CD時代に入ると、承認版としてまた分売されるようになっている（『Act II&III』は一枚のディスクに。『Act1』の一部の曲はタイトルがアップデートされた）。

ヴォーカル曲中心でコンパクトに纏めた本作とザッパのギター・ソロをフィーチャーした長尺曲を

ジョーのガレージ ActI
Zappa SRZ-1-1603

Act1
side A
① The Central Scrutinizer
② Joe's Garage
③ Catholic Girls
④ Crew Slut
sideB
⑤ Fembot In A Wet T-Shirt
⑥ On The Bus
⑦ Why Does It Hurt When I Pee?
⑧ Lucille Has Messed My Mind

FZ: lead guitar, vocals
Warren Cuccurullo: guitar, vocals
Denny Walley: slide guitar, vocals
Ike Willis: lead vocals
Peter Wolf: keyboards
Tommy Mars: keyboards
Arthur Barrow: bass, vocals
Ed Mann: percussion, vocals
Vinnie Colaiuta: drums,
Jeff: tenor sax
Marginal Chagrin: baritone sax
Stumuk: bass sax
Dale Bozzio: vocals
Al Malkin: vocals
Craig Steward: harmonica

Recording: **April-June 1979**
Release: Sep.3,1979

集めた『ActⅡ&Ⅲ』は、幕間の空気を感じながら聴け、ということなのだろう。

　その内容は、ギターを弾くことが楽しくて仕方がない主人公のジョーが、理不尽にも政府に迫害されていく悲劇を描いたストーリーで、管理社会や人権問題への怒りと皮肉、そしてザッパ自身の根幹にある権力者に対する反発などが込められている。そこにはもちろん一連の作品と同様にセックスやドラッグ、宗教などに関するテーマも織り込まれた。物語がシンプルでキャラクターがコミックのように立つエンターテインメント風になっている上に、音楽的にも（比較的）わかりやすいため、以前の『アンクル・ミート』や『200モーテルズ』といった一連のトータル作よりもカジュアルに感じられる。それもあってか、のちの2008年にはロサンゼルスのオープン・フィスト・シアター・カンパニーによって舞台化（監督はパット・タウン）もされた。

　ストーリーは中央監視官、ラリー、ライリー・B・ジョーンズ神父、バディ・ジョーンズという四役をこなすザッパを狂言回しに、新加入のヴォーカリスト、アイク・ウィルスが主人公のジョーを、デイル・ボジオがメアリー（当時の夫でバンドの前ドラマーであるテリー・ボジオは、スティックを握らずに第2幕で〝禿げ頭のジョン〟役を演じている）、デニー・ウォーリーがボーグ夫人、アル・マーキンがバティス警部、ザッパを補佐するギタリストでもあるウォーレン・ククルロがサイ・ボーグといったキャストで進んでいく。前作からギタリストとリズム隊を一新。さらに3人のサックス奏者を加えたバンドが奏でる音楽は、一部、過去のライヴ音源も使われているが、基本的にはヴィレッジ・レコーダーで録り下ろしたスタジオ録音で、ファンクやレゲエといったブラック・ミュージックの要素が色濃く出ているのが特徴だ。しかも、そのファンクは〝サイバー・ファンク〟とも言える先鋭的な音色になっており、それがこのオペラに近未来的なSF感を持たせることになると同時に、80年代を目前にした時代とぴったりマッチすることになった。そもそもザッパは、ノーマン・シーフが撮ったジャケット写真からも窺えるように、ある意味、19世紀のミンストレル・ショウ（顔を黒く縫った白人による、歌あり、踊りあり、寸劇ありのエンターテインメント）の現代版を狙ったのかもしれない。

（山）

Joe's Garage Act.2 & 3

Frank Zappa

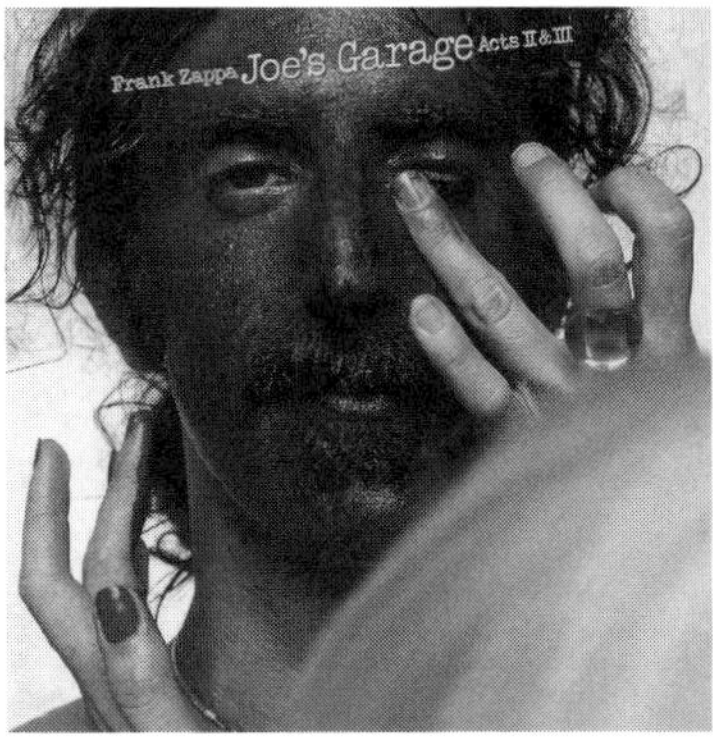

ジョーのガレージ Act II & III

Zappa SRZ-2-1502

Act 2
side A
① A Token Of My Extreme
② Stick It Out
③ Sy Borg
side B
④ Dong Work For Yuda
⑤ Keep It Greasey
⑥ Outside Now
Act 3
side A
⑦ He Used To Cut The Grass
⑧ Packard Goose
side B
⑨ Watermelon In Easter Hay
⑩ A Little Green Rosetta

FZ: lead guitar, vocals
Warren Cuccurullo: rhythm guitar, vocals
Denny Walley: slide guitar, vocals
Ike Willis: lead vocals
Peter Wolf: keyboards
Arthur Barrow: bass, vocals
Ed Mann: percussion, vocals
Vinnie Colaiuta: drums
Patrick O'Hearn: bass

Recording: **April-June 1979**
Release: Nov.19,1979

　前作『ジョーのガレージＡｃｔＩ』と連なる〝ロック・オペラ〟の第2幕と3幕を収めた2枚組。ＣＤでは一枚に纏められた。『ＡｃｔＩ』がヴォーカル曲を中心にした8曲入りだったのに対し、こちらはザッパのギター・ソロをメインにした全10曲（ＡｃｔⅡ』が6曲、『ＡｃｔⅢ』が4曲という構成）になっている。『ＡｃｔＩ』と同じく、ヴィレッジ・レコーダーにて1979年4月から6月にレコーディングされているが、その音源とザッパ自身が所持していた過去の音素材をエディットして形にすることに重きが置かれていたと推測される。そういう点では〝第1幕〟の制作方針とはいささか異なる方向性を示しており、あえて一挙に3枚組として発表しなかったからこそ、生まれた内容と言うこともできる。ちなみにこのころ自宅スタジオのＵＭＲＫが完成しているのだが、本作での作業はそこでの計画を試していた節さえも感じさせる。とは言え、ストーリーは当然ながら繋がっており、違和感がないばかりか、編集されたサウンドが、よりサイバー（未来的）でヘヴィになったことで、この物語に深みを持たせることになった。

　ザッパはこの年、ワーナー・ブラザーズとのトラブルもあって、5枚（ＬＰ7枚分）のアルバムをリリースしているが、結果的に、その締めくくりにして70年代を総括する作品をつくりあげたのだ。（山）

論考 **40代のフランク・ザッパ**

「神の領域」に踏み込む

和久井光司

77年春、ハーブ・コーエンと揉めたザッパは、コーエン、MGM、ワーナー・ブラザーズを相手に、自分がつくってきた音源を取り戻す訴訟を起こし、30代の終わりにほぼ全作の原盤権／出版権を手中にする。その過程でザッパ・レーベルを起ち上げ、『シーク・ヤブーティ』で新たなフェイズに突入した彼は、配給元との関係悪化を理由にわずか1年半でザッパ・レーベルをたたんで、バーキング・パンプキン・レコーズをスタートさせた。ビジネスとリリースを完全に自身でコントロールするためだ。これが81年春、ザッパは40歳になっていた。

同い歳のジョン・レノンが狂信的なファンに射殺されるというショッキングな事件で人生に幕を下ろしたことも少なからず影響したのだろう。40代のザッパは時間を惜しんで働いた。働いて働いて、できるかぎりのことをやった。バンドのツアー、クラシック作品の作曲とオーケストラとの共演、過去の音源の作り直しやアーカイヴ化作業。そこにシンクラヴィアを使った新曲づくりまで加わったのだから、ツアーに出ている以外はスタジオにこもり、日々倒れるまで作業していたはずである。

過去の作品とは言ってもせいぜい20年前のものだったが、その間に録音技術は想像を超えるほど進歩し、デジタル・レコーディングはザッパが夢想した編集を現実のものとした。かつてはテープからテープにダビングしたり、ときにはテープに鋏を入れて実際に切り貼りして行っていた編集作業が、デジタル卓とレコーダーの中で簡単にできるようになったとき、過去のすべての作品が未来の新作になりえる可能性を持ったのだ。録音／編集魔のザッパが喜ばないわけがない。

スティーヴ・ヴァイという有能な部下が現れたことも新曲づくりの幅を広げることになった。自分がどこかのステージで弾いたギター・ソロをヴァイに採譜させ、それを単体の曲としてレコーディングし直すなんて方法は、ギター・ソロだけでアルバムをつくるの

FZ in 1980~

とはわけが違う。過去の即興が新曲になりえることを悟ったザッパは、ヴァイの譜面をシンクラヴィアに打ち込んで、別の楽器の音色で演奏させるようにもなったからだ。

テープ庫に眠る膨大なライヴ音源は、リアル・ライヴをそのまま出すのが①、ふたつのテイクをつないでベストをつくるのが②、イントロやソロといった部分を編集して単体の曲とするのが③、あるテイクに別のテイクのソロなどをインポーズするのが④、採譜した部分を新曲としてブラッシュアップするのが⑤、それをシンクラヴィアに演奏させるのを⑥の基本形としても、あらゆる方法が試されている。編集を変えたり別の楽器に置き換えたりすることを考えれば組み合わせはいくらでもありえたし、素材の量はアラブの石油ほどあった。それに加えてクラシック作品や、シンクラヴィアを駆使してつくった新曲があったのだから、ザッパは40代にして〝神の領域〟に踏み込んだと言ってもよかった。

クロスロードで悪魔に魂を売り渡したロバート・ジョンソンは、成功と引き換えにたった2枚のアルバムを残してこの世を去ることになったが、優しい神はザッパに執行猶予を与え、こう言ったのだ。

なるほど、妻と４人の子供の家族経営なのか。ハッパやクスリをやるヤツは嫌いか。平等のために選挙人登録を呼びかけてきたのか。表現の自由のために闘っているそうだな。そしてエンタテインメントに徹したステージで観客を楽しませてきたのは何より立派だ。ふ〜む、フランク・ザッパ君、きみは素晴らしい。その人間力こそ才能と言える。しかし神の領域に踏み込んだのはまずい。罰としてバンドは没収だ。そして黄色い鮫が見えたらきみの人生は終わる。けれどそれまでは目をつぶろう。前人未到の音楽を全人類のために残したまえ。

病気が発覚したとき、妻と子供を呼んでかつて夢枕に立った神のお告げを聞かせたザッパは、53歳の誕生日を迎えられずにこの世を去っていった。

Tinsel Town Rebellion
Frank Zappa

ティンゼル・タウン・リベリオン
Barking Pumpkin PW2 37336

① Fine Girl
② Easy Meat
③ For The Young Sophisticate
④ Love Of My Life
⑤ I Ain't Got No Heart
⑥ Panty Rap
⑦ Tell Me You Love Me
⑧ Now You See It—Now You Don't
⑨ Dance Contest
⑩ The Blue Light
⑪ Tinsel Town Rebellion
⑫ Pick Me, I'm Clean
⑬ Bamboozled By Love
⑭ Brown Shoes Don't Make It
⑮ Peaches III

FZ: lead guitar & vocals
Ike Willis: rhythm guitar & vocals
Ray White:rhythm guitar & vocals
Steve Vai: rhythm guitar & vocals
Warren Cuccurullo: rhythm guitar & vocals
Denny Walley: slide guitar & vocals
Tommy Mars: keyboards & vocals
Peter Wolf: keyboards
Bob Harris: keyboards, trumpet & high vocals
Ed Mann: percussion
Arthur Barrow: bass & vocals
Patrick O'Hearn: bass
Vinnie Colaiuta: drums
David Logeman: drums

Recording: **February,1979/December,1980**
Release: May 11,1981

79年はワーナーの尻尾もあったから怒濤のリリースだったが、12月21日、ザッパ39歳の誕生日に2時間43分の新作映画『ベイビー・スネイクス』のプレミア上映をブロードウェイのヴィクトリア劇場で開いて迎えた80年は、4月に「アイ・ドント・ウォナ・ゲット・ドリフテッド」のシングルを出しただけで終わり、引き続きメジャー流通はコロンビアに任せつつ、自主流通のインディー盤もリリースする新レーベル「バーキング・パンプキン」を設立する。

メジャー・リリースの第1弾となった本作は、78年から80年秋に収録されたライヴ音源をつないでつくった2枚組。「ファイン・ガール」のみスタジオ録音で、「イージー・ミート」の前半以外は（ふたつのテイクを繋いだりしているものの）オーヴァーダビングもしていない。

約2年分のライヴ音源から選曲されたため、メンバーは微妙に異なるが、ザッパのヴォーカルとギター、アイク・ウィリスのヴォーカル、スティーヴ・ヴァイのギター以外はそれほど特徴あるプレイでもないから、ひとつのバンドのライヴ・アルバムだと言われれば疑いなく聴いてしまいそうである。

『ルーベン&ザ・ジェッツ』からの「ラヴ・オブ・マイ・ライフ」、『フリーク・アウト』からの「俺にはハートがない」、『チャンガの復讐』からの「アイシテルって言っておくれ」、『アブソルートリー・フリー』からの「ブラウン・シューズ」といった古い曲の新アレンジは興味深く聴けるし、「見えるかい、見えないだろう」では「キング・コング」のフレーズが飛び出したり、ラストが「ピーチズ・エン・レガリア」の新ヴァージョンだったりするわかりやすさが微笑ましかったりもするのだが、指さえ動けば誰が弾いても同じように聴こえるはずのシンセが大味で、新曲の歌詞にも驚かされはしない。

ザッパのステージの楽しさは『シーク・ヤブーティ』以上にストレートに伝わってくるのだが、全体の印象があまりにも軽いのである。

〝80年代的〟と言ってしまえば確かにそうで、発売当時は早回しにしたラット・レースみたいな展開も新鮮だったのだが、いま聴くと「どうしてこんなにテンポを上げちゃったの?」って曲が多くて、とにかくせわしない。だからタイトル曲のジャジーな部分が気持ちよかったりするのだけれど、初めて聴いたときの「おお～」って感じは蘇ってこない。

同時に通販オンリーのギター・ソロ集成『黙ってギターを弾いてくれ』を3枚もつくっていたことを考えれば、どこか集中力に欠けているのも仕方なく思えてくるのだが、久々に登板となったカル・シェンケルによるジャケットも大して良くないから、だんだん想いが薄らいでいくようなアルバムになってしまったわけだ。

米66位、英55位は当時納得がいかなかったが、落ち着いて聴いてみたら、「まぁ、そんなものか」と。もちろん例外はあるけれど、ザッパに対しての大衆の審判は意外と合っている。『ジョーのガレージ』のサイバー・パンクな感じの方がいまはしっくりくるのだから、〝時代の気分〟も厄介だ。（和）

Shut Up 'N Play Yer Guitar

Frank Zappa

1980年代に突入し、ザッパが新たに設立したバーキング・パンプキン・レコーズからのメール・オーダー作品として発売されたもの。81年5月にリリースされた『ティンセル・タウン・リベリオン』のインナー・スリーヴに『黙ってギターを弾いてくれ』、『黙ってもう少しギターを弾いてくれ』、『黙ってギターを弾いてくれのセガレの帰還』という3枚のアルバムの案内が載っており、どれでも好きなタイトルを購入することができた（カセットテープもチョイスできた）。その案内に"Are You Hard Core?"と記されていたように、いわゆるマニア向け作品として、そう売れるものではないという判断から当初はバラで通販という方法を選んだと思われる。ただ、現代とは異なる通販事情だったにもかかわらず、思った以上に引きがあっ

黙ってギターを弾いてくれ

Barking Pumpkin BPR 1111, BPR 1112, BPR 1113

Shut Up 'N Play Yer Guitar
① Five-Five-Five ② Hog Heaven ③ Shut Up 'N Play Yer Guitar
④ While You Were Out ⑤ Treacherous Cretins
⑥ Heavy Duty Judy ⑦ Soup 'N Old Clothes

Shut Up 'N Play Yer Guitar Some More
① Variations On The Carlos Santana Secret Chord Progression
② Gee, I Like Your Pants ③ Canarsie ④ Ship Ahoy
⑤ The Deathless Horsie ⑥ Shut Up 'N Play Yer Guitar Some More
⑦ Pink Napkins

Return Of The Son Of Shut Up 'N Play Yer Guitar
① Beat It With Your Fist ② Return Of The Son Of
② Shut Up 'N Play Yer Guitar ③ Pinocchio's Furniture
④ Why Johnny Can't Read ⑤ Stucco Homes
⑥ Canard Du Jour

FZ:lead guitar / Warren Cuccurullo: rhythm guitar
Denny Walley: rhythm guitar / Ike Willis: rhythm guitar
Steve Vai: rhythm guitar / Ray White: rhythm guitar
Tommy Mars: keyboards / Peter Wolf: keyboards
Bob Harris: Keyboards / Ed Mann: percussion
Arthur Barrow: bass / Vinnie Colaiuta
André Lewis:keyboards / Roy Estrada:bass
Terry Bozzio:drums / Eddie Jobson:keyboards
Patrick O'Hearn:bass /Jean-Luc Ponty: baritone violin

Recording: **from 1979-1980 tour**
Release: May 11,1981

たため、82年にジャケットも一新した3枚組のボックス・セットとしてメジャーのディストリビューションに乗せたという経緯がある（いち早く発売された日本ではCBS・ソニーが『ザ・ギタリスト・パ』の邦題をつけて販売した）。現在では、3枚のLPを2CDにしたフォーマットで流通している。

内容的には、主に79年から80年のツアーで録音されたザッパのギター・ソロ・パートが収録されており、ザッパのギタリストとしての魅力を堪能できるものとなっている。

こうしたソロ・パートのみを纏めてアルバムにしようと思ったのは、79年の『ジョーのガレージAct Ⅱ&Ⅲ』の制作時に思い立ったものだろうが、自宅スタジオのUMRKを手に入れたことで、制作環境が整ったことも大きかったはずだ。

だからと言って、ザッパのソロ・フレーズばかり収録しているかと思えば、さにあらず。ソロだけでなく、テーマを弾く場面や68年の『ランピー・グレイヴィ』のように曲間にヴォイスを挿入するなど、ヴァリーエーション豊かな構成となっているため、意外と飽きさせない作品になっている（表題曲は別ヴァージョンがそれぞれのディスクに入っている）。また、76年に行なわれた日本公演での音源となる「シップ・ホワイ」や77年にロンドン、ハマースミス公演からの「ピンク・ナプキンズ」（ともにディスク2）、おそらく本作中、最古の音源でヴァイオリニストのジャン＝リュック・ポンティとパラマウント・スタジオで共演した「本日のアヒル」（ディスク3）など注目音源も含まれているのもミソだ。

なお、各LPのインナー・スリーヴには78年の『ザッパ・イン・ニューヨーク』に収録されていた「ブラック・ページ」の楽譜と、本作収録曲を多数収めた楽譜本『ザ・フランク・ザッパ・ギター・ブック』の通販案内が掲載されていたが、その楽譜本の採譜を担当したのは、まだ無名の存在に過ぎなかったスティーヴ・ヴァイだった。

当然ながら、数多の〝ギター・ヒーロー〟のプレイを楽しむこととは、また違った聴き方をすべきアルバムにはなるが、過去のマテリアルを切り貼りしながら新しいものを生み出すという部分も含めて、ザッパの音楽構成術を垣間見ることができる、特殊な〝ギター・アルバム〟と言うことができるだろう。（山）

You Are What You Is

Frank Zappa

ユー・アー・ホワット・ユー・イズ

Barking Pumpkin PW2 37537

① Teen-age Wind ② Harder Than Your Husband
③ Doreen ④ Goblin Girl
⑤ Theme From The 3rd Movement Of Sinister Footwear
⑥ Society Pages ⑦ I'm A Beautiful Guy
⑧ Beauty Knows No Pain ⑨ Charlie's Enormous Mouth
⑩ Any Downers? ⑪ Conehead
⑫ You Are What You Is ⑬ Mudd Club
⑭ The Meek Shall Inherit Nothing ⑮ Dumb All Over
⑯ Heavenly Bank Account ⑰ Suicide Chump
⑱ Jumbo Go Away ⑲ If Only She Woulda
⑳ Drafted Again

FZ: lead guitar and vocals
Ike Willis: rhythm guitar and vocals
Ray White: rhythm guitar and vocals
Bob Harris: boy soprano and trumpe
Steve Vai: strat abuse
Tommy Mars: keyboards
Arthur Barrow: bass
Ed Mann: percussion
David Ocker: clarinet and bass clarinet
Motorhead Sherwood: tenor sax
Denny Walley: slide guitar
David Logeman: drums
Craig “Twister” Steward: harmonica

Recording: **July-September, 1980**
Release: September 23,1981

またしても2枚組。方向性は『ティンゼルタウンの暴動』に準じている印象だが、すべて初出曲で、多くは80年夏にUMRKでスタジオ録音されたものだ。ツアー・メンバーによる演奏にゲストのパートをオーヴァーダビングし、緻密につくりこまれたアルバムだったが、オタクの少年がゲームに昂じているような密室感が出てしまったのは否めない。

「コーンヘッド」「ザ・ミーク・シャル・インヘリット・ナッシング」「スーサイド・チャンプ」は78年のツアーですでに演奏されていた曲で、インストは「〝不吉な靴下〟第三楽章よりテーマ」だけ。あとはヴォーカル・ナンバーで、全20曲。いちばん長い「ドリーン」でも4分44秒しかないが、曲の切れ目はほとんどないからフツーのバンドの20曲とはまったく違う。LPではC面最後の「ダム・オール・オーヴァー」はフェイド・アウトで終わり、D面はそのリフから始まっていたが、1枚になったCDでは一部をカットしてピタッとつないである。

そういう意味ではCDの方がザッパが夢想した世界に近いということになりそうだが、ミュージシャンがみんなデジタル録音に過剰な憧れを持っていたこの時代の作品をCDにすると、どうも音質的にしっくりこなくて、私には鬼門なのだ。もちろんCD（93年リマスターの紙ジャケ版）も持っているが、聴くのはやっぱりアナログ盤だなぁ。

左右のスピーカーから同じフレーズを弾くギターが聴こえる「〝不吉な靴下〟第三楽章よりテーマ」は、78年10月27日のセカンド・ショウでザッパが弾いたソロをスティーヴ・ヴァイが採譜してふたりでユニゾンを完成させたもの。ヴァイのコピーの正確さがこのアルバムのスタジオ録音には大いに役に立ったようで、ライヴ・ヴァージョンの採譜があったればこその制作手法だったとも言える。

けれども、レコーディング・メンバーのプレイはそこからアウトしていかない。こうなってくると、クラシック作品でもシンクラヴィアものでも同じになってくるから、金のかかるバンドを動かし続ける気持ちにも迷いが生じてきたのではないかと思う。

見開きジャケの内側に載せた長文〝Say Chease..〟は、アメリカの政治・経済や社会が選択してきたことを〝チーズ〟に喩えた非常に厳しいものだ。

「組合チーズはいちばん手に入りやすいものだ。しかし、今日のアメリカで会計士チーズほど一般に受け入れられているチーズはない。〝あんたの食べるものがあんた〟という言葉が真実なら、このチーズを食べたいという国民的願望が、俺たちが知りたいと思うよりもっと多くの俺たち自身のことを、教えてくれるだろう。明らかに、俺たちは信奉すべきチーズを手に入れた。どこがいけない？　これは、銭を勘定する人々が生産し、市民運動のリーダーたちに栄養学的に健全であると保証され、テレビなどのメディアを通じてドア・トゥー・ドアでデリヴァーされているのだ」

81年4月1日に書かれたこれはエイプリル・フールの冗談ではなく、40歳となった表現者がアメリカ社会に鳴らした真摯な警鐘だった。（和）

Buffalo
Frank Zappa

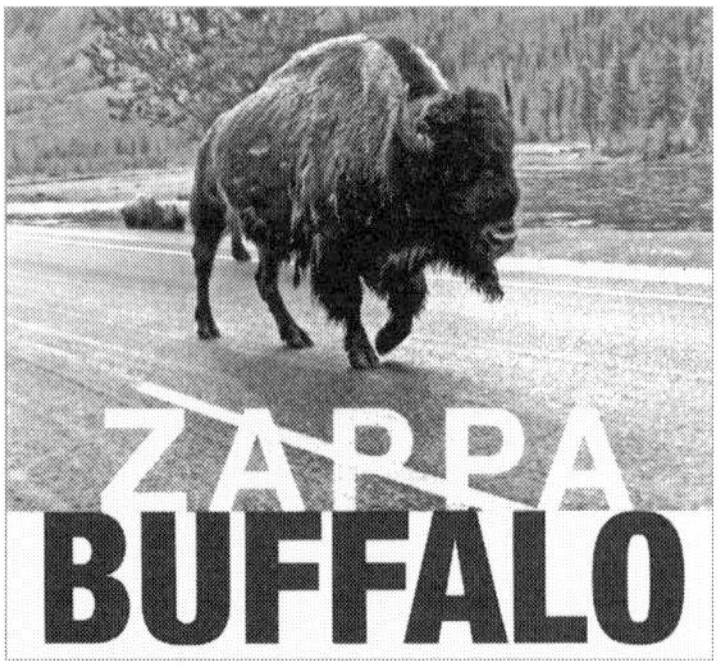

バッファロー
Vaulternative Records VR 2007-1

disc1:
① Chunga's Revenge ② You Are What You Is
③ Mudd Club ④ The Meek Shall Inherit Nothing
⑤ Cosmik Debris ⑥ Keep It Greasy
⑦ Tinsel Town Rebellion
⑧ Buffalo Drowning Witch
⑨ Honey, Don't You Want A Man Like Me?
⑩ Pick Me, I'm Clean ⑪ Dead Girls Of London
⑫ Shall We Take Ourselves Seriously?
⑬ City Of Tiny Lites
disc2:
① Easy Meat ② Ain't Got No Heart
③ The Torture Never Stops
④ Broken Hearts Are For Assholes
⑤ I'm So Cute ⑥ Andy
⑦ Joe's Garage ⑧ Dancing Fool
⑨ The "Real World" Thematic Extrapolations
⑩ Stick It Out
⑪ I Don't Wanna Get Drafted
⑫ Bobby Brown ⑬ Ms. Pinky

FZ: lead guitar, vocals
Steve Vai: stunt guitar, background vocals
Ray White: vocals, rhythm guitar
Ike Willis: vocals, rhythm guitar
Tommy Mars: keyboards, vocals
Bob Harris: keyboards, trumpet, high vocals
Arthur Barrow: bass, vocals
Vinnie Colaiuta: drums, vocals

Recording: **October 25, 1980**
Release: April 1, 2007

『ユー・アー・ホワット・ユー・イズ』の主な録音メンバーに、ヴィニー・カリウタが復帰交代という布陣のツアー・バンドによる、80年10月25日、ニューヨーク州バッファロー公演をフル収録したアルバム。

　とにかくドラムの出音がすごい。手数が多く、切り返しが早く、シンバルワークやタムさばきは繊細だが、ブチ込み方が派手。スタイルはジャズ的だが、音がハードロック的にデカイ。そんなヴィニーのプレイスタイルが、このバンドのイメージを確定し、推進力になっていると言っても過言ではないだろう。ザッパも自身のギター・ソロの時は、ドラム・セットの真横に移動して演奏することが多く、ヴィニーのプレイを〝歌うようなドラム〟と評した。

　79年〜81年にかけて発表のアルバムから、歌モノをメインとしたレパートリーで、〝黒いフロー&エディ〟ことレイ・ホワイトとアイク・ウィリスの二人が揃い踏み。全体的に曲がテンポ・アップされており、1⑥や2②は疾走感は倍増。80年代、パンク、ニュー・ウェイヴ、といった時代との関係性が現れている。1⑧は「ドラウニング・ウィッチ」の原曲で、当時ザッパが好んでやっていた〝メルトダウン〟と呼ばれる無調のヴォーカル曲。これもザッパのニュー・ウェイヴ路線と言えるだろう。若干20歳、スティーヴ・ヴァイも初参戦。ストラトを唸らせてバンドに厚みを加えた。（梅）

Halloween '81

Frank Zappa

後年、MTV等に代表される80年代型ミュージック・ビジネスに批判的だったザッパだが、81年8月にスタートしたMTVが、初めて生中継でオンエアしたコンサートが、意外にも10月31日のザッパのハロウィーン・コンサートだった。この日の映像と録音はこれまで様々な形で知られてきたが、本作で初めてコンサート全体が公開されることになった。パラディアムでの10月29日から11月1日の間の5回の公演から、31日の2回と翌日のショーを6枚のCDに収録している。

メンバーは前年からのトミー、レイ、スティーヴ。2年ぶりのエド。リズム・セクションのスコット・テュニスとチャド・ワッカーマン、高音域でシャウトできるボビー・マーティンが新メンバー。スコット、チャド、ボビーの3人は、以後88年まで、ザッパのツアーを勤め上げている。

このバンドは平均年齢が若いが、正確にザッパの曲を演奏する高い技術があり、それによってライヴのレパートリーが格段に増えることになった。本作収録の31日のライヴも2回のショーで50以上の曲を演奏している。バンドに対するザッパの評価は高く、タイトなオーケストラの団員のような佇まいで、そこがファンにとっては評価が分かれるところかもしれない。ちなみにこの年のツアーのスポンサーはNIKE（意外！）だった。確かにメダル級のアスリートのような演奏だ。（梅）

ハロウィーン81

Zappa Records/UME ZR20034

disc1: ①Chunga's Revenge ②"The Finest Night Of The Year" ③You Are What You Is—Take 1 ④You Are What You Is—Take 2 ⑤Mudd Club ⑥The Meek Shall Inherit Nothing ⑦Dumb All Over ⑧Heavenly Bank Account ⑨Suicide Chump ⑩Jumbo Go Away ⑪ Envelopes ⑫Drowning Witch ⑬ What's New In Baltimore? ⑭Moggio ⑮We're Turning Again ⑯Alien Orifice / disc2: ①Teen-age Prostitute ②Flakes ③Broken Hearts Are For Assholes ④The Blue Light ⑤Tinsel Town Rebellion ⑦Yo Mama ⑧Bobby Brown Goes Down ⑨City Of Tiny Lites ⑩ "We're Not Gonna Stand For It!" ⑪Strictly Genteel ⑫ Dancin' Fool ⑬Whipping Post / disc3: ①Black Napkins ②"A Historical Event" ③Montana ④Easy Meat ⑤Society Pages ⑥I'm A Beautiful Guy ⑦Beauty Knows No Pain ⑧Charlie's Enormous Mouth ⑨Fine Girl ⑩Teen-age Wind ⑪Harder Than Your Husband ⑫Bamboozled By Love ⑬ Sinister Footwear II ⑭Stevie's Spanking ⑮Commercial Break / disc4: ①Cocaine Decisions ②Nig Biz ③Doreen ④Goblin Girl ⑤The Black Page #2 ⑥Tryin' To Grow A Chin ⑦Strictly Genteel ⑧The Torture Never Stops ⑨"The Real Show Keeps Going" ⑩Joe's Garage ⑪Why Does It Hurt When I Pee? ⑫ The Illinois Enema Bandit ⑬"The Halloween Tradition" ⑭King Kong ⑮Auld Lang Syne (Burns/Traditional) / disc5: ①Zoot Allures ②"The Last Of Our Halloween Shows" ③I'm The Slime ④Pound For A Brown ⑤Dave & Al ⑥Cosmik Debris ⑦Montana ⑧Easy Meat ⑨Dumb All Over ⑩Heavenly Bank Account ⑪Suicide Chump ⑫Jumbo Go Away ⑬Envelopes ⑭Drowning Witch / disc 6 ①What's New In Baltimore? ②Moggio ③We're Turning Again ④Alien Orifice ⑤Teen-age Prostitute ⑥Sinister Footwear II ⑦Stevie's Spanking ⑧Cocaine Decisions ⑨Nig Biz ⑩Goblin Girl ⑪The Black Page #2 ⑫ Whipping Post ⑬ Broken Hearts

FZ: lead guitar, vocals, baton / Ray White:guitar, vocals Steve Vai: stunt guitar, vocals / Tommy Mars: keyboards, vocals / Robert Martin: keyboards, sax, vocals / Ed Mann: percussion, vocals / Scott Thunes: bass, vocals / Chad Wackerman: drums

Recording: **October 31 & November 1, 1981**
Release: October 2, 2020

Ship Arriving Too Late To Save A Drowning Witch

Frank Zappa

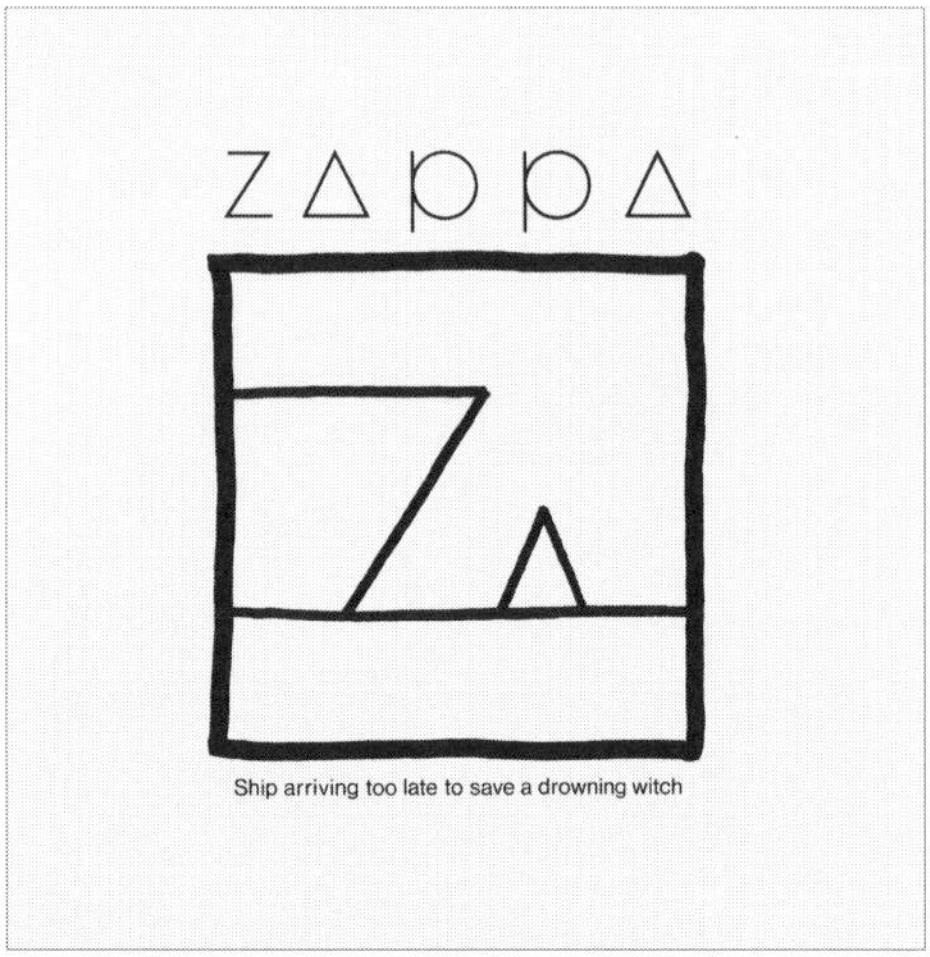

たどり着くのが遅すぎて溺れる魔女を救えなかった船

Barking Pumpkin FW 38066

① No Not Now
② Valley Girl
③ I Come From Nowhere
④ Drowning Witch
⑤ Envelopes
⑥ Teen-age Prostitute

FZ: lead guitar, vocals
Steve Vai: impossible guitar parts
Ray White: rhythm guitar, vocals
Tommy Mars: keyboards
Bobby Martin: keyboards, sax & vocals
Ed Mann: Percussion
Scott Thunes: Bass
Arthur Barrow: Bass
Patrick O'Hearn: Bass
Chad Wackerman: Drums
Roy Estrada: Vocals
Ike Willis: Vocals
Bob Harris: Vocals
Lisa Popeil: Vocal
Moon Zappa: Vocal

Recording: **summer 1981-early 1982**
Release: May 3,1982
82年7月に日本盤が出た時は、ザッパが10代のころに親しんでいた、ロジャー・プレイス著のなぞなぞの絵本『ドルードル』から引用された抽象絵画風ジャケット（四角の内側はZAPにも見える）のイメージそのままの、『フランク・ザッパの○△□』という衝撃のタイトルがつけられていた。

旧LPのA面3曲はUMRKでのスタジオ録音、B面3曲が81年のツアーにおけるライヴ音源にオーヴァーダビングとリミックスを施したものとなっている。

このライヴ・マテリアルは、『チョーク・パイ』もしくは『クラッシュ・オール・ボクシズII』という仮タイトルで進められていた2枚組アルバム用に準備されていたものだったが、最終的に一枚のアルバムになったことで、そのうちの3曲が採用されることになっている。

アルバムのスタートを飾るのは、歌とコーラスの掛け合いが楽しい「ノー・ノット・ナウ」。アーサー・バーロウによるファンキーなベース・ラインも魅力的なディスコ・ナンバーである。全米チャート32位とスマッシュ・ヒットした「ヴァリー・ガール」には、当時13歳の愛娘、ムーンがおしゃべりで参加。これは彼女が〝お父さんの仕事を手伝いたい〟と要望したことから実現している。シングルは二人の愛らしい写真がジャケットになっていたが、ＣＤの裏ジャケットではその後、少し歳を重ねた二人のポートレートが使われた。当時のニューウェイヴ風の「アイ・カム・フロム・ノーウェア」は、かなり面白いアプローチを聴かせる。

後半はザッパのプレイに負けじ、とスティーヴ・ヴァイのギターが活躍する「溺れる魔女」からはじまる。この12分にも及ぶ曲には、ストラヴィンスキーの『春の祭典』からの引用も含まれている。とにかく複雑な構成になっているが、ザッパによれば15か所での音源を編集したとのことである。結果的にライヴでの再現は困難極まりないものとなった。ここではインストゥルメンタルで収録されている「エンヴェロウプス」は、68年に書かれた曲で、77年の時点では歌詞入りで披露されていた。こちらはのちに『ロンドン・シンフォニー・オーケストラ第Ⅰ集』でも取り上げることになる。歌手でヴォイス・トレーナーでもあるリサ・ポペリがヴォーカルで加わった「十代の娼婦」は、ハード・ロックとオペラの融合になっているが、歌詞はタイトル通りストレートな内容だ。

アルバムはＪＢＬ４３１１のスピーカーを使ってミックスされたこともあって、ジャケットには〝ＪＢＬ４３１１しくは同等のスピーカーを使うと、正しく聴こえる〟と記され、音の調整方法まで説明があったが、ここにも〝サウンド〟とその聴き方にこだわりをみせるアーティストとしてのザッパが表われている。当然ながら収録時間も短く、今、聴き直すと、まさにジャケット・デザインのようにとりとめのないアルバムのようにも思えるが、全米23位／全英61位となかなかのヒット作となった。当時のザッパとバンドは、ひとつのピークを迎えていたので、それも真っ当な結果だったはずだ。（山）

The Man From Utopia

Frank Zappa

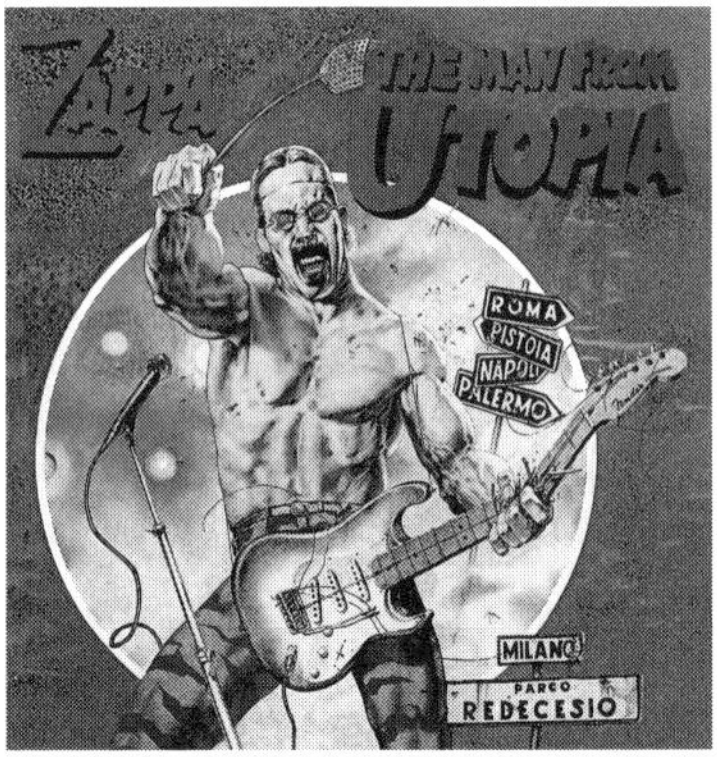

ザ・マン・フロム・ユートピア
Barking Pumpkin FW 38403

① Cocaine Decisions
② SEX
③ Tink Walks Amok
④ The Radio Is Broken
⑤ We Are Not Alone
⑥ The Dangerous Kitchen
⑦ The Man From Utopia Meets Mary Lou
⑧ Stick Together
⑨ The Jazz Discharge Party Hats
⑩ Luigi & The Wise Guys
⑪ Mōggio

FZ: guitar, vocals, arp 2600, linn drum machine
Steve Vai: impossible guitar parts (on strat and acoustic)
Ray White: guitar & vocals
Roy Estrada: pachuco falsettos, etc.
Bob Harris: boy soprano
Ike Willis: bionic baritone
Bobby Martin: keyboards, sax & vocals
Tommy Mars: keyboards
Arthur "Tink" Barrow: keyboards, bass, micro-bass, rhythm guitar
Ed Mann: percussion
Scott Thunes: bass
Jay Anderson: string bass
Chad Wackerman: drums
Vinnie Colaiuta: drums
Craig "Twister" Steward: harmonica
Dick Fegy: mandolin
Marty Krystall: saxophones

Recording: **autumn 1980-summer 1982**
Release: March 28,1983

『ハエ・ハエ・カ・カ・カ・ザッパ・パ』って邦題、好きだったな。『○△□』に続くマンコ・カパック新聞の第2弾は許されなかったものの、八木康夫さんのライナーは絶好調だし、最新ザッパ・インタヴュー、ムーンを訪問した『オリーブ』誌記者による手記に、リスナーとして投稿した大山甲日さんの長文。これがブックレットになっている日本盤は最高だった。イタリアのコミック作家タニーノ・リベラトーレによるジャケは、前年ザッパが父の故郷であるシチリア島を含むイタリア各地を訪れたことからの流れで、日本のキンチョールとはもちろん無関係。

ライヴとスタジオ録音で一枚にしたのは『○△□』と同じだが、80年秋のステージで収録されたザッパの即興ヴォーカルをヴァイが採譜し、彼のエレアコとヴォーカルのユニゾンにした「ザ・デインジャラス・キッチン」と「ザ・ジャズ・ディスチャージ・パーティ・ハッツ」なんて新機軸や、78年作曲の「サーティーン」を変拍子のベース・ソロ曲「ティンク・ウォークス・アマック」なんて不気味な曲もあるが、ザッパらしいヒネリが感じられるのは労働組合の〝チーズぶり〟に言及した「スティック・トゥゲザー」ぐらいか。曲順を変え、ドゥーワップ風のアカペラ「ルイジ・アンド・ワイズ・ガイズ」を加えたCDで、ようやくバラバラなりの面白みやストーリー性が出たように思う。　（和）

You Can't Do That On Stage Anymore Vol.5/Disc-2

Frank Zappa

82年のヨーロッパ・ツアーの録音で構成された『オン・ステージ』第5集のディスク2。メンバーは前年のアメリカ・ツアーから引き継ぐ。ザッパはこのディスクを82年のバンドに捧げると記し、「その気になればそれは見事な演奏ができた」というコメントも寄せている。ヨーロッパ・ツアーは5月から7月にかけての約2ヶ月。ハイライトは74年以来となるイタリア公演だった。二週間かけてイタリア半島を南下し、ザッパ家のルーツともなる、シチリア島パレルモで最終公演を迎える日程だった。だが、そのパレルモ公演は開始後に起きた暴動で中断となり、ヨーロッパ・ツアーは終わる。

パレルモ公演の2週間前にあたるジュネーブ公演も、観客がステージに物を投げるなど、騒然とした状態の中、50分で演奏を中断している。本作は曲順も含めてこのジュネーブ公演を基本に構成している。⑬は公演中止のアナウンスだ。

災難続きと言ってしまえばそれまでだが（当時ザッパは41歳で厄年か）、本作の演奏はそれを跳ね除けて余りある素晴らしさだ。ザッパのコメントは信じていい。⑩の長いギターソロが中盤からシャッフル気味になっていくのに合わせて、バンド演奏が即興で変化していく様子はまさに名場面。ザッパはこのツアーの終了後に、もうツアーはやらないと発言していた。災難もあったが、きっと満足もしていたのだろう。（梅）

オン・ステージ　Vol.5 disc2

Rykodisc RCD 10089/90

① Easy Meat
② Dead Girls Of London
③ Shall We Take Ourselves Seriously?
④ What's New In Baltimore?
⑤ Mōggio
⑥ Dancin' Fool
⑦ RDNZL
⑧ Advance Romance
⑨ City Of Tiny Lites
⑩ A Pound For A Brown (On The Bus)
⑪ Doreen
⑫ The Black Page #2
⑬ Geneva Farewell

FZ:lead guitar, vocals, baton
Ray White:guitar, vocals
Steve Vai:stunt guitar, vocals
Tommy Mars:keyboards, vocals
Robert Martin:keyboards, sax, vocals
Ed Mann:percussion, vocals
Scott Thunes:bass, vocals
Chad Wackerman:drums

Recording: **June/July 1982**
Release: July 10,1992

London Symphony Orchestra Vol.1

Frank Zappa

ザッパにとって自分の書いた管弦楽曲をオーケストラに演奏してもらい、形にするのは悲願だった。それまでも、『ランピー・グレイヴィ』や『２００モーテルス』、『オーケストラ・フェイヴァリッツ』といった作品などで試みられてきたものの、交響楽団を手配し、指揮者を探し、リハーサルをするといった作業は、時間的にも金銭的にも、そう簡単にできるものではなかった。そんな折、バークレイ・シンフォニーやオークランド・バレエ・オーケストラの音楽監督を務めていた指揮者のケント・ナガノから、ザッパに声がかかったのである。ピエール・ブーレーズがザッパの管弦楽曲を演奏する予定があることを知ったナガノは、１９８０年12月のマザーズのライヴに出かけ、ザッパと意気投合。その結果、ナガノの指揮、１００人を超えるフル編成のロンドン交響楽団の演奏による本作が生まれた。

レコーディングは、かつてザ・ビートルズの映画『レット・イット・ビー』が撮影されたロンドンのトゥイッケナム・フィルム・スタジオを使って、83年1月12日から14日までの3日間行なわれた。そのためのリハーサル時間は、30時間。すべての曲はワン・テイクで録音されている。しかも、その経費はすべてザッパが負担した。「エンヴェロウプス」以外は新曲である。現行のＣＤは87年に発売された第2集とのセットで2枚組になっている。（山）

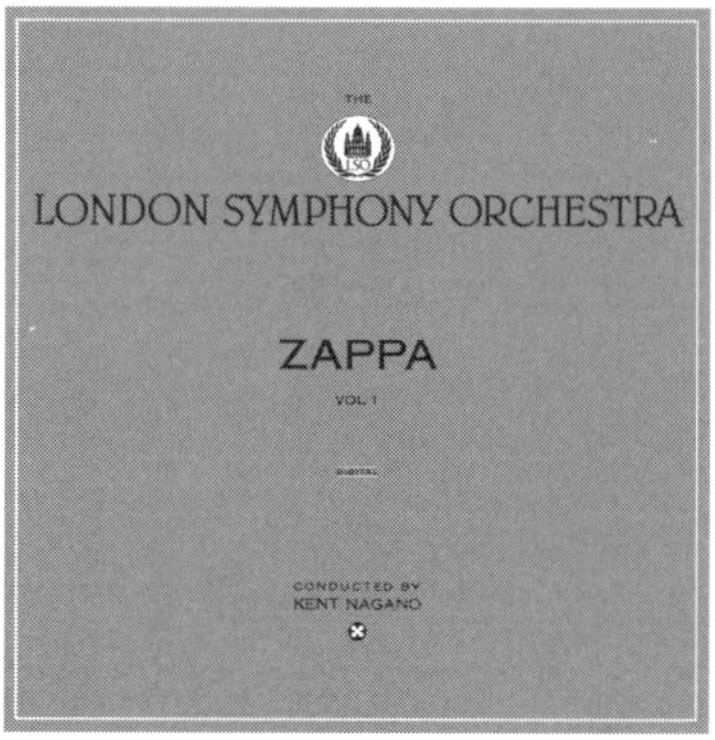

ロンドン・シンフォニー・オーケストラVol.I

Barking Pumpkin FW 3882

side 1
① Sad Jane
② Pedro's Dowry (large orchestra version)
③ Envelopes
side 2
① Mo & Herb's Vacation: First Movement
② Mo & Herb's Vacation: Second Movement
③ Mo & Herb's Vacation: Third Movement

The London Symphony Orchestra
conducted by Kent Nagano

David Ockeri: solo clarinet
Chad Wackerman: drums
Ed Mann: percussion

Recording: **January 12-14, 1983**
Release: June.9,1983

London Symphony Orchestra Vol.2

Frank Zappa

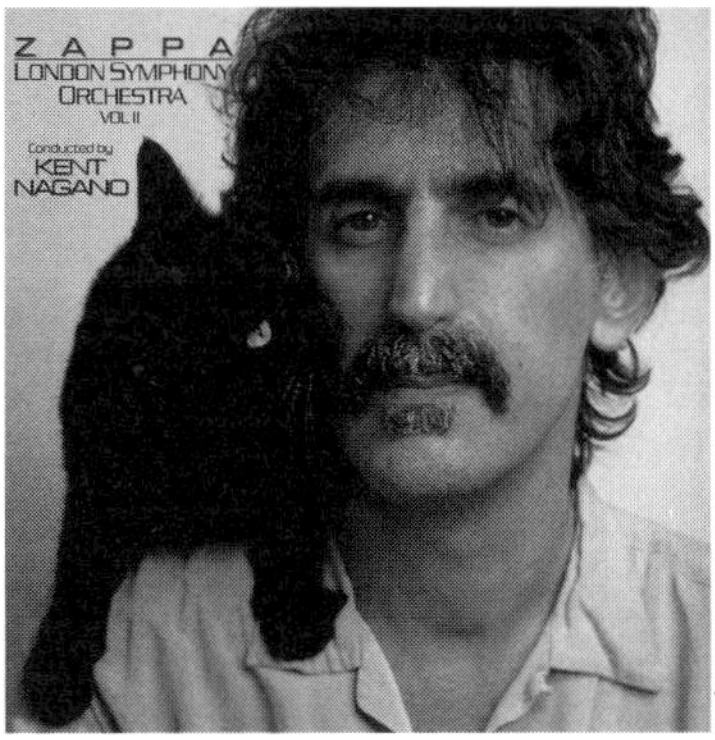

ロンドン・シンフォニー・オーケストラVol.II

Barking Pumpkin SJ-74207

side 1
① Bogus Pomp
side 2
① Bob in Dacron
② Strictly Gentee

The London Symphony Orchestra
conducted by Kent Nagano

David Ockeri: solo clarinet
Chad Wackerman: drums
Ed Mann: percussion

Recording: **January 12-14, 1983**
Release: June.9,1983

日系アメリカ人指揮者、ケント・ナガノ及びロンドン交響楽団との仕事の第2集。第1集に入れなかった曲を纏めたものなので、レコーディングのシチュエーションは第1集と同じで、24トラック・レコーダーで録音されている。裏ジャケットにはザッパの楽曲解説が掲載されており、〝「ストリクトリー・ジェンティール」にはトランペットの演奏ミスとリズムのズレがあり、それを直すために第1集の発売から4年待ったが、できなかった〟と記されている。現在では第1集とセットになった2枚組CDが流通しているが、曲順が変わっているのでご注意いただきたい。

結局、ザッパはこの2枚の作品でオーケストラとの仕事には一旦区切りをつけ、シンクラヴィアでの作曲に力を注いでいくが、この試みは徐々に拡がりをみせ、彼の曲を演奏するオーケストラも増えていくようになった。

なお、本作のレコーディングから1年5か月後の84年6月15日、16日には、バークレイはカリフォルニア大学内のゼラーバック・ホールで〈ザッパ・アフェア〉が開かれ、ナガノ指揮のバークレイ管弦楽団によって『ロンドン・シンフォニー・オーケストラ』からの曲が演奏された。その模様はFMラジオでもオン・エアされ、そこでは『ユー・アー・ホワット・ユー・イズ』や『ゼム・オブ・アス』に収録された、「不吉な靴下」も披露されている。（山）

Them Or Us
Frank Zappa

オン・タイムでは久々の2枚組で、〝本来の路線〟だった。『ザ・マン・フロム・ユートピア』から1年半しか経っていなかったが、あいだに『ロンドン・シンフォニー・オーケストラ第1集』と『ザ・パーフェクト・ストレンジャー』が挟まったから、「これを待っていた」と思わせたのである。

ソースとなったのは81、82年のライヴ音源。大団円のシーンで拍手歓声が聴こえるまではライヴとは気づかないほど加工され、ツアー・メンバー以外のプレイもたくさんオーヴァーダビングされている。「イン・フランス」ではジョニー・ギター・ワトソン、「夢の惑星」ではボブ・ハリスにメイン・ヴォーカルを任せ、ロイ・エストラーダ、ナポレオン・マーフィ・ブロック、ジョージ・デュークらも参加しているのだから、オー

ゼム・オア・アス
Barking Pumpkin SVBO-74200

---

① The Closer You Are
② In France
③ Ya Hozna
④ Sharleena
⑤ Sinister Footwear II
⑥ Truck Driver Divorce
⑦ Stevie's Spanking
⑧ Baby, Take Your Teeth Out
⑨ Marque-son's Chicken
⑩ Planet Of My Dreams
⑪ Be In My Video
⑫ Them Or Us
⑬ Frogs With Dirty Little Lips
⑭ Whipping Post

FZ:guitar,vocals / Ike Willis:vocals / Ray White:guitar, vocals
Johnny "Guitar" Watson: vocals,guitar / Moon Unit Zappa:vocals
Napoleon Murphy Brock:vocals / Roy Estrada: vocals
Bob Harris:vocals / Thana Harris:vocals
Steve Vai:guitar / Dweezil Zappa:guitar
George Duke:piano,vocals / Tommy Mars:keyboards,vocals
Bobby Martin:keyboards,sax,vocals / Brad Cole:piano
Patrick O'Hearn:bass / Arthur Barrow:bass
Scott Thunes:bass,Minimoog / Ed Mann:percussion
Chad Wackerman:drums

Recording: **1981-1984**
Release: October.18,1984

ル・スター・キャストという感じ。「シャリーナ」ではドゥイージルがギターを弾いているし、「小汚い口のカエル」はアーメットと共作したヴォーカル・ナンバー。ムーンもコーラス参加しているから家族総出という印象もあった。マザーズ結成から20周年というタイミングで『シーク・ヤブーティ』をエンタテインメントに発展させたようなアルバムをリリースした意味は大きかったが、アメリカではトップ100に入らずが、英53位という成績が残るのみなのが内容に見合わない。

冒頭に置かれたアール・ルイス&モーガン・ロビンソン作の「ザ・クローサー・ユー・アー」と、MTVを皮肉った（我々には大瀧詠一みたいに聴こえる）「ビー・イン・マイ・ヴィデオ」のおかげでヴォーカル・ナンバーはドゥーワップの印象が強いし、タナ・ハリスのゴーゴー・ガール風コーラスが60年代のノヴェルティ・ソングを想わせる「ベイビー、テイク・ユア・ティース・アウト」も可笑しいが、インスト3曲（「不吉な靴下2」と「マークサンズ・チキン」、82年のツアーで収録の「ブラック・ページ」からギター・ソロを独立させた「ゼム・オア・アス」）はけっこう暗くヘヴィで、明るく楽しいヴォーカル・ナンバーとは好対照だった。

オールマン・ブラザーズの「ウィッピング・ポスト」には驚かされたが、74年9月のヘルシンキ・コンサートで観客に同曲をリクエストされ、「モンタナ」の歌詞が即興で大きく変わったことを受けて、81年のツアーから実際に「ウィッピング…」を演奏するようになった、と『オン・ステージ第2集』のライナーで語られている。

それは、ザッパが持っていた南部／カウボーイのイメージが、そのまま継続／発展したことを伝えるエピソードであり、創作のバックボーンに常にアメリカ社会があった彼にとっては、そういう形で南部に対する概念を音楽表現に落とし込んだ自分の思考も面白かったのではないかと思う。ヘルシンキ・コンサートの観客が冗談で言ったリクエストに動かされて「ウィッピング…」に取り組んだザッパは、中間部をレゲエにしながら大きく発展させ、オールマンのオリジナル・ヴァージョンにはもちろんない〝ザッパイズム〟を醸し出した。演奏の迫力だけではない〝思考の重層性〟に注目したい。（和）

1984

Thing-Fish

Frank Zappa

シング・フィッシュ

Barking Pumpkin SVBO-74200

disc1: ① Prologue ② The Mammy Nuns ③ Harry & Rhonda ④ Galoot Up-Date ⑤ The 'Torchum' Never Stops ⑥ That Evil Prince ⑦ You Are What You Is ⑧ Mudd Club ⑨ The Meek Shall Inherit Nothing ⑩ Clowns On Velvet ⑪ Harry-As-A-Boy ⑫ He's So Gay ⑬ The Massive Improve'lence ⑭ Artificial Rhonda

disc2: ① The Crab-Grass Baby ② The White Boy Troubles ③ No Not Now ④ Briefcase Boogie ⑤ Brown Moses ⑥ Wistful Wit A Fist-Full ⑦ Drop Dead ⑧ Won Ton On

FZ: guitar, synclavier
Steve Vai: guitar
Ray White: guitar
Tommy Mars: keyboards
Chuck Wild: Broadway piano
Arthur Barrow: bass
Scott Thunes: bass
Jay Anderson: string bass
Ed Mann: percussion
Chad Wackerman: drums
Steve De Furia: synclavier programmer
David Ocker: synclavier programmer

Recording: **1981-1984**
Release: November 21,1984

3枚組で20ページのブックレットがついたボックス仕様というフォーマットでリリースされた一大ミュージカル巨編（ジャケットには、わざわざ〝オリジナル・キャスト・レコーディング〟と記されている）。アイク・ウィルス扮する、じゃがいも頭／鴨唇のシング・フィッシュを中心に、ハリー（テリー・ボジオ）、その妻ロンダ（デイル・ボジオ）、邪悪王子（ナポレオン・マーフィ・ブロック）、少年時代のハリー（ボブ・ハリス）、ヴラウン・モーゼ（ジョニー・ギター・ワトソン）、ゴンクウィン・ジェイン・カウフーン（レイ・ホワイト）といったキャストを配し、政治／経済、宗教、環境汚染、差別、エイズといった、当時の世相を反映させたテーマを盛り込んだナンセンス・ストーリーだが、話が壮大で多岐にわたり、台詞部分が多いこともあって敬遠されがちな作品。そういう意味では、舞台化／映像化されてこそ理解が深まる作品と言えるかもしれない。

収録曲の3分の1は過去のベーシック・トラックを改編し、蔵出しライヴ音源も随所に取り込まれている。ただし、そのことでの違和感はなく、まさしく古き良きミュージカルといった曲もあるなど、サウンド面／楽曲面ではかなり充実している。CDは2枚組となったが、EMIから配給されたEU盤以外は、現行盤も含めてレコードとは異なるリミックス／編集が施されている。（山）

Boulez Conducts Zappa:The Perfect Stranger

Frank Zappa

ザ・パーフェクト・ストレンジャー

Angel DS-3817

① The Perfect Stranger
② Naval Aviation In Art?
③ The Girl In The Magnesium Dress
④ Dupree's Paradise
⑤ Love Story
⑥ Outside Now Again
⑦ Jonestown

Ensemble InterContemporain
Conducter: Pierre Boulez
Musical Director: Peter Eötvös
The Barking Pumpkin Digital Gratification Consort

Recording: **January 10-11, 1984**
Release: August 28,1984

当時、世界最高峰の作曲家・指揮者とも言われたピエール・ブーレーズと、彼が創設したアンサンブル・アンテルコンタンポランがザッパの曲を演奏した作品。ブーレーズはザッパにとって憧れの存在でもあったので、これほどの栄誉はなかったろう。レコーディングは、84年1月10日、11日に楽団の本拠地であるパリのIRCAMで行なわれた。この話を聞きつけたケント・ナガノとの出会いは、『ロンドン・シンフォニー・オーケストラ』に繋がるわけだが、その第1集のインナー・スリーヴにも、ブーレーズがザッパ作品を指揮することが明記されていた。

　ブーレーズと楽団が演奏したのは「ザ・パーフェクト・ストレンジャー」、「ネイヴァル・エイヴィエイション・イン・アート?」、「デュプリーの天国」の3曲で、ほかの4曲はシンクラヴィアでの録音。そのうち「アウトサイド・ナウ・アゲイン」は『ジョーのガレージAct II』に収録していた「アウトサイド・ナウ」をアレンジし直したもの。

　タイトルにある〝完全なよそ者〟というのは、クラシック界とロック界から見た、それぞれの立場を現わしているが、ザッパはブーレーズに敬意を表して、この作品をクラシック専門のエンジェルからリリースし、全米クラシック・アルバム・チャートの7位に送り込んだ。芸術とエンターテインメントがスリリングに交錯した作品である。（山）

Francesco Zappa

Frank Zappa

フランチェスコ・ザッパ

Angel DS-3817

OPUS I
① No.1 1st Movement ANDANTE
② 2nd Movement ALLEGRO CON BRIO
③ No.2 1st Movement ANDANTINO
④ 2nd Movement MINUETTO GRAZIOSO
⑤ No.3 1st Movement ANDANTINO
⑥ 2nd Movement PRESTO
⑦ No.4 1st Movement ANDANTE
⑧ 2nd Movement ALLEGRO
⑨ No.5 2nd Movement MINUETTO GRAZIOSO
⑩ No.6 1st Movement LARGO
⑪ 2nd Movement MINUET
OPUS IV
⑫ No.1 1st Movement ANDANTINO
⑬ 2nd Movement ALLEGRO ASSAI
⑭ No.2+ 2nd Movement ALLEGRO ASSAI
⑮ No.3 1st Movement ANDANTE
⑯ 2nd Movement TEMPO DI MINUETTO
⑰ No.4 1st Movement MINUETTO

FZ: orchestration
David Ocker: synclavier document encryption:r

Recording: **January 10-11, 1984**
Release: August 28,1984

1763年から1788年に活動したとされているイタリア・ミラノ出身のチェリスト兼作曲家フランチェスコ・ザッパの室内楽を収録。このフランチェスコ・ザッパを音楽家事典で発見したのは、ザッパに雇われたクラリネット奏者のデヴィッド・オッカーで、譜面をカリフォルニア大学バークレー校バンクラフト図書館とワシントンDC国会図書館で探し当てた。演奏は″Barking Pumpkin Digital Grafitication Consort″と銘打たれてはいるが、要はザッパがシンクラヴィアに演奏させているもの。似たような傾向の作品にワルター・カルロス（現ウェンディ・カルロス）が初期のシンセサイザーで演奏した「スイッチト・オン・バッハ」（68年）があるが、ザッパはあえて十八世紀の音楽とわからぬよう「スイッチト・オン・バッハ」風の音色にしたという。

　シンクラヴィアとはシンセサイザー、サンプラー、シーケンサーが合体させたようなコンピュータ楽器であるが、92年に製造中止になった。この楽器、当時は日本円で2千万はしたと言われる。

　ジャケットを描いたのは『ザ・パーフェクト・ストレンジャー』『ゼム・オア・アス』も担当したドナルド・ローラー・ウィルソンで、イラストの雌犬はパトリシアと名付けられ、『ザ・パーフェクト・ストレンジャー』に続いての登場。　（真）

Guitar
Frank Zappa

『黙ってギターを弾いてくれ』に続く、ギター・アルバムの第2弾。今回はすべてライヴ音源となっており、曲間の繋ぎとなる会話なども除かれ、ステージの流れを踏襲する曲順に並べられている。2枚組LPには19曲、2CDには32曲が収録されており、時代的にもCDを主要媒体として制作されたことがわかる。音源は1981年（5曲）、82年（11曲）、84年（14曲）のツアーからとなっており、「アウト・サイド・ナウ」と「システム・オブ・エッジズ」のみ79年のものが第1弾からの橋渡し的に使われた。したがって、アナログ・レコーディングのものとデジタルのそれが同居していることになる。

見慣れぬタイトル（単純に演奏会場の場所から引用したものも）も多いが、既存の曲から派生したギター・ソロや別ヴァージョンに新たな曲名をつけたものなので、それぞれのネタ元、原曲を探すという楽しみもある。『黙ってギターを弾いてくれ』の時代と比較すると、ザッパのメイン・ギターがSG、レス・ポールからストラトキャスターに変わっているわけだが、彼はこのころ〝ギタリスト〟として最も脂が乗っていた時期でもあるので、音色や機材の違いというよりも、テクニック／アプローチの変化を注視すべきだろう。

本作は第31回グラミー賞で最優秀ロック・インストゥルメンタル・パフォーマンス賞にノミネートされている。　（山）

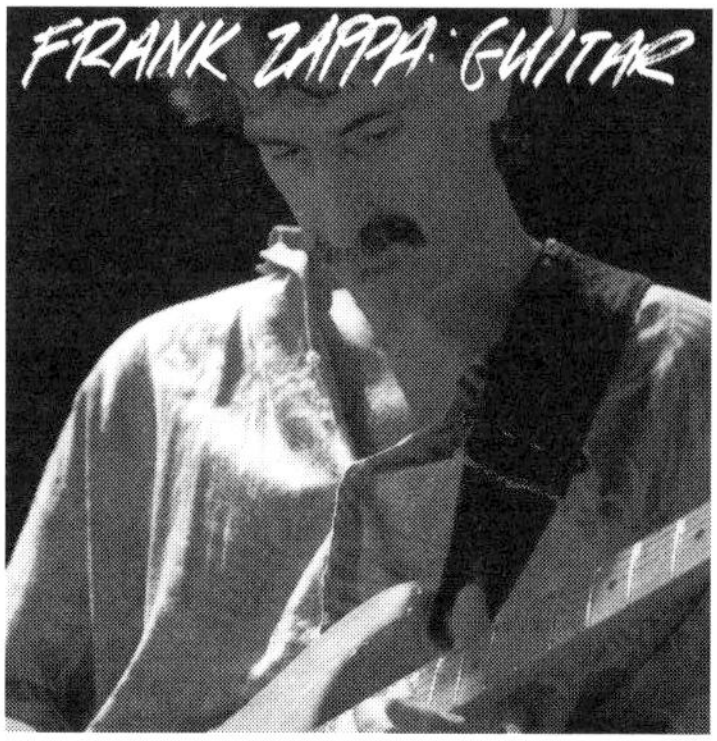

ギター
Barking Pumpkin D1 74212

disc1:
① Sexual Harassment In The Workplace ② Which One Is It? ③ Republicans ④ Do Not Pass Go ⑤ Chalk Pie ⑥ In-A-Gadda-Stravinsky ⑦ That's Not Really Reggae ⑧ When No One Was No One ⑨ Once Again, Without The Net ⑩ Outside Now (Original Solo) ⑪ Jim & Tammy's Upper Room ⑫ Were We Ever Really Safe In San Antonio? ⑬ That Ol' G Minor Thing Again ⑭ Hotel Atlanta Incidentals ⑮ That's Not Really A Shuffle ⑯ Move It Or Park It ⑰ Sunrise Redeemer
disc2:
① Variations On Sinister #3 ② Orrin Hatch On Skis ③ But Who Was Fulcanelli? ④ For Duane ⑤ GOA ⑥ Winos Do Not March ⑦ Swans? What Swans? ⑧ Too Ugly For Show Business ⑨ Systems Of Edges ⑩ Do Not Try This At Home ⑪ Things That Look Like Meat ⑫ Watermelon In Easter Hay ⑬ Canadian Customs ⑭ Is That All There Is? ⑮ It Ain't Necessarily The Saint James Infirmary

FZ: guitar
Steve Vai: stunt guitar / Ray White: rhythm guitar
Tommy Mars: keyboards / Bobby Martin: keyboards
Ed Mann: percussion / Scott Thunes: bass
Chad Wackerman: drums / Ike Willis: rhythm guitar
Allan Zavod: keyboards / Denny Walley: slide guitar
Warren Cuccurullo: rhythm guitar / Peter Wolf: keyboards / Arthur Barrow: bass
Vinnie Colaiuta: drums

Recording: **from 1979,1981,1982,1984 tour**
Release: April 26,1988

Does Humor Belong In Music?

Frank Zappa

ダズ・ユーモア・ビロング・イン・ミュージック？
EMI CDP 7 46188 2

① Zoot Allures
② Tinsel-Town Rebellion
③ Trouble Every Day
④ Penguin In Bondage
⑤ Hot-Plate Heaven At The Green Hotel
⑥ What's New In Baltimore?
⑦ Cock-Suckers' Ball
⑧ WPLJ
⑨ Let's Move To Cleveland
⑩ Whippin' Post

FZ: lead guitar & vocal
Ray White: rhythm guitar & vocal
Ike Willis: rhythm guitar & vocal
Bobby Martin: keyboards, sax & vocal
Allan Zavod: keyboards
Scott Thunes: bass
Chad Wackerman: drums
Dweezil Zappa: guitar

Recording: **from July-December 1984 tour**
Release: January 27,1986

84年7月中旬から5ヶ月に及んだマザーズ結成20周年記念ワールド・ツアーのライヴ盤。同名ヴィデオをメインとしたリリースだったが、ヴィデオと重なるのは4曲のみで、収録会場や編集は異なっている。これが当初はEMIヨーロッパからCDのみでリリースされたのだから、CDに抵抗していた私はこのアルバムが聴きたくてついにプレイヤーを買い、ついでにLDプレイヤーも買った。『オールド・マスターズ』の1集と2集のあいだだったから、ザッパのおかげで超ビンボーになった記憶がある。

CDは長らく廃盤で、96年にライコから再発された際にカル・シェンケルによるイラストのジャケットに変更。音も93年のリミックス/リマスター・ヴァージョンになっている。

この年のザッパ・バンドは、レイ・ホワイトとアイク・ウィリスのダブル黒人ヴォーカルを生かしたエンタテインメント性の高いステージを展開し、マザーズ20周年にふさわしい〝ベスト・オブ・ザッパ〟的なセット・メニューを魅力とした。本作には、9月24、25日のロンドン公演から、12月23日のロサンゼルス公演（千秋楽）のあいだの9ヶ所のライヴ10曲が収録されているが、すべて24トラックのデジタル録音で、オーヴァーダビングは一切ない。しかし、曲の前半と後半を別日のテイクで繋げたり、ソロ・パートを別のテイクとくっつけるザッパならでは編集はふんだんで、このツアーの最高の瞬間がヴァーチャルに再現されている。

50年代の黒人コーラス・グループ、ザ・クローヴァーズの卑猥な歌をブートレッグから採譜したという「コックサッカーズ・ボール」と、アラン・ザヴォドのピアノ・ソロが素晴らしい「レッド・ムーヴ・トゥ・クリーブランド」はオリジナル・リリースの時点では初出だったナンバー。後者は『オン・ステージ第4集』で、まさかの登板となったアーチー・シェップがブロウしまくるテイクが蔵出しされている。

また楽日の最後に演奏された「ウィッピング・ポスト」では、ゲスト参加したドゥイージルとの超絶ギター・バトルが聴けるのも話題だった。

最初のCDは音が固かったからこれは96年版がオススメだが、シェンケルのジャケットによって〝このときだけ〟の印象が薄れてしまったのは否めない。シェンケルの絵がダメというわけではないが、CDとLDに関連性もあった当初のデザインが本作には似合っている。

ザッパはこのあと3年あまりもライヴ活動を行わず、88年のベスト・バンド・ツアーをもってロック・バンドは終了となるわけだ。コンパクトにまとめられた本作と、覚悟が見える『ザ・ベスト・バンド』を聴けば、チョモランマみたいな〝ロック・バンドの最高峰〟を目指して並大抵ではない道を登っていったザッパの鉄人ぶりがわかるが、同時にシンクラヴィアへの興味が高まり、スタジオでの創作は別のフェイズに移行していくのだからまさに〝鬼〟だ。

ストーンズやU2だったら、こんなツアーのあとは1～2年まるごと休むだろ。ワーカホリックがザッパの命を縮めたのだ。（和）

You Can't Do That On Stage Anymore Vol.3/Disc-1

Frank Zappa

オン・ステージ　Vol.3 disc1

Rykodisc RCD 10085/86

---

① Sharleena
② Bamboozled By Love / Owner Of A Lonely Heart
③ Lucille Has Messed My Mind Up
④ Advance Romance (1984)
⑤ Bobby Brown Goes Down
⑥ Keep It Greasey
⑦ Honey, Don't You Want A Man Like Me?
⑧ In France
⑨ Drowning Witch
⑩ Ride My Face To Chicago
⑪ Carol, You Fool
⑫ Chana In De Bushwop
⑬ Joe's Garage
⑭ Why Does It Hurt When I Pee?

FZ: lead guitar & vocal
Ray White: rhythm guitar & vocal
Ike Willis: rhythm guitar & vocal
Bobby Martin: keyboards, sax & vocal
Allan Zavod: keyboards
Scott Thunes: bass
Chad Wackerman: drums
Dweezil Zappa: guitar

Recording: **from July-December 1984 tour**
Release: November 13,1989

本書は録音順の編年体ゆえ、84年のツアーで収録されたライヴを並べた『オン・ステージ第3集』のディスク1はこの位置になる。

ツアー千秋楽の12月23日ロサンゼルス、15歳のドゥイージルが参加した「シャリーナ」で幕を開けるディスクは、11月23日のシカゴ公演で収録された「バンブーズルド・バイ・ラヴ」以下の3曲、12月17日シアトルの「ボビー・ブラウン・ゴーズ・ダウン」と「キープ・イット・グリージー」、ヴィデオ版『ダズ・ユーモア・ビロング・イン・ミュージック』と同じソースの「ハニー・ドント・ユー・ウォント・ア・マン・ライク・ミー？」と続き、再び11月23日の「イン・フランス」と、84年末のツアーの成果を伝えていく。

しかし難曲「溺れる魔女」はリアル・ライヴというわけにはいかなかった。84年バンドは半年に及ぶツアーのあいだ一度も正確に演奏できなかったし、82年のバンドもまともにできたのはたった一回だったという。ザッパはふたつのテイクを繋いで納得できるヴァージョンをつくったわけだが、自ら編集作業を楽しんでいるのは明白だ。

初出曲「ライド・マイ・フェイス…」「キャロル…」「チャナ・イン…」は録音年月日とメンバーが明かされていない。「ジョーのガレージ」と「ホワイ・ダズ・イット…」も11月23日のシカゴ公演から。全14曲の流れはそうとう良い。（和）

Meets The Mothers Of Prevention

Frank Zappa

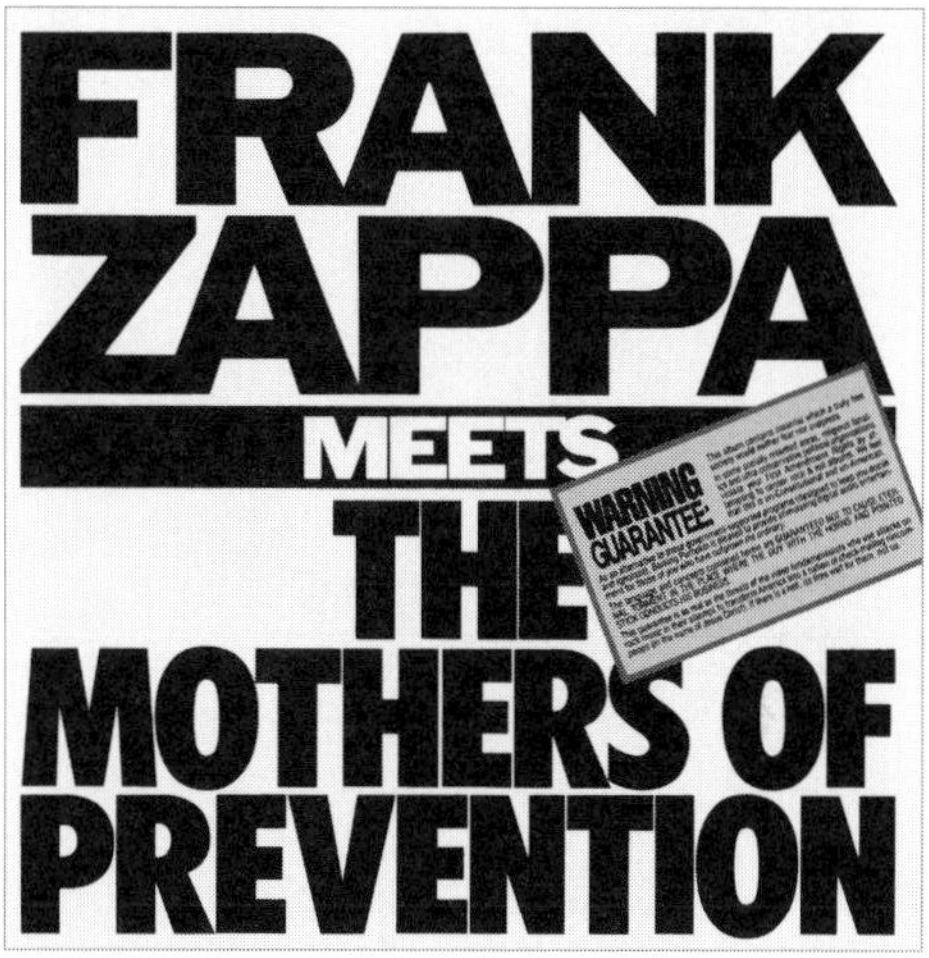

ミーツ・ザ・
マザーズ・オブ・プリヴェンション

Barking Pumpkin ST74203

① I Don't Even Care (FZ/Watson)
② One Man, One Vote
③ Little Beige Sambo
④ Aerobics In Bondage
⑤ We're Turning Again
⑥ Alien Orifice
⑦ Yo Cats (FZ/Mariano) 3:33
⑧ What's New In Baltimore?
⑨ Porn Wars
⑩ H.R. 2911

FZ: vocals, guitar, Synclavier
Johnny "Guitar" Watson: vocals, guitar
Ike Willis: vocals, guitar
Ray White: vocals, guitar
Bobby Martin: vocals, keyboards
Steve Vai: guitar
Tommy Mars: keyboards
Scott Thunes: bass
Arthur Barrow: bass
Chad Wackerman: drums

Recording: **from 1981 tour / UMRK 1982-1985**
Release: November 13,1989

ザッパが〝表現の自由〟に正面から深く切り込んでいったアルバム。PMRC（ペアレンツ・ミュージック・リソース・センター）の主張により、1985年9月19日にワシントンで開かれたアメリカ上院議会の公聴会にザッパが出席。そこでの議題は、レコードがカセットテープに録音されることでレコード会社の売上が落ちたため、ブランク・テープに税金をかけてはどうか、ということと、青少年の健全な育成のため、猥褻な歌詞を使用したレコードにペアレンタル・アドヴァイザリーのステッカーを貼って警告すべきということだった。このことに反対したザッパは、時のレーガン大統領に手紙を出すなど積極的に行動したが、その意思をそっくりそのまま作品のテーマとすることにしたのだった。

公聴会からわずか2か月後にリリースされた本作のベーシック・トラックは81年~82年のツアーのライヴ音源だが、それを元に二つの議案への抗議運動を実践している。以前から反体制／反権力を打ち出してきたザッパからすれば、テープへの税金はPMRCとRIAA（アメリカ・レコード協会）との結託による理不尽な搾取であり、歌詞検閲は憲法に定められた言論出版の自由に抵触するものだという主張だ。この全7曲からなるアルバムの核となったのは、実際の公聴会での発言をサンプリングしてコラージュした12分にも及ぶ「ポルノ・ウォーズ」（PMRC側が発した〝ポルノ・ロック〟や〝セックス〟など卑猥な言葉がチョイスされ、鏤められている）である。さらに、バック・カヴァーではご丁寧にも言論の自由を明記したアメリカ憲法修正第一条が書かれた紙を、ミートミンサーにかけるイラストが描かれ（承認版CDには修正第一条そのものも掲載されている）、公聴会に出席した議員やPMRCのメンバーの名もクレジットされた。そして、フロント・カヴァーにはあえて〝警告シール〟を貼り、この問題を痛烈に皮肉ってみせている。

しかし、ヨーロッパでの発売に向けてはこのままでは相応しくないと思ったようで、「ポルノ・ウォーズ」を外し、ジョニー・ギター・ワトソンがヴォーカルを務めた「アイ・ドント・イーヴン・ケア」、「一人一票」、「H．R．2911」という3曲の新曲を追加した（全9曲）上で、白いジャケットも黒に変更したものがリリースされた。その際、〝アメリカ以外のリスナーには興味のない政治問題を取り上げた曲が収められていたので、ここでは新曲に差し替えた〟という旨の一文が添えられている（警告ステッカーも単にヨーロピアン・ヴァージョンを表示するものに変更）。そのなかでも「H．R．2911」は、RIAAが導入を推進していたブランク・テープ税の正式名称なので、ヨーロッパ盤といえども、ザッパの主義主張の根本に変わりはないのだが。

現在ではアメリカ盤とヨーロッパ盤の内容を網羅した全10曲入りのCD（曲順は変更されている）が流通しており、AB面で分けられていたコンピュータと生演奏とが同期した曲と、シンクラヴィア曲がひとつの流れを形成しており、より本作の面白みが伝わることになっている。（山）

Congress Shall Make No Law...

Frank Zappa

85年にザッパは、コンサート・ツアーを行わなかった。だが、この年ほど多くの人々がザッパのことを思い出した時はなかっただろう。

9月19日の国会公聴会において、合衆国憲法修正第1条を擁護する姿勢を示したザッパの発言は、報道によって最も多くの人々が目撃したザッパの〝ライヴ〟だった。表現の自由を守ろうとする45歳のスーツを着たロッカーの姿は、これまでザッパを偏見の目で見てきた（奇人とか変人とか）人たちの認識を改めさせた。

公聴会はＰＭＲＣ（両親による音楽供給機関）によるロックの歌詞検閲の法案化を審議するものだった。この公聴会での様々な発言は、速攻でサンプリングされ、2ヶ月後には「ポルノ・ウォーズ」という曲になり、ザッパはＰＭＲＣの欺瞞を暴いた。

本作は「ポルノ・ウォーズ」のソースとなった公聴会での発言や、関連するトピックをまとめて、85年のザッパの行動をアルバム化したものだ。ここにあるのは人々の発言であって音楽ではないが、音楽産業の問題をテーマとしたコンテンポラリー・アートとして、ザッパ作品に組み込む心意気を持ちたい。そして、こういった作品はゲイルでなければプロデュース出来なかっただろう。

この件はレコード会社との利権もからんでおり、「国民が注視しなければ、政治家は憲法をないがしろにし、議会はおかしな法案を通す」という事を、今、肝に命ずべし。（梅）

コングレス・シャル・メイク・ノー・ロウ

Zappa Records ZR 20011

① Congress Shall Make No Law
② Perhaps In Maryland
③ Thou Shalt Have No Other Gods Before Me
④ Thou Shalt Not Make Unto Thee Any Graven Image—Any Likeness Of Anything
④ In Heaven Above, Nor In The Earth Beneath, Nor In The Water Under The Earth
⑤ Thou Shalt Not Take The Name Of The Lord Thy God In Vain
⑥ Thou Shalt Keep Holy The Sabbath Day
⑦ Thou Shalt Honor Thy Father And Thy Mother
⑧ Thou Shalt Not Kill
⑨ Thou Shalt Not Commit Adultery
⑩ Thou Shalt Not Steal
⑪ Thou Shalt Not Bear False Witness Against Thy Neighbor
⑫ Thou Shalt Not Covet The House Of Thy Neighbor, The Wife Of Thy Neighbor, Nor His Male Servant, Nor His Female Servant, Nor His Ass, Nor Anything That Belongs To Thy Neighbor
⑬ Reagan At Bitburg Some More

Senator Danforth (R-Missouri), Chairman
FZ
Senator Exon (D-Nebraska)
Senator Gore (D-Tennessee)
Senator Gorton (R-Washington)
Senator Hollings (D-South Carolina)

Recording: **Sep.19,1985**
Release: Sep.19,2010

Jazz From Hell

Frank Zappa

ジャズ・フロム・ヘル
Barking Pumpkin ST-74205

① Night School
② The Beltway Bandits
③ While You Were Art II
④ Jazz From Hell
⑤ G-Spot Tornado
⑥ Damp Ankles
⑦ St. Etienne
⑧ Massaggio Galore

FZ: guitar, synclavier
Steve Vai: rhythm guitar
Ray White: rhythm guitar
Tommy Mars: keyboards
Bobby Martin: keyboards
Ed Mann: percussion
Scott Thunes: bass
Chad Wackerman: drums

Recording: **from 1986**
Release: November 25,1986

88年のグラミー賞で「最優秀ロック・インストゥルメンタル賞」に輝いたアルバムだが、ほぼシンクラヴィアでの演奏（つまり打ち込み）にその賞を与えてよかったのだろうか。

ヴォーカルのない器楽曲なら何でも〝インストゥルメンタル〟なのか、という疑問。いや、「作曲」に与えられた賞だとするなら納得もできるが、はたして当時、そこまでの協議はあったのだろうか。審査員たちが単に「ジャズ」に反応したにすぎない気もするのだが……。

ザッパがジャズのマナーでつくったとされるアルバムは過去に3枚、『ホット・ラッツ』『ワカ・ジャワカ』『スリープ・ダート』があったと考えれば、意識の流れとしての本作の位置は〝ホット・ラッツ4〟ということになる。それは理解できるのだが、〝シンクラヴィア〟での演奏は、〝演奏〟という観点ではホット・ラッツ・シリーズとはあまりにも違うものだ。〝ジャズ〟に〝ヘル〟の語呂合わせは、人類が滅亡したあとも不気味に音を発し続けるコンピュータを想像させるし、曲自体も人間の喜怒哀楽や四季の移ろいといった情緒を排除した冷徹なものといった印象である。

フランスのサン・テティエンヌで行われたザッパ・バンドのライヴで収録された「溺れる魔女」のギター・ソロ・パートを独立させた「セイント・エティエンヌ」以外はシンクラヴィアで作・編曲／演奏。『黙ってギターを弾いてくれ』に収録の「ホワイル・ユー・ワー・アウト」のギター・ソロを採譜して、シンクラヴィアでの演奏に適した形に置き換えた「ホワイル・ユー・ワー・アート2」という曲もあるが、ほかはすべて新曲だった。

だからクレジットされたバンドのメンバーは「セイント・エティエンヌ」のもので、もちろんシンクラヴィア曲への関与はない。

ポップな「ナイト・スクール」はザッパが自ら企画してABCテレビに売り込んでいた（実現しなかった）深夜番組のテーマ曲を想定したものだったらしく、ミュージック・ヴィデオも制作された。

インスト作品にも関わらず、初期の出荷分には例の「歌の内容には要注意」のステッカーが貼られ、規制する側がアーティストのイメージだけで〝警告〟を発していたのを如実に物語ることになった。それは86年9月の公聴会に出席したときと同じ（フロント・カヴァーの）ネクタイ姿や、警告ステッカーの文面にある「もし地獄があるなら、その業火は彼らを待っている」の〝地獄〟とも関連させたタイトルへの反応であって、収録された音楽に対してのものではなかったわけだ。

その攻防を考えると、シンクラヴィアという〝機械〟がつくる音楽に、規制する側が〝感情〟で反応しているさまは滑稽でしかない。

『ユー・アー・ホワット・ユー・イズ』のジャケに載せたエッセイの〝チーズ〟は、ここではもはやプラスティックのLEGOでつくったようなチーズでしかないのに、生のチーズと同じ扱いを受けるというナンセンスを、ザッパは先に読んで、機械仕掛けを企てたのではないだろうか。（和）

Feeding The Monkies At Ma Maison

Frank Zappa

フィーディング・ザ・モンキーズ・アット・マ・メゾン

Zappa Records ZR20012

① Feeding The Monkies At Ma Maison
② Buffalo Voice
③ Secular Humanism
④ Worms From Hell
⑤ Samba Funk

FZ: Synclavier
Moon Zappa: vocals

Recording: **1987**
Release: September 22, 2011

　本作は２０１１年9月にリリースされたシンクラヴィア作品集だ。ザッパが残したシンクラヴィア楽曲は、何百曲も存在すると言われている。生前に完成させていた『シヴィライゼイション・フェイズIII』とダンス・ミー・ディス』を別にすれば、本作は現在のところ唯一となるシンクラヴィア曲の未発表作品集だ。

　本来は87年に①をA面に②③をB面に配して、LPレコードとしてリリースする前提で一旦は完成させていたもので、本作発売に際して④⑤を追加。のちにジャケを変えて3曲のレコードとしても発売されている。②③は『シヴィライゼイション〜』収録の別ヴァージョン。CD版のジャケットのデザインは、明らかに本作リリースの半年前の福島原発事故を題材にしている。科学と自然の成り立ちを無視した人間の愚行を報道するBGMとしても、本作の音楽はふさわしいかもしれない。

　ザッパのシンクラヴィア曲は、作曲と即興とプログラミングの同時作業から生まれた、独特の複雑さがある。基本的に生音のシュミレートは徹底させず、機械的な音色のレイヤーを幾重にも積み重ねて、曲全体が複雑に動く有機物というイメージだ。『ジャズ・フロム・ヘル』は動的だが、本作は、決してミニマルではなく常に展開しているが、常に同じ地点で、何かを静かに見つめる佇まいを感じさせる。見つめているのは未来の人間の愚行か。　（梅）

Trance-Fusion

Frank Zappa

トランスーフュージョン

Zappa Records ZR 20002

① Chunga's Revenge
② Bowling On Charen
③ Good Lobna
④ A Cold Dark Matter
⑤ Butter Or Cannons
⑥ Ask Dr. Stupid
⑦ Scratch & Sniff
⑧ Trance-Fusion
⑨ Gorgo
⑩ Diplodocus
⑪ Soul Polka
⑫ For Giuseppe Franco
⑬ After Dinner Smoker
⑭ Light Is All That Matters
⑮ Finding Higgs' Boson
⑯ Bavarian Sunset

FZ:guitar
Ike Willis:guitar / Mike Keneally:guitar
Bobby Martin:keyboards / Ed Mann:percussion
Walt Fowler:trumpet / Bruce Fowler:trombone
Paul Carman:alto sax /Albert Wing:tenor sax
Kurt McGettrick:baritone sax
Scott Thunes:bass / Chad Wackerman: drums
Ray White:rhythm guitar / Allan Zavod:keyboards
Tommy Mars:keyboards / Peter Wolf:keyboards
Ed Mann:percussion / Arthur Barrow:bass
Adrian Belew: guitar / Patrick O'Hearn: bass
Terry Bozzio:drums

Recording: **from 1977,1979,1984,1988 tour**
Recording:Release: November 7,2006

ザッパがツアーをすれば、ギターソロ集が出る、の法則にのっとった、第3弾。前作にあたる『ギター』が、81、82、84年のソロを収録していたことを引き継ぎ、本作は84年と88年のソロを中心とした構成だ。ザッパの他界直後の記事には『フェイズⅢ』『ダンス・ミー・ディス』と共に発売予定作品の一つとして本作の情報が告知されていたものの、結局発売は06年まで引き伸ばされた。

これまでのギター・ソロ・アルバムとは違う、CD1枚のコンパクトさは、やはり晩年のザッパの残された時間の問題だったか。本作はザッパ自身の手によって最後まで制作されている。全16曲で、88年のツアーからが9曲と最も多い。②は77年、⑥が79年からの録音。②は名演で、77年のハロウィーン・ショーをザッパが大胆に編集したキング・ビスケット・フラワー・アワーでオン・エアされた。スペーシーな音色の設定で、88年との差を感じさせない。タイトル曲の⑧は『シカゴ78』の「トゥエンティー・ワン」から発展した「マーク・サンズ・キッチン」のソロ。88年の演奏で、ここにも10年前とのつながりがある。

①と⑯にはドゥイージルとの共演が収録されている。この構成に込めたザッパの思いをくみとりたい。本作のリリースと同じ年に、ドゥイージルはザッパ・プレイズ・ザッパのツアーを開始し。ザッパ音楽を未来につなげた。（梅）

Broadway The Hard Way

Frank Zappa

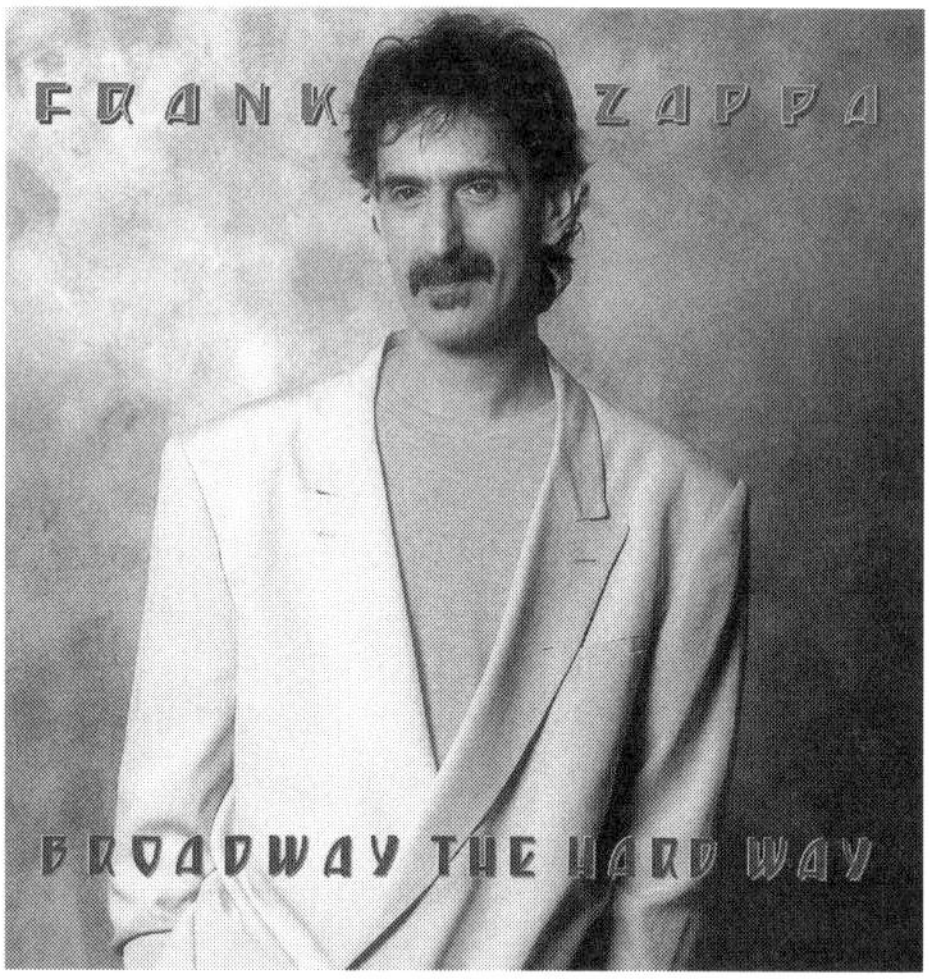

ブロードウェイ・ザ・ハード・ウェイ

Barking Pumpkin D1 74218

① Elvis Has Just Left The Building
② Planet Of The Baritone Women
③ Any Kind Of Pain
④ Dickie's Such An Asshole
⑤ When The Lie's So Big
⑥ Rhymin' Man
⑦ Promiscuous
⑧ The Untouchables
⑨ Why Don't You Like Me?
⑩ Bacon Fat
⑪ Stolen Moments
⑫ Murder By Numbers
⑬ Jezebel Boy
⑭ Outside Now
⑮ Hot Plate Heaven At The Green Hotel
⑯ What Kind Of Girl?
⑰ Jesus Thinks You're A Jerk

FZ:lead guitar, vocals
Ike Willis:guitar, vocals / Mike Keneally:guitar, synth, vocals
Bobby Martin:keyboards, vocals / Ed Mann:percussion
Scott Thunes:bass / Chad Wackerman:drums
Walt Fowler:trumpet / Bruce Fowler:trombone
Paul Carman:alto sax / Albert Wing:tenor sax
Kurt McGettrick:baritone sax
Sting:vocals

Recording: **February-June,1988**
Release: October 25,1988

88年のツアーは2月にスタート。アメリカ東部とヨーロッパをまわって6月に終了した。当初はその後、アメリカ中西部や南部をまわる第2節の計画もあったが、かつてない赤字と（おそらく）体調不良が重なって中止となった。

そりゃそうだろう。ファウラー兄弟を含む5人のホーン・セクションを従えた12人編成のバンドに、ゲスト・ヴォーカルのエリック・バクストンである。移動費や宿泊費、楽器のトランポ代を考えれば（ザッパの場合は各地で録音機材を調達するのも計算に入れないといけない）、経費はいつもの倍だ。新曲が多かったためリハーサルも入念だったから、全公演満席でもトントンになったかどうか。

それでもツアーを敢行したのは、大統領選が迫っていたからでもある。アメリカでは各会場に選挙人登録用紙を置き、「投票を！」と呼びかけた。中西部や南部をまわれなかったのは心残りだったはずで、大統領は共和党の父ブッシュに。翌年、新政権がスタートしたときは次の大統領選への立候補を表明したほど怒っていた。

選挙に間に合わせるために、ザッパは88年10月に共和党陣営とそれに癒着するマスコミを風刺した9曲（①～⑧と「ジーザス・シンクス・ユーアー・ア・ジャーク」）を並べたLPを先行発売し、89年5月に8曲を加えた全17曲入りのCDをリリース。その中にはスティングがゲスト・ヴォーカルの「マーダー・バイ・ナンバーズ」もあった。『ザッパ・イン・ニューヨーク』以来のビッグ・バンドは、『シーク・ヤブーティ』からの流れの到達点と言ってよかったが、まさか最後のロック・バンドになろうとは……。生真面目なポートレイトをジャケにしたのも〝らしくなかった〟から、『オン・ステージ』シリーズも軌道に乗ってリリースは絶好調だったが、体調を心配する声も出始めるだ。

演奏に大きく貢献したのは、復帰したパーカッションのエド・マンと、まったく無名だったシンガー／ギタリストのマイク・ケネリー。超絶なマリンバを聴かせるマンがルースがいたころのマザーズを思い出させることもあって、80年代前半のザッパ・バンドにはあまり感じられなかった〝キャリアの重み〟がジワッと染みてくる。そういう意味ではシンセで代用していたパートが生のホーンに戻されたのも大きくて、厚く逞しい音は嬉しいかぎりである。

ヴォーカルにしろギターにしろ、ザッパはその楽章の〝メイン〟がはっきりわかるミックスにするから、バッキングにまわるのがシンセだったりするとサウンドに奥行きがなくなってしまうきらいがある。『ティンゼルタウン…』あたりの薄っぺらさが、いま振り返るとどうしても納得がいかないのは、「省エネ編成ではザッパ音楽の魅力は半減」という証拠なのだ。それをいちばんわかっているのは本人だからこういう〝無理したバンド〟で〝無理したツアー〟をやってしまうわけだ。

あとからライヴ盤を売って帳尻を合わさないかぎり、家族を養っていけなかったんだろうな、と思う。フロントのポートレイトは成人した子供たちに見せたかった〝父の顔〟か。 （和）

The Best Band You Never Heard In Your Life

Frank Zappa

もうツアーはやらない、ロック・バンドは組まない、というのは世界に広まっていて、熱心なファンじゃなくても「ザッパは引退するの?」と言っていた。そんな時期にリリースされた本作と、B面的な続編『メイク・ア・ジャズ・ノイズ・ヒア』は思い出深いアルバムになった。88年のツアー・バンドが4ヶ月かけてリハーサルしたのは１２０曲とも言われているが、『ブロードウェイ・ザ・ハードウェイ』のＣＤで17曲、本作で28曲、『ジャズ・ノイズ』で25曲が出たのだから、「お疲れさまでした」と素直に言えるようになった。タイトルは〝まさに!〟だ。こんなバンドはほかに知らない。未聴の人は不幸だと思う。

　ビートルズやストーンズやディランの世界中のリリースを集めても、〝ロック〟という音楽が持ってい

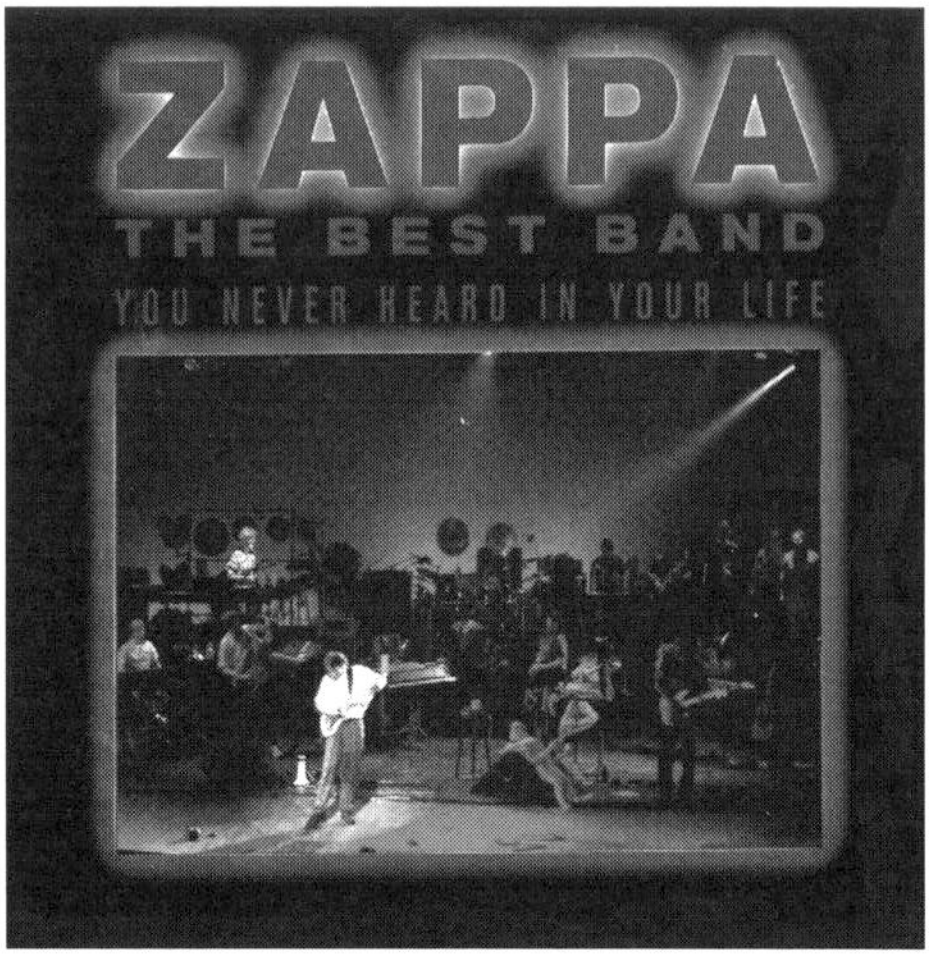

ザ・ベスト・バンド

Barking Pumpkin ST74203

disc1:
① Heavy Duty Judy ② Ring Of Fire
③ Cosmik Debris ④ Find Her Finer
⑤ Who Needs The Peace Corps?
⑥ I Left My Heart In San Francisco ⑦ Zomby Woof ⑧ Bolero
⑨ Zoot Allures ⑩ Mr. Green Genes ⑪ Florentine Pogen
⑫ Andy ⑬ Inca Roads ⑭ Sofa#1
disc2:
① Purple Haze ② Sunshine Of Your Love
③ Let's Move To Cleveland ④ When Irish Eyes Are Smiling
⑤ "Godfather Part II" Theme
⑥ A Few Moments With Brother A.West
⑦ The Torture Never Stops Part One ⑧ Theme From "Bonanza"
⑨ Lonesome Cowboy Burt (Swaggart Version)
⑩ The Torture Never Stops Part Two
⑪ More Trouble Every Day (Swaggart Version)
⑫ Penguin In Bondage (Swaggart Version)
⑬ The Eric Dolphy Memorial Barbecue ⑭ Stairway To Heaven

FZ:lead guitar, vocals
Ike Willis:guitar, vocals / Mike Keneally:guitar, synth, vocals
Bobby Martin:keyboards, vocals / Ed Mann:percussion
Scott Thunes:bass / Chad Wackerman:drums
Walt Fowler:trumpet / Bruce Fowler:trombone
Paul Carman:alto sax / Albert Wing:tenor sax
Kurt McGettrick:baritone sax

Recording: **February-June,1988**
Release: April 16,1991

た可能性を具体的に示した作品には出会えないはずだが、ここにはそれがある。「ロック・バンドが生身でできるの最高の演奏」と言い切れる。ダビングなしのリアル・ライヴがこれ、というのはフランク・ザッパが描いた〝ロック・バンド〟の比類なき到達点だ。もっとテクニカルなバンドが出現する可能性はもちろんあるが、くだらないエロ・ネタで笑わせながらありえないような演奏を聴かせ、「極上のエンタテインメント」を実感させてくれるバンドは、二度と現れないと思う。

そもそもポップ・ミュージックの立場が〝ロックの時代〟とは変わってしまったし、制作の手法も、ライヴの見せ方も80年代までとは大きく違っている。そしてそれは、良くも悪くも、もう〝戻れない〟ところに来てしまっている。だから〝これ〟は〝ロックの時代〟の最後に上がった大花火なのだ。

写真ありのジャケが初版、写真なしが第2版と、ジャケがすぐに変わったため、またしてもコレクターを騒がせた。カル・シェンケルのイラストに変わった96年版ＣＤ（音は93年リマスター）は一応の決定版だが、これは写真ジャケがいいし、未発表曲を加えて88年ツアーのボックスをつくるべき。あんまり素材が増えると語りにくくなるからから私は箱ものをそれほど好まないのだけれど、「ザ・ベスト・バンド」にオチをつけるためにはそこまでしないとダメだと思う。「ベスト・オブ・ベスト」的なＣＤ２枚組と、10枚組ボックスぐらいを出して〝幕〟としてもらえるとザッパ人生にケリがつくのだが。

「想い出のサンフランシスコ」や「ゴッドファーザーのテーマ」、ラヴェルの「ボレロ」といった誰でも知っている曲、ジミヘンの「パープル・ヘイズ」、クリームの「サンシャイン・ラヴ」といったロック・クラシックスのカヴァーも可笑しいが、ジミー・ペイジのギター・ソロを主要楽器のユニゾンで聴かせるという驚きの策に出たツェッペリン「天国への階段」で演者も観客も昇天する。

究極のロック・エンタテインメントは、究極のフランク・ザッパ。これを聴かずに語られるザッパはないし、これを聴かずに語れるロックもない。

真冬の北極星のような〝絶対〟が、ロックという宇宙を司っているかのような透徹した世界である。スゴすぎる、としか言えない。（和）

Make A Jazz Noise Here

Frank Zappa

メイク・ア・ジャズ・ノイズ

Barking Pumpkin D2 74234

disc1: ① Stinkfoot ② When Yuppies Go To Hell
③ Fire And Chains ④ Let's Make The Water Turn Black
⑤ Harry, You're A Beast ⑥ The Orange County Lumber Truck
⑦ Oh No ⑧ Theme From Lumpy Gravy ⑨ Eat That Question
⑩ Black Napkins ⑪ Big Swifty ⑫ King Kong
⑬ Star Wars Won't Work
disc2:
① The Black Page (new age version) ② T'Mershi Duween
③ Dupree's Paradise ④ City Of Tiny Lights
⑤ Royal March From "L'Histoire Du Soldat"
⑥ Theme From The Bartok Piano Concerto #3
⑦ Sinister Footwear 2nd mvt. ⑧ Stevie's Spanking
⑨ Alien Orifice ⑩ Cruisin' For Burgers
⑪ Advance Romance ⑫ Strictly Genteel

FZ:lead guitar, vocals
Ike Willis:guitar, vocals / Mike Keneally:guitar, synth, vocals
Bobby Martin:keyboards, vocals / Ed Mann:percussion
Scott Thunes:bass / Chad Wackerman:drums
Walt Fowler:trumpet / Bruce Fowler:trombone
Paul Carman:alto sax / Albert Wing:tenor sax
Kurt McGettrick:baritone sax

Recording: **February-June,1988**
Release: June 4,1991

『ブロードウェイ・ザ・ハード・ウェイ』『ザ・ベスト・バンド』と同じく88年2月から6月のライヴ音源をまとめたもので、インストゥルメンタル中心の選曲となっている。ジャケットはいつものカル・シェンケルではなく、ラリー・グロスマンが担当している。91年1月の湾岸戦争を受けて、ザッパがグロスマンに依頼したイラストである。満月が陰り、砂漠の小さなライヴ・ハウスに灯る「ザッパ」の赤いネオン、立て看板には「ライヴ・ミュージックの最後のチャンス」の宣伝文句が。ザッパ流の皮肉めいたジャケットである。「スティンク・フット」は『アポストロフィ』に収録された曲でボストン・オルフェウム、ニューヨーク・シビックセンター、ロッテルダム・アホイのライヴを編集してまとめたもの。「ホエン・ヤッピーズ・ゴー・トゥ・ヘル」はシンクラヴィアも導入した新曲で、リンツ、ブライトン、バーリントン、ワシントンD.C.のライヴから。「ファイア・アンド・チェインズ」も新曲でワシントンD.C.で収録。ギター・ソロが延々と続く。「レッツ・メイク・ザ・ウォーター・ターン・ブラック」から「テーマ・フロム・ランピー・グレイヴィ」に続くホーン・セクションはこのライヴ盤のハイライトと言ってもよい。途中、マイク・ウィリスがヴォーカルをとる「オー・ノー」をはさんで一気に走り抜ける躍動感はオリジナルよりもアップテンポで聴くものを飽きさせない。「イート・ザ・クエスチョンズ」は『ザ・グランド・ワズー』からの選曲で、ソロがない分コンパクトな印象を受け、次の「ブラック・ナプキンズ」へすんなりと連なる。『ズート・アリューズ』ではギターメインの楽曲であったが、サックスのソロにすることでジャズ・フレイバー漂う曲へと変貌した。「ビッグ・スウィフティ」は途中ワーグナー「ローエングリン」、ビゼー「カルメン」のメロディがはいる。これはクラシック文化圏であるドイツ・ミュンヘンでの公演というのを意識したものであったのだろうか？

「キング・コング」は『アンクル・ミート』収録曲であるが、大胆なアレンジが施されて、冒頭部分にしか原曲の面影は見えない。「スター・ウォーズ・ウォント・ワーク」は時のアメリカ合衆国の大統領ロナルド・レーガンがぶち上げたスター・ウォーズ計画についての楽曲で、無の長物であると歌いフェイド・アウトしながら終わる。「ブラック・ページ」はここでしか聴けないニュー・エイジ・ヴァージョンを収録。「シティ・オブ・タイニー・ライツ」は『シーク・ヤブーティ』からの選曲でヴォーカルはレイ・ホワイトに代わって、ボビー・マーティンが担当した。途中ストラヴィンスキーとバルトークのクラシック作品をはさみ「スティーヴィーズ・スパンキング」へと。ここで歌われるスティーヴィーとはスティーヴ・ヴァイのことであり、『オン・ステージ第4集』ではソロを共有している。「クルージング・フォー・バーガーズ」は『ザッパ・イン・ニューヨーク』ではインストゥルメンタルであったが、ここではオリジナルに立ち返り、ヴォーカル入り。

　そして、バンド・ヴァージョン「ストリクトリー・ジェンティール」でエンドとなる。　（真）

Everything Is Healing Nicely

Frank Zappa

最初は92年開催のフランクフルト・フェスティヴァルに、大きなオーケストラ作品を提供してもらうという話だった。そのどこか行き当たりばったりの案に、ザッパは関心を示さなかった。主催者が代案として提示したのが、アンサンブル・モデルン（以下ＥＭ）のために新作を書いてもらうことだった。ＥＭは80年に結成されたフランクフルトに拠点を置く18人の演奏家からなる民間企業だ。ＥＭの紹介は、彼らがクルト・ワイルの曲を演奏するＣＤを聴くことで行われた。そして、すぐに話はまとまった。「こんな作品をこんな風に演奏できるのなら、俺の曲だってうまくやれるはずだ」。ＥＭがオーディションに合格した瞬間だ。

ＥＭは91年7月の2週間、ザッパとリハーサルを行う。本作はその時の様子を録音し、音楽的な場面を抽出して編集したものだ。②のタイトルにあるように、ＥＭがどんな演奏ができるのか、あるいは演奏以外に何ができるか、様々なテストを行っている。最大の命題はシンクラヴィアで作曲した曲をどう演奏するかだろう。それは、人間が演奏することを前提としない曲を、人間で演奏するための思考実験でもある。⑪はその試みの代表例にして代表作。④ではＬ・シャンカールとザッパが演奏に加わり、即興演奏の可能性が試される。条件が整えば92年の公演でも、そんな演奏が披露される可能性はあったのかもしれない。（梅）

エブリシング・イズ・ヒーリング・ナイスリー

Barking Pumpkin UMRK 03

① Library Card
② This Is A Test
③ Jolly Good Fellow
④ Roland's Big Event/Strat Vindaloo
⑤ Master Ringo
⑥ T'Mershi Duween
⑦ Nap Time
⑧ 9/8 Objects
⑨ Naked City
⑩ Whitey (Prototype)
⑪ Amnerika Goes Home
⑫ None Of The Above (Revised & Previsited)
⑬ Wonderful Tattoo!

FZ: guitar
L. Shankar: violin
Ensemble Modern

Recording: **July,1991**
Release: December 21,1999

Frank Zappa For President

Frank Zappa

フランク・ザッパ・フォー・プレジデント

Zappa Records/UME ZR 20021

① Overture To "Uncle Sam"
② Brown Shoes Don't Make It (Remix)
③ Amnerika (Vocal Version)
④ "If I Was President"
⑤ When The Lie's So Big
⑥ Medieval Ensemble
⑦ America The Beautiful

FZ: Synclavier
Napoleon Murphy Brock: vocal
ke Willis: guitar, vocals
Mike Keneally: guitar, synth, vocals
Bobby Martin: keyboards, vocals
Ed Mann: percussion
Scott Thunes: bass / Chad Wackerman: drums
Walt Fowler: trumpet / Bruce Fowler: trombone
Paul Carman: alto sax / Albert Wing: tenor sax
Kurt McGettrick: baritone sax

Recording: **1985,1992-3 / March,1988**
Release: July 15, 2016

　ザッパは92年の大統領選に立候補することを考えていた。癌のため断念されたが、実際はどこまで真剣に考えていたのだろか。本当に当選するとも思っていなかっただろう。しかし少なくとも選挙戦を、意見表明という名を借りた行動的社会学ショーのステージとして利用できるという考えはあったはずだ。

　大統領選出馬は消えたが、別のステージの話が持ち上がった。ウィーン市からの新作オペラの制作依頼だ。テーマはアメリカの経済的没落で、主人公がアメリカの象徴アンクル・サム。まさにミスター・アメリカだ。このテーマがウィーン市からの提案かどうかは定かではないが、大統領選の断念とアンクル・サムのオペラを、一つの線で繋げて、92年の大統領選の物語として考えてみたくなる。

　本作はザッパと〝大統領〟をテーマにした未発表の曲&ヴァージョン集で、トランプ大統領が誕生した2016年にリリースされた。最重要の曲が①で「アンクル・サム」の序曲とあるが、シンクラヴィアによるデモ・ヴァージョンだろう。クレジットは93年だが、様々なモティーフは92年以前からあったと思われる。序曲というよりはオペラのトレーラー的な楽曲だ。

　⑤⑦は前大統領選があった88年のツアーから。②はおなじみの曲のリミックス。ホワイト・ハウスの生態も描かれるこの曲と「アンクル・サム」は地続きだ。（梅）

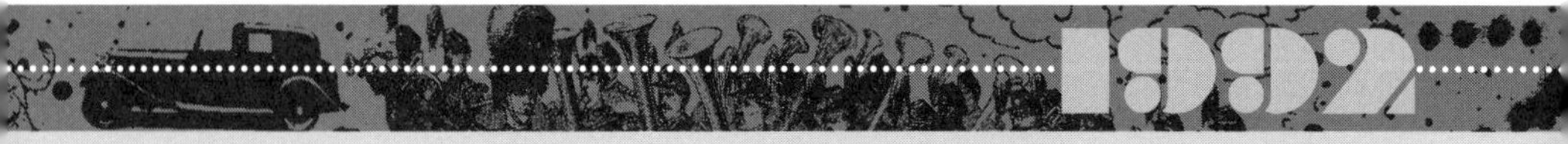

The Yellow Shark

Frank Zappa

ドイツの室内合奏団、アンサンブル・モルデンがザッパの曲を演奏したコンサートの模様を収録した現代音楽／クラシック作品。事のはじまりは1991年初めに遡る。以前、ザッパのドキュメンタリーを制作したヘニング・ローナーが、フランクフルト・フェスティヴァルのディレクターだったディター・レクスロスにザッパのオーケストラ作品を持ちかけたところ、その話が具体化し、4月にアンサンブル・モルデンのマネージャーのメーリッヒ・ツェブハウザーと指揮者のピーター・ランデルがロサンゼルスのザッパ宅を訪問。自分たちが演奏するクルト・ワイル作品を聴かせながら、曲を書いて欲しいと正式に依頼した。その際、ザッパ家のリスニング・ルームにあった黄色い鮫の模型（L.A.のアーティスト、

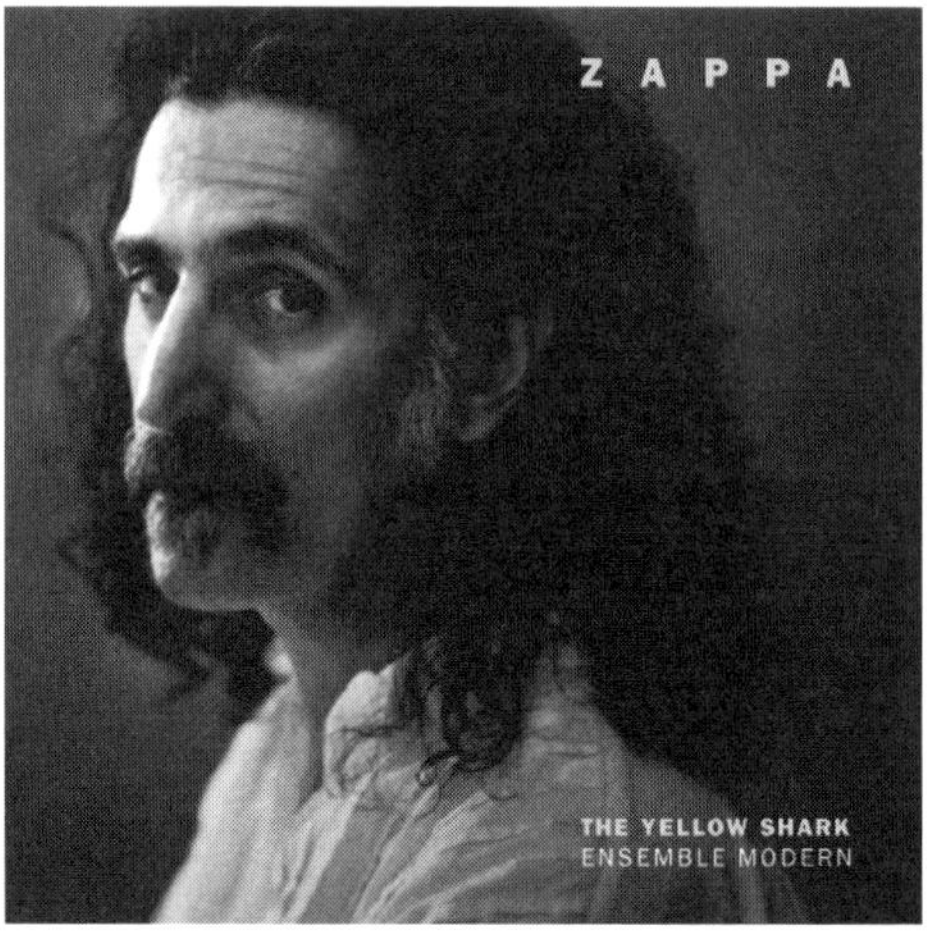

イエロー・シャーク

Barking Pumpkin R2 71600

① Intro ② Dog Breath Variations
③ Uncle Meat ④ Outrage At Valdez
⑤ Times Beach II ⑥ III Revised
⑦ The Girl In The Magnesium Dress ⑧ Be-Bop Tango
⑨ Ruth Is Sleeping ⑩ None Of The Above
⑪ Pentagon Afternoon ⑫ Questi Cazzi Di Piccione
⑬ Times Beach III
⑭ Food Gathering In Post-Industrial America, 1992
⑮ Welcome To The United States ⑯ Pound For A Brown
⑰ Exercise #4 ⑱ Get Whitey

FZ: Conductor
Peter Rundel: Conductor,Violin

Dietmar Wiesner(Flute),Catherine Milliken(Oboe, Didgeridoo), Roland Diry(Clarinet), Wolfgang Stryi(Clarinet, Saxophone), Veit Scholz(Bassoon), Stefan Dohr(Horn), William Forman(Trumpet), Michael Gross(Trumpet), Uwe Dierksen(Trombone), Michael Svoboda(Trombone), Daryl Smith(Tuba), Hermann Kretzschmar(Piano, Harpsichord), Ueli Wiget(Piano, Harpsichord), Rainer Römer(Percussion), Rumi Ogawa-Helferic(Percussion), Andreas Böttger(Percussion), Detlef Tewes(Mandolin), Jürgen Ruck(Guitar, Banjo), Ellen Wegner(Harp), Mathias Tacke(Violin), Claudia Sack(Violin), Hilary Sturt(Viola), Friedemann Dähn(Violoncello), Thomas Fichter(Contrabass)

Recording: **September 17-19,22-23,26-28 1992**
Release: November 2,1993

マーク・ビームが、ザッパに88年のクリスマス・プレゼントとして贈ったもの）に目が留まり、この魚を今回のプロジェクトのシンボルにしたらどうか、とも提案したという。鮫はともかく、ザッパはその頼みを了承し、楽曲を提供することになった。

承諾を得たアンサンブルの一行は、7月に自費でザッパの元を訪れ、彼が所有していたジョーズ・ガレージ・スタジオに入って2週間のリハーサルを行なった（その時の模様は99年の『エブリシング・イズ・ヒーリング・ナイスリー』に収録）。ザッパはそこでの演奏を元にシンクラヴィアを使って曲を煮詰めていきながら、譜面も起こし、「ドッグ・ブレス」や「アンクル・ミート」、「ビー・バップ・タンゴ」といった旧曲もアレンジし直して最終的に19編の作品を仕上げた。完成した楽曲は早速、コンサートでお披露目されることになり、翌92年7月に今度はザッパがドイツに出向いて2週間のリハーサルを敢行。彼はその際、このコンサートを特別なものにするために6チャンネルのPAシステム（ステレオ・ペアを会場の前面、中央、背面に配置）を考案し、朗読やユーモアな演技も入った台本を用意している。

結局、〈イエロー・シャーク〉と名づけられたコンサートは、92年9月17日から19日のフランクフルト、22日、23日のベルリン、26日から28日のウィーンという8公演が行なわれ。そのうちフランクフルトの初日と3日にはザッパもステージに立ち、進行や一部楽曲の指揮を担当したが、それ以外の日程への出演は本人の体調の問題もあって叶わなかった。

本作にはすべての公演からセレクトされた音源が収められている（「フード・ギャザリング・イン・ポスト・インダストリアル・アメリカ１９９２」、「ウェルカム・トゥ・ザ・ユナイテッド・ステイツ」、「G-スポット・トルネード」はザッパが指揮したもの）。

ザッパはアルバムがリリースされてから1か月余りでこの世を去っているので、本作が生前最後の作品ということになるわけだが、同じようにオーケストラ作品に挑んだ『オーケストラル・フェイヴァリッツ』や『ロンドン・シンフォニー・オーケストラ第1集』、『同第2集』よりも、音楽家としての矜持が感じられる作品となった。ビルボードのトップ・クラシカル・クロスオーヴァー・チャートで2位を記録している。（山）

Civilization Phaze III

Frank Zappa

文明、第三期

Barking Pumpkin UMRK 01

disc 1:ACT1
① "This Is Phaze III" ② Put A Motor In Yourself ③ "Oh-Umm" ④ They Made Me Eat It ⑤ Reagan At Bitburg ⑥ "A Very Nice Body" ⑦ Navanax ⑧ "How The Pigs' Music Works" ⑨ Xmas Values ⑩ "Dark Water!" ⑪ Amnerika ⑫ "Have You Heard Their Band?" ⑬ Religious Superstition ⑭ "Saliva Can Only Take So Much" ⑮ Buffalo Voice ⑯ "Someplace Else Right Now" ⑰ Get A Life ⑱ "A Kayak (On Snow)" ⑲ N-Lite
disc 2:ACT2
① "I Wish Motorhead Would Come Back" ② Secular Humanism ③ "Attack! Attack! Attack!" ④ I Was In A Drum ⑤ "A Different Octave" ⑥ "This Ain't CNN" ⑦ "The Pigs' Music" ⑧ A Pig With Wings ⑨ "This Is All Wrong" ⑩ Hot & Putrid ⑪ "Flowing Inside-Out" ⑫ "I Had A Dream About That" ⑬ Gross Man ⑭ "A Tunnel Into Muck" ⑮ Why Not? ⑯ "Put A Little Motor In 'Em" ⑰ "You're Just Insultin' Me, Aren't You!" ⑱ "Cold Light Generation" ⑲ Dio Fa ⑳ "That Would Be The End Of That" ㉑ Beat The Reaper ㉒ Waffenspiel

FZ: synclavier

1967 voices: Spider Barbour, All-Night John (Kilgore), Euclid James "Motorhead" Sherwood Roy Estrada, Louis "The Turkey" Cuneo, Monica, Gilly Townley, Unknown Girl #1&2
1991 VOICES:Moon Unit Zappa, Michael Rappaport, Ali N. Askin, Catherine Milliken, Walt Fowler,Todd Yvega, Michael Svoboda, Michael Gross, William Forman, Uwe Dierksen, Stefan Dohr,Daryl Smith, Franck Ollu, Hermann Kretzschmar, Dweezil Zappa, Members of the ENSEMBLE MODERN

Recording: **1967,1986-1993**
Release: December 2, 1994

ザッパ没後の第1作となる作品は94年12月リリース。本作をメール・オーダーして届いたのが没後最初のザッパの誕生日だったので、個人的な思い出としても印象深い。一周忌法要として拝聴。

黒を基調にした、最後の大作にふさわしいデザインでパッケージされた本作は、91年から92年にかけて制作され、録音源を遡れば67年が開始地点になる。92年の『イエロー・シャーク』公演で一部が公開され、その後の改訂作業を経て現在の形になったが、これで完成なのか未完なのかは実のところわからない。その点については、物語の最後に意図的な未完要素を残す、ザッパのいつもの手法と思えばいいだろう。本作は制作と発表の中間地点にザッパの死があったので、生前のザッパと死後のザッパが作品の中で共存している感触がある。

　2枚のCDはそれぞれ第1幕と第2幕となっておりパントマイムでの上演を想定していた。ピアノを一つの世界／社会と見做し、ピアノ内の住民と、ピアノの外側に存在する悪の存在についての物語、という概要だが、明解なストーリーはない。物語は音楽を配置するためのフォーマットと考えたほうがわかりやすいだろう。イエス・キリストやローマ教皇、レーガンも登場し、展開はいつものザッパ世界だ。

　ピアノ住民の会話と音楽が交互に挟まれる形で進行していく構成。会話パートは、67年の「ランピー・グレイヴィ」制作時に、ピアノの中にマイクを仕込み、ピアノの中に頭を突っ込んでした会話を録音したものだ。91年にも同じ方法で録音した会話をブレンドして、ピアノの残響で統一化された、現実には存在しない会話を演出している。アンサンブル・モデルンはその91年の録音で登場する。

　音楽は最晩年の作風が全開と言っていいシンクラヴィア作品だ。ピアノ人のバカっぽい会話と、静寂の黒い宇宙のエレクトロ・ミュージックとの対比が鮮烈で、ミクロとマクロが混在する風景のようだ。

　各ディスクのそれぞれ最後には1⑲2㉑の大作が収録されている。これがザッパの最終局面と捉えたい。ピアノを西洋文明の象徴にして、西洋文化の終わりと非西洋文化の台頭を描き、また万能装置としてのシンクラヴィアのメタファーとすることによって、作品を極めて論理的に決着させている。

　86年にザッパは『ランピイ・グレイヴィⅢ』というタイトルの作品の発売予告をしている。その内容は不明だが、67年の会話素材を使う意図はあったはずで、これが最終的に本作になったことは間違いない。驚くことに67年の録音の時点で「フェイズ・スリー」というセリフが出てくるので、それを布石に発展させたとも思える。68年の『マネー』と『ランピイ』がフェイズ1と2の関係であるならば、バンドの「フェイズ1」、オーケストラの「フェイズ2」、ザッパ個人（シンクラヴィア）の「フェイズ3」という、ザッパの音楽創作の三段階を示しているとも思えなくもない。それはどうかとしても、ザッパの創作行動のふたつの重要なキーワード、“Conceptual Continuity”と“Project/Object”の最後の実践が本作で結実していることは確かだ。

（梅）

Dance Me This

Frank Zappa

ザッパのCDに作品の通し番号が明記されるようになったのは10数年前の70番代あたりだと思う。そしていつからかゲイルはオフィシャル・ナンバー100番を、本作『ダンス・ミー・ディス』にすることを決めていたのではないか。本作は2015年6月にリリースされ、ゲイルは4ヶ月後の10月に亡くなった。

本作はザッパが最後に仕上げたアルバムとして長年知られてきた『シヴィライゼイション〜』と同時期の制作だが、作品全体から〝最期〟の気配を漂わせていた同作とはかなり質感が違う。鍵を握るのは、93年初頭にザッパ家を訪れた三人のホーメイ歌手、ザ・トゥーバの存在だ。冒頭①からホーメイの響きと、短いがザッパのギターが登場してくるだけで、目の前にとても明るい未知の光景が拡がる。全体的に音色が柔らかいのも本作の特徴だ。

③〜⑦が環境保護をテーマにしたモダン・ダンスのための組曲で、前後をコンパクトな新作で挟み、曲間無しで駆け抜けて行く。ラスト⑪のホーメイとシンクラヴィアの共演が生み出した奇妙なテンポが実に面白い。組曲の「ウルフ・ハーバー」は打楽器をメインにした曲で、④の2分目以降はヴァレーズの「イオニザシオン」の様な構成にも聴こえる。無論、ザッパにはそんな意図はないだろうが、本作はザッパの原点から、この先の可能性の領域までを時空を超えてイメージさせてくれる。(梅)

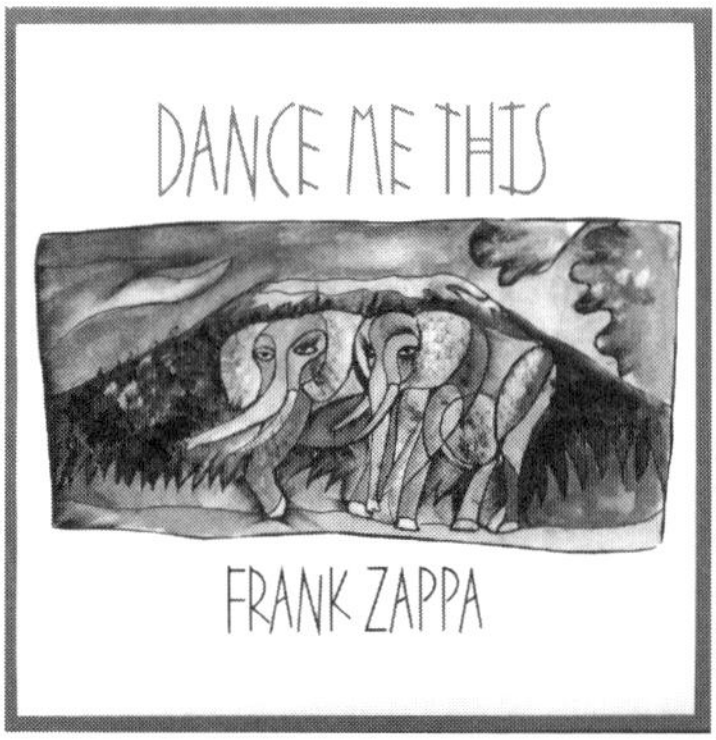

ダンス・ミー・ディス
Zappa Records ZR 20018

① Dance Me This
② Pachuco Gavotte
③ Wolf Harbor
④ Wolf Harbor II
⑤ Wolf Harbor III
⑥ Wolf Harbor IV
⑦ Wolf Harbor V
⑧ Goat Polo
⑨ Rykoniki
⑩ Piano
⑪ Calculus

FZ: “synclavier realization”, guitar
Anatoli Kuular: vocals
Kaigal-ool Khovalyg: vocals
Kongar-ol Ondar: vocals

Recording: **1993**
Release: Jun.19,2015

200 Motels-The Suites

Frank Zappa

200モーテルズ組曲

Zappa Records – ZR0019

disc1:
① Overture
② Went On The Road
③ Centerville
④ This Town Is A Sealed Tuna Sandwich
⑤ The Restaurant Scene
⑥ Touring Can Make You Crazy
⑦ What's The Name Of Your Group?
⑧ Can I Help You With This Dummy?
⑨ The Pleated Gazelle
disc2:
① I'm Stealing The Room
② Shove It Right In
③ Penis Dimension
④ Finale: Strictly Genteel

Esa-Pekka Salonen: Conductor
Los Angeles Philharmonic
Los Angeles Master Chorale

Ian Underwood:keyboard
Randy Kerber:keyboard
Joe Travers: drum
Scott Thunes: bass
Jamie Kime: guitar

Recording: **October 23,2013**
Release: November 20,2015

『ダンス・ミー・ディス』のリリースから5ヶ月、意外にも早く101番目の公式ザッパ作品がリリースされた。この『200モーテルズ組曲』は2013年12月の録音。ロサンゼルス・フィルハーモニックの演奏で、指揮はエサ・ペッカ・サロネンだ。さらに本作は何と16年のグラミー賞のクラシック部門にノミネートされている。

『200モーテルズ組曲』は、本来ザッパが構想した「200モーテルズ」のオリジナル・スコアを、組曲として演奏したものだ。71年の『200モーテルズ』は映画としては、主に予算と時間の不足という問題を抱え、改変を余儀なくされたものだった。ザッパ自身も70年代から『200モーテルズ』のモティーフを組曲化した「ボガース・ポンプ」の演奏にこだわり続けてきた。本作1⑨も71年版から発展したもう一つの組曲に仕上がっていると言える。未発表だった1⑦もとても重要な曲だ。その一方で本作はフロー&エディの不在を意識させてしまうヴォーカルの弱点がある。『200モーテルズ組曲』が71年版に変わる決定版となり得るかはどうかは、聴き手の判断次第だろう。

本作の大きな意義は、録音や演奏にザッパ本人が関与せずとも、ザッパの意図を反映した演奏であれば、それはザッパの公式アルバムになるという宣言をしたことだ。そして作曲家は死ぬことを拒否する。（梅）

Son of Annals Disc Guide of Frank Zappa

録音時期が多岐に渡る作品

梅村昇史◉山田順一◉和久井光司

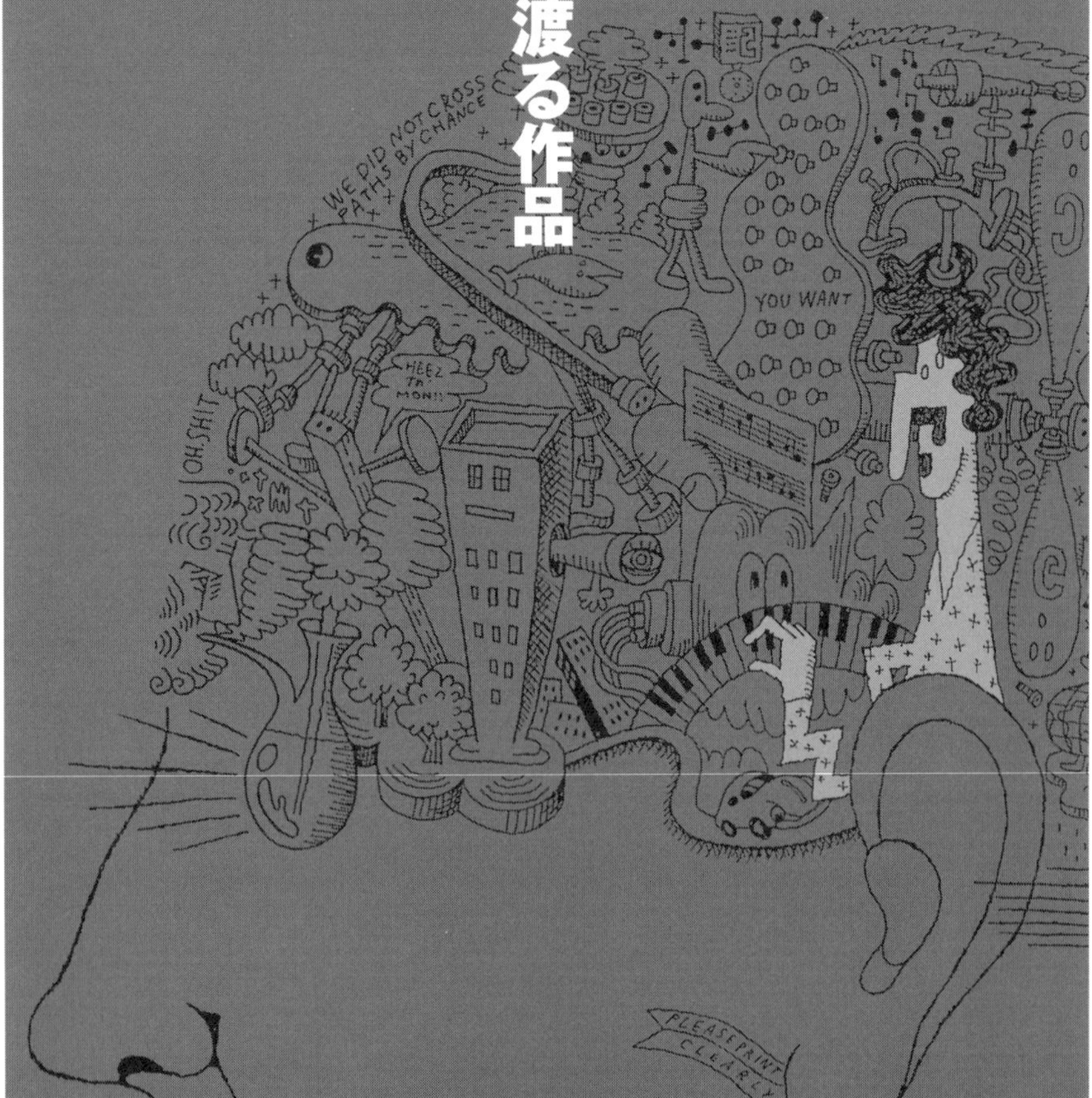

You Can't Do That On Stage Anymore Sampler

Frank Zappa

オン・ステージ・サンプラー
Barking Pumpkin D1 74213

side1:
① Plastic People
② The Torture Never Stops
side2:
① Montana (Whipping-floss)
② The Evil Prince
③ You Call That Music?
side3:
① Sharleena
② Nanook Rubs It
side4:
① The Florida Airport Tape
② Once Upon A Time
③ King Kong
④ Dickie's Such An Asshole
⑤ Cosmic Debris

Recording: **1969-1984**
Release: April 1988

ザッパの癌は亡くなる10年前から緩やかに進行していたと言われている。80年代以降のインタビューでは「身体の調子が良くない」という旨の発言が散見された。当時のザッパは、脱ロック・バンド的な、新しい方向性の作品に取り組みつつ、過去の再構成的な仕事にも着手していた。『オールド・マスターズ』による再発や、『オン・ステージ』シリーズでのライヴ音源のアーカイヴ化がそれにあたる。今思えば、無意識下に「具体的な死」があったのではと思えなくもない

ライヴ音源集に関しては、85年からザッパによる発売予告があり、当初はレコード10枚組、ＣＤ2枚組の抜粋版というプランだった。最終的にＣＤ2枚組の6セットという仕様で88年からリリースされた。ザッパは60年代から「10枚組」にこだわりがあり、レコード会社が変わるたびに計画を表明してきたが、その前にＣＤの時代がやってきた形だ。

本作は『オン・ステージ』のサンプラーとして、先行発売された2枚組のレコードだ。収録曲は全曲本編のＣＤで聴くことができるが、本作独自の編集やミックス、部分的なテイク差し換えがあり、これはこれで単体のアルバムとして構成されている。ザッパ自身お気に入りの1②の雄大なヴァージョンをアナログで聴けるという利点もアリ。また、本シリーズは曲解説でこれまでの謎を種明しするという意義もあった。(梅)

You Can't Do That On Stage Anymore Vol.1

Frank Zappa

『サンプラー』のあとこれが来たのだから驚いた。単なる蔵出しライヴ集にはしないぞ、というザッパの考えが伝わってきた。『第1集』を聴けば編集の鋭さがわかるようになっている。そこがスゴい。

　冒頭の「フロリダ・エアポート・テープ」は70年6月に空港で交わされたゲロの話（初出）、「ワンス・アポン・ア・タイム」（初出）と「ソファ#1」は71年12月10日のロンドン、レインボー・シアター公演から。その1週間前にスイスのモントリオールで、観客がフレアガンを天井に向けて撃ったため火災になり、マザーズは機材のすべての消失した。つまりロンドン公演はかき集めた機材で行ったのだが、ハプニングもありなのがツアーと言わんばかり。

　「ザ・マミー・アンセム」は暴動となった82年7月12日のシシリー公演のオープニング・ナンバー。80年7月3日の西ドイツで収録された「ユー・ディドント・トライ・トゥ・コール・ミー」はソニーに試してみてくれと渡された2トラック・デジタル・レコーダーでの初録音だった。「レッツ・メイク・ザ・ウォーター」からのメドレーは69年2月、解散直前のマザーズ。同月の「プラスティック・ピープル」をぶった切って始まる「拷問は果てしなく」は78年2月25日にニュールンベルグで収録された不気味なヴァージョンだ。

　全然書ききれない。買って聴いてもらうしかないね。（和）

オン・ステージ　Vol.1

Rykodisc RCD 10081/82

disc1:
① The Florida Airport Tape
② Once Upon A Time
③ Sofa #1
④ The Mammy Anthem
⑤ You Didn't Try To Call Me
⑥ Diseases of The Band
⑦ Tryin' To Grow A Chin
⑧ Let's Make The Water Turn Black/
⑧ Harry, You're A Beast/The Orange County/ Lumber Truck
⑨ The Groupie Routine
⑩ Ruthie-Ruthie
⑪ Babbette
⑫ I'm The Slime
⑬ Big Swifty
⑭ Don't Eat The Yellow Snow

disc2:
① Plastic People
② The Torture Never Stops
③ Fine Girl
④ Zomby Woof
⑤ Sweet Leilani
⑥ Oh No
⑦ Be In My Video
⑧ The Deathless Horsie
⑨ The Dangerous Kitchen
⑩ Dumb All Over
⑪ Heavenly Bank Account
⑫ Suicide Chump
⑬ Tell Me You Love Me
⑭ Sofa #2

Recording: **1969-1984**
Release:May 9,1988

You Can't Do That On Stage Anymore Vol.3/Disc-2

Frank Zappa

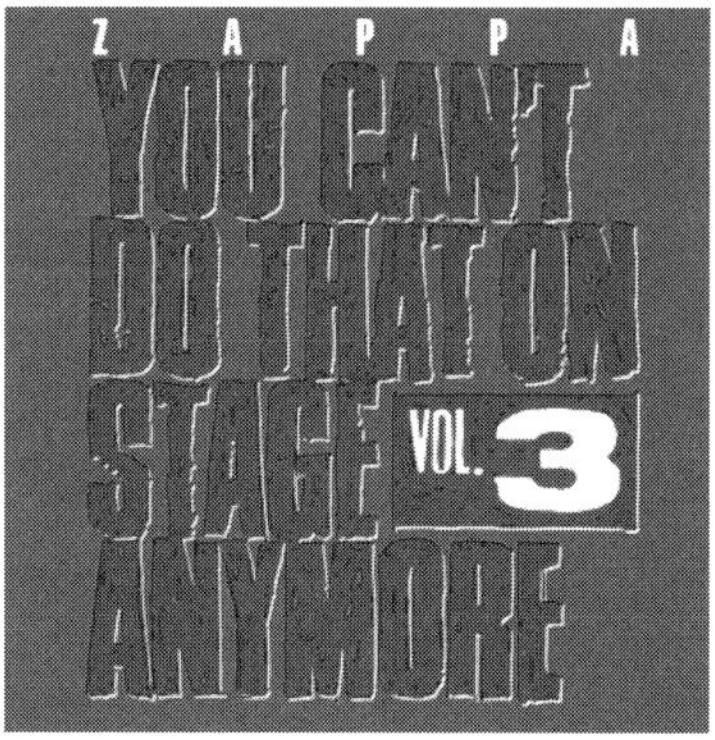

オン・ステージ　Vol.3 disc2

Rykodisc RCD 10085/86

① Dickie's Such An Asshole
② Hands With A Hammer
③ Zoot Allures
④ Society Pages
⑤ I'm A Beautiful Guy
⑥ Beauty Knows No Pain
⑦ Charlie's Enormous Mouth
⑧ Cocaine Decisions
⑨ Nig Biz
⑩ King Kong
⑪ Cosmik Debris

Recording: **1971-1984**
Release: November 13,1989

『サンプラー』で初登場となった73年12月12日ロキシーの「ディッキーズ・サッチ・アン・アスホール」で幕を開けるが、編集／ミックス違い、84年12月17日シアトルの「コズミック・デブリス」も『サンプラー』に収録のヴァージョンとはエンディングの編集が異なる。

油断も隙もありゃしない。

初出の「ハンズ・ウィズ・ア・ハンマー」は76年と77年のテイクをつないだものだし、「ズート・アリュアーズ」は76年の大阪公演と82年のパリ公演を合体させている。

「ソサエティ・ページズ」以下『ユー・アー・ホワット・ユー・イズ』からの4曲は81年のハロウィーン・コンサート、「コケイン…」は84年11月23日のシカゴ公演から。暴動となった82年7月11日シシリーのパレルモ公演で収録された「ニグ・ビズ」は初出曲である。

目玉と言える24分32秒に及ぶ「キング・コング」は、71年12月のテイクと82年6月のテイクをつなげてつくったものだ。

一筋縄ではいかない。

録音時期が10年以上離れていてもヘッチャラでつなぐ。リアル・ライヴ集成かと思っていたら、ちゃんと編集している。一度完成させたヴァージョンもつくり直してしまう。それで新曲が出てくるのだから手に負えない。『ヘルシンキ・コンサート』で満足してちゃダメだぜ、と言わんばかりの『第3集』だった。（和）

You Can't Do That On Stage Anymore Vol.4

Frank Zappa

オン・ステージ　Vol.4

Rykodisc RCD 10087/88

disc1:
① Little Rubber Girl
② Stick Together
③ My Guitar Wants To Kill Your Mama
④ Willie The Pimp
⑤ Montana
⑥ Brown Moses
⑦ The Evil Prince
⑧ Approximate
⑨ Love Of My Life Mudd Club Version
⑩ Let's Move To Cleveland Solos (1984)
⑪ You Call that Music?
⑫ Pound For A Brown Solos (1978)
⑬ The Black Page (1984)
⑭ Take Me Out To The Ball Game
⑮ Filthy Habits
⑯ The Torture Never Stops Original Version

disc2:
① Church Chat
② Stevie's Spanking
③ Outside Now
④ Disco Boy
⑤ Teen-Age Wind
⑥ Truck Driver Divorce
⑦ Florentine Pogen
⑧ Tiny Sick Tears
⑨ Smell My Beard
⑩ The Booger Man
⑪ Carolina Hard Core Ecstasy
⑫ Are You Upset?
⑬ Little Girl Of Mine
⑭ The Closer You Are
⑮ Johnny Darling
⑯ No, No Cherry
⑰ The Man From Utopia
⑱ Mary Lou

Recording: **1969-1988**
Release: June 14,1991

え、まだ出るの？　これじゃまるで「拷問は果てしなく」だよ〜と苦笑しながら買ってきたら、目玉は同曲のオリジナル・ヴァージョン（ヴォーカルとハーモニカはビーフハート）だったという『第4集』。ここでの「拷問…」はビーフハートに合わせたブルースだから、『ズート・アリュアーズ』以降のヴァージョンと聴き比べると曲がどう変化していったのかがわかる。

　ディスク2後半のドゥーワップ特集も聴きどころ。古い曲のメドレーから「ザ・マン・フロム・ユートピア」「メリー・ルー」とつないで、ドゥーワップの要素がザッパ音楽の中でどう活用されているかを見せたのはナイスな編集だ。

　84年にマサチューセッツで収録されたアーチー・シェップ入りの「レッツ・ムーヴ・トゥ…」も嬉しい。

　初出は11曲。「リトル・ラバー・ガール」は78年のハロウィーン、69年2月の「ユー・コール・ザット・ミュージック？」「タイニー・シック・ティアーズ」「アー・ユー・アプセット」はローウェル・ジョージ入り。「野球を見に連れてって」は88年5月13日のスペイン、「チャーチ・チャット」は82年6月22日のフランス、「スメル・マイ・ビアード」と「ザ・ブッガーマン」は74年11月8日のニュージャージーで、前者は寸劇、後者はラップ的なファンク・ナンバーだ。ドゥーワップの4曲は84年のデトロイト公演から。（和）

You Can't Do That On Stage Anymore Vol.6

Frank Zappa

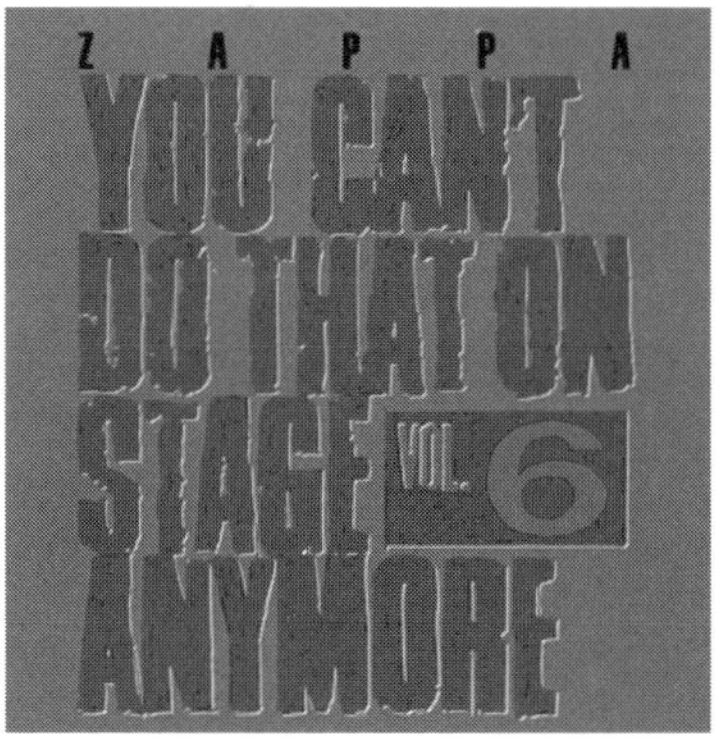

オン・ステージ　Vol.6

Rykodisc RCD 10087/88

disc1:
① The M.O.I. Anti-Smut Loyalty Oath
② The Poodle Lecture ③ Dirty Love
④ Magic Fingers
⑤ The Madison Panty-Sniffing Festival
⑥ Honey, Don't You Want A Man Like Me?
⑦ Father O'Blivion
⑧ Is That Guy Kidding Or What?
⑨ I'm So Cute ⑩ White Person
⑪ Lonely Person Devices
⑫ Ms. Pinky ⑬ Shove It Right In
⑭ Wind Up Working In A Gas Station
⑮ Make A Sex Noise ⑯ Tracy Is A Snob
⑰ I Have Been In You ⑱ Emperor Of Ohio
⑲ Dinah-Moe Humm ⑳ He's So Gay
㉑ Camarillo Brillo ㉒ Muffin Man
disc2:
① NYC Halloween Audience
② The Illinois Enema Bandit
③ Thirteen ④ Lobster Girl
⑤ Black Napkins ⑥ We're Turning Again
⑦ Alien Orifice ⑧ Catholic Girls
⑨ Crew Slut ⑩ Tryin' To Grow A Chin
⑪ Take Your Clothes Off When You Dance
⑫ Lisa's Life Story
⑬ Lonesome Cowboy Nando
⑭ 200 Motels Finale
⑮ Strictly Genteel

Recording: **1970-1988**
Release: July 10,1992

ちょっとホッとしたシリーズ最終作。２枚組ＣＤ６セットと、編集が違う曲が入った『サンプラー』が４年３ヶ月のあいだに出たと考えればそうでもないように思えるが、ザッパはまだ生きていて普通に新作が出ているうえ、『ビート・ザ・ブーツ！』の箱なんてリリースもあったのだから、大変だった。

ディスク１はセックス、ディスク２はハロウィーンというテーマでまとめられた『第６集』も、決して残りカスではないのがスゴいところ。

初出の「プードル・レクチャー」から、「ダーティ・ラヴ」という流れは日本公演でも披露されたパターンでファンにはよく知られていたが、アルバムには初収録（のちに『ＦＺ：ＯＺ』でも聴けるようになった）。ここでは77年のハロウィーンと79年２月19日のハマースミス・オデオンがつないである。「マジソンのパンティ嗅ぎフェスティヴァル」「あいつふざけてんのか？」「白人の女」などの猥談もステージではお馴染みだったが、初レコード化。大団円のシーンとして知られる「カマリロ・ブリロ」〜「マフィン・マン」は84年11月23日のシカゴ公演から。

ディスク２では「サーティーン」「ロブスター・ガール」「リサの生涯の物語」「ロンサム・カウボーイ・ナンド」が初出。「リサ…」はドラムのマイクがノイズを拾っていたため、このシリーズ唯一のオーヴァーダブ曲となった。

（和）

Have I Offended Someome?
Frank Zappa

ハヴ・アイ・オフェンディッド・サムワン？
Rykodisc RCD 10577

① Bobby Brown Goes Down
② Disco Boy
③ Goblin Girl
④ In France
⑤ He's So Gay
⑥ SEX
⑦ Titties 'N Beer
⑧ We're Turning Again
⑨ Dumb All Over
⑩ Catholic Girls
⑪ Dinah-Moe Humm
⑫ Tinsel Town Rebellion
⑬ Valley Girl
⑭ Jewish Princess
⑮ Yo Cats

Recording: **1973-1985**
Release: April 8,1997

　リリースは没後だが、生前のザッパによって編纂されたコンピレーション・アルバム。それだけに一筋縄ではいかない内容、意図が込められており、単なるコンピレーションでは済まない重要作。全15曲はすべてザッパの自選。「ボビー・ブラウン・ゴーズ・ダウン」、「イン・フランス」、「ヒーズ・ソー・ゲイ（彼はとってもゲイ）」、「ウィー・アー・ターニング・アゲイン」、「ヨー・キャッツ」はリミックス。「ディスコ・ボーイ」は再構築&リミックス・ヴァージョン。「ゴブリン・ガール」はリミックス&スローダウン・ヴァージョン。「ティティーズ・アンド・ビア」はエディット。「ダム・オール・オーヴァー」と「ティンゼル・タウン・リベリオン」は未発表ライヴ・ヴァージョン。「ダイナ・モー・ハム」はリミックス&エディット・ヴァージョンとなっている。

　フックの効いたヴォーカル曲ばかりが収められており、それでいてレア・トラック集の側面もあるものの、〝私は誰かを怒らせたかな？〟というアルバム・タイトルが示しているように、すべてが風刺に満ちた歌詞で埋め尽くされている。当然ながら、曲の配置にも気が配られており、ザッパの強い意志が感じられる。結局、彼は最後まで主義主張を貫き、社会へのメッセージを送り続けていたということだ。アートワークはイギリスの漫画家、ラルフ・ステッドマンが手がけている。（山）

Quaudiophiliac

Frank Zappa

クオーディオフィリアック
Barking Pumpkin/DTS 1125

① Naval Aviation In Art?
② Lumpy Gravy
③ Rollo
④ Drooling Midrange Accountants On
④ Easter Hay
⑤ Wild Love
⑥ Ship Ahoy
⑦ Chunga Basement
⑧ Venusian Time Bandits
⑨ Waka/Jawaka
⑩ Basement Music #2

Recording: **1970-1978**
Release: September 14, 2004

タイトルからもわかわるように、ザッパのクアドロフォニック（4チャンネル・ミックス）音源をDVDオーディオというメディアに纏めたもの。コンパイルしたのは息子のドゥイージルで、リサーチはジョー・とラヴァースが担当した。2003年の『ハロウィン』に続くDVDオーディオだが、あちらが臨場感溢れるライヴを疑似体験しようという意図があったのに対し、こちらはザッパが制作した4チャンネル・ミックスを、まず聴かせようという若干の違いがある。いずれにせよ、録音再生技術というものに対して常に目を光らせていたザッパの拘りがあったらばこその作品だ。

1970年代はじめに注目された4チャンネルというシステムに対し、ザッパは『オーヴァー・ナイト・センセーション』と『アポストロフィ』で4チャンネル盤を出し、その可能性を試した。システムが普及しなかったため、一般的には廃れていったが、彼はその後も密かに4チャンネル・ミックスにトライし続けていたのである。同時代的に最古の音源は「チャンガの復讐」で、ザッパは70年からこの技術に取り組んでいたことがわかる。確かに時系列順でもなく、年代にばらつきがあるにせよ、ほとんどが未発表か別ヴァージョンになっており、かなり聴き応えがある作品だ。現状、4チャンネル盤の再生は、ほぼ不可能なだけに、貴重なアイテムだ。（山）

One Shot Deal

Frank Zappa

ワン・ショット・ディール

Zappa Records ZR 20007

① Bathtub Man
② Space Boogers
③ Hermitage
④ Trudgin' Across The Tundra
⑤ Occam's Razor
⑥ Heidelberg
⑦ The Illinois Enema Bandit
⑧ Australian Yellow Snow
⑨ Rollo

Recording: **1972-1981**
Release: June 13,2008

アルバム『アブソルートリー・フリー』の内ジャケットには「キル・アグリー・ラジオ」と記してある。ザッパは、自分の曲がラジオでオン・エアされないことを真剣に嘆いていたわけではないだろうが、ありきたりなラヴソングばかりを流すラジオをアグリーとは思ったろう。

そんなザッパは決して反ラジオ主義ではなかった。自身がＤＪを務めたり、インタヴューを受けたり、ラジオ出演は多い。未発表の曲やライヴ・テイクを気前よく流したりもする。音源はザッパがミックスや編集を手掛けるので、かなり貴重だ。

そんなラジオのエア・チェック・テープはブートレグの格好のネタになってきた。本作⑧はその代表で、73年シドニーで演奏された「イエロー・スノー組曲」の編集ヴァージョンだ。本作は①〜④と⑧⑨がザッパの編集で、そのリールの存在が本作制作のきっかけにもなった。その①〜④もラジオ用の音源で、76年頃に放送されている。72年から74年の間の即興演奏の抜粋で、聴きごたえ満点だ。ザッパにとっては〝一度だけの事〟として、ラジオを通じた作品リリースという考えもあったかもしれない。そのリールに挟まれる形で⑤⑥⑦を挿入しているが、アルバム作品としての意図はいささか見えづらい。⑥は79年の「インカ・ロード」からのソロで、これも名演。このソロは切り出されて『ジョーズ・ガレージ』に移植された。（梅）

Understanding America

Frank Zappa

アンダースタンディング・アメリカ

Zappa Records/UMe ZR3892

disc1:
① Hungry Freaks, Daddy ② Plastic People
③ Mom & Dad ④ It Can't Happen Here
⑤ Who Are The Brain Police?
⑥ Who Needs The Peace Corps?
⑦ Brown Shoes Don't Make It
⑧ Concentration Moon ⑨ Trouble Every Day
⑩ You're Probably Wondering Why I'm Here
⑪ We're Turning Again ⑫ Road Ladies
⑬ What Kind Of Girl Do You Think We Are?
⑭ Camarillo Brillo ⑮ Find Her Finer
⑯ Dinah-Moe Humm ⑰ Disco Boy
⑱ 200 Years Old
disc2:
① I'm The Slime ② Be In My Video
③ I Don't Even Care ④ Can't Afford No Shoes
⑤ Heavenly Bank Account
⑥ Cocaine Decisions
⑦ Dumb All Over ⑧ Promiscuous
⑨ Thing-Fish Intro ⑩ The Central Scrutinizer
⑪ Porn Wars Deluxe ⑫ Tinsel Town Rebellion
⑬ Jesus Thinks You're A Jerk

Recording: **1966-1988**
Release: October 30, 2012

『フリーク・アウト!』の冒頭「ハングリー・フリークス・ダディ」から『イエロー・シャーク』の「ウェルカム・トゥ・ユナイテッド・ステイツ」に至るまで、ザッパは、アメリカを貶し、おちょくり、からかい。皮肉り、攻撃した。そして常に自分の音楽はアメリカを体現していると自負していた。ザッパの膨大な作品は、ザッパの「愛国心」の産物とも言える。「アメリカのことを知りたければ、俺の作品を聴くべきだ」というザッパの声が聞こえてきそうだし、事実そうだろう。そして本作のこのタイトルだ。

本作は、過去の曲から、なるべくバランスよく選曲しようという意図は感じるが、基本的にベスト・アルバムではない。すべて歌詞のある曲で、ギターソロはカットされている。制作は91年で、まだ92年の大統領選出馬を考えていた時だ、つまり本作は、ザッパ候補の選挙に向けたステイトメントとして制作されている。オバマが再選した2012年大統領選の前日にようやくリリースされた。

2⑪が本作の最重要曲で、85年の「ポルノ戦争」の拡大版だ。議員の発言に反応するように過去の曲を挿入し、そんな入れ子構造の中に『シング・フィッシュ』や『ランピー・グレイヴィ』をリンクさせて、シンクラヴィアでコーティングする、これはある種の集大成だ。この曲と本作収録の他の曲を組み合わせることによってアメリカを知るのだ。(梅)

Finer Moments

Frank Zappa

ファイナー・モーメント

Zappa Records/UMe ZR3894

disc1:
① Intro
② Sleazette
③ Mozart Piano Sonata In Bb
④ The Walking Zombie Music
⑤ The Old Curiosity Shoppe
⑥ You Never Know Who Your Friends Are
⑦ Uncle Rhebus

disc2:
① Music From "The Big Squeeze"
② Enigmas 1 Thru 5
③ Pumped And Waxed
④ "There Is No Heaven From Where Slogans Go To Die"
⑤ Squeeze It, Squeeze It, Squeeze It
⑥ The Subcutaneous Peril

Recording: **1966-1988**
Release: October 30, 2012

本作の編集は72年の春。ザッパは、まだロンドンでの事故後の車椅子生活中で、この間には『ワカ/ジャワカ』『グランド・ワズー』の2作のレコーディングが行われている。そんな時期的な関連性もあるのか、本作はヴォーカル曲がまったく無く、アバンギャルドな要素の強いアルバムになっている。72年から40年後の２０１２年のリリース。

主に69年6〜7月、71年10月のマザーズのライヴ音源と、数曲の実験的なスタジオ録音で構成されており、１⑦は69年、２⑥71年の「キング・コング」からのソロと即興パートだ。前者は『ビート・ザ・ブーツ』シリーズ、後者は本作の前年の２０１１年に発売された『カーネーギー・ホール』で公開済みの演奏だが、本作独自の編集が施されている。１⑤の最後に「今、レコードの傷音がなったが、A面の終わりだ」というザッパの声が入り、レコードとして各サイドごとに区切られる編集になっているが、当時これを2枚組の作品として制作したのかどうかは不明だ。

ザッパは当時から常に10枚組のアルバムを計画していた。それに結びつく編集作業の一部が本作になったと想像もできなくない。本作から数曲が『オン・ステージ』等の後年のアルバムに収録されている。そんな、後のちの作品の素材集的な趣もある本作だが、アナザー・サイド的にザッパの前衛的な録音をまとめた、他の作品にない魅力がある。（梅）

The Guitar World According To FZ

Frank Zappa

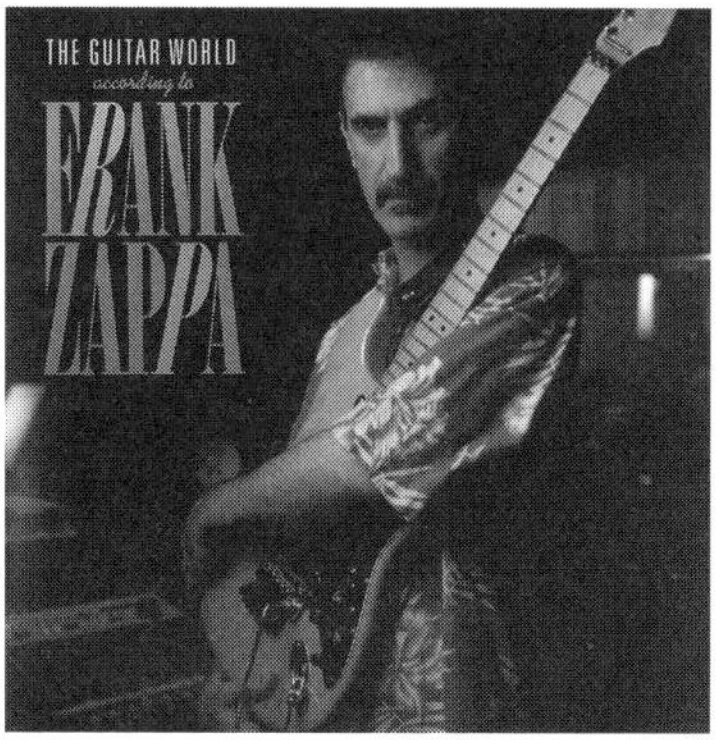

ザ・ギター・ワールド・アコーディング・トゥ・フランク・ザッパ

Barking Pumpkin/Guitar World GW002

Side 1:
① Sleep Dirt
② Friendly Little Finger
③ Excerpt From "Revised Music For Guitar And Low-Budget Orchestra"
④ Things That Look Like Meat
Side 2:
① Down In De Dew
② A Solo From Heidelberg
③ A Solo From Cologne
④ A Solo From Atlanta

Recording: **1972-1984**
Release: June 2, 1987

本作のオリジナルはギター・ワールド・マガジンが87年に制作したカセット・テープだった。選曲と編集はザッパで、かなり細かいライナーノートも書いており、正規作品と同様の制作体制だったと言える。これは翌年にリリースする予定の"Guitar Box"（87年時点ではタイトルはこう記されていた）のプロモーションを意図したものでもあったが、本作の8曲中、翌年の『ギター』に収録されたのは3曲だけだった。本作は72、74、75、77、81、82年の録音を収録しているということと、2019年にレコード・ストア・デイのアイテムとしてアナログ化されたということ、何より本作の存在を忘れないようにという意図も込めて、ここに取り上げた。

①②③⑤が70年代のスタジオ録音で、ライヴ録音とはまた違うアコースティック・ギターやフレットレス・ギターの独特な使用が興味深く、②⑤で聴けるザッパのベース・プレイも面白い。③は『スタジオ・タン』収録の同曲の抜粋版で、チャド・ワッカーマンのドラムに差し替えられており、本作のみに収録。④⑦⑧は88年の『ギター』に収録されるが、④がショート・ヴァージョン、⑦⑧がロング・ヴァージョンとややこしい。⑥は08年の『ワン・ショット・ディール』にようやく収録された。年代の幅が広いのでショー・ケース的に楽しみつつも、レア・ヴァージョン集としても要注意。（梅）

Zappatite-Frank Zappa's Tastiest Tracks

Frank Zappa

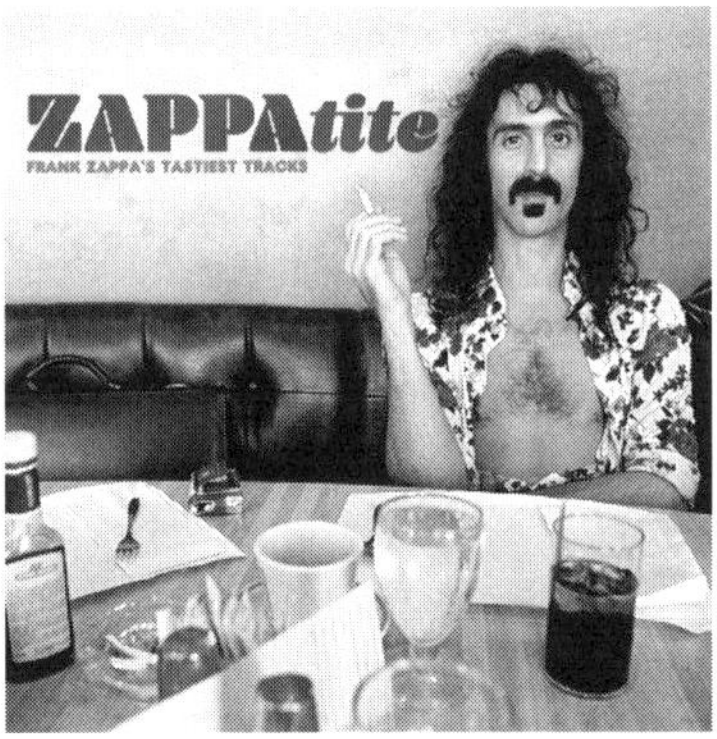

ザッパタイト

Zappa Records/UME ZR20023

Appetizers
① I'm The Slime
② Dirty Love
③ Dancin' Fool
④ Trouble Every Day
Entrées
⑤ Peaches En Regalia
⑥ Tell Me You Love Me
⑦ Bobby Brown Goes Down
⑧ You Are What You Is
⑨ Valley Girl
⑩ Joe's Garage
⑪ Cosmik Debris
⑫ Sofa No.1
⑬ Don't Eat The Yellow Snow
Dessert
⑭ Titties & Beer
⑮ G-Spot Tornado
⑯ Cocaine Decisions
⑰ Zoot Allures
⑱ Strictly Genteel

Recording: **1966-1986**
Release: September 23, 2016

　2012年、ザッパ家はユニバーサル・ミュージックとライセンス契約を結び、一挙に生前の作品がリイシューされた。幾つかの作品はアナログ・マスターを使用し、従来のCDヴァージョンがデリートされたり、ライコ・ディスク時代に作られたジャケットのデザインを刷新したり、全作品に通し番号がついたり、大小様々な変更が発生した。音源だけでも、復活したもの、無くなったものが多くあり、すべてを把握する作業がハードウェイになってきた。

　ザッパ作品の把握には、より考古学的なアーカイヴ主義の進行が進むだろうし、その一方で幅広いファンに向けたアクションの重要性は増すだろう。ザッパの音楽は、1ミリのミスも許さないマニアのためにあるはずはなく、すべての作品は皆さんのお楽しみのために、というスピリッツのもとにある。そんなザッパ愛聴空間の外郭には常に入門と追求のサイクルがフル回転している。ゆえに本書が果たす役割もあるだろう。

　本作は、ゲイルの後を継いでザッパ作品の管理を担う事になった次男のアーメットが編集した、現在最新にして唯一の入門用ベスト盤だ。これは決定版と言っていいと思う。⑭〜⑱は結構意外だけど、収まりはいい。アピタイザー、アントレ、デザートと3つのメニューに振り分けるのも面白い。そういえばザッパは子供たちの中で一番自分に近いのはアーメットだと言っていた。（梅）

編集盤／関係レーベル作品

OUR BIZARRE RELATIONSHIP

山田順一

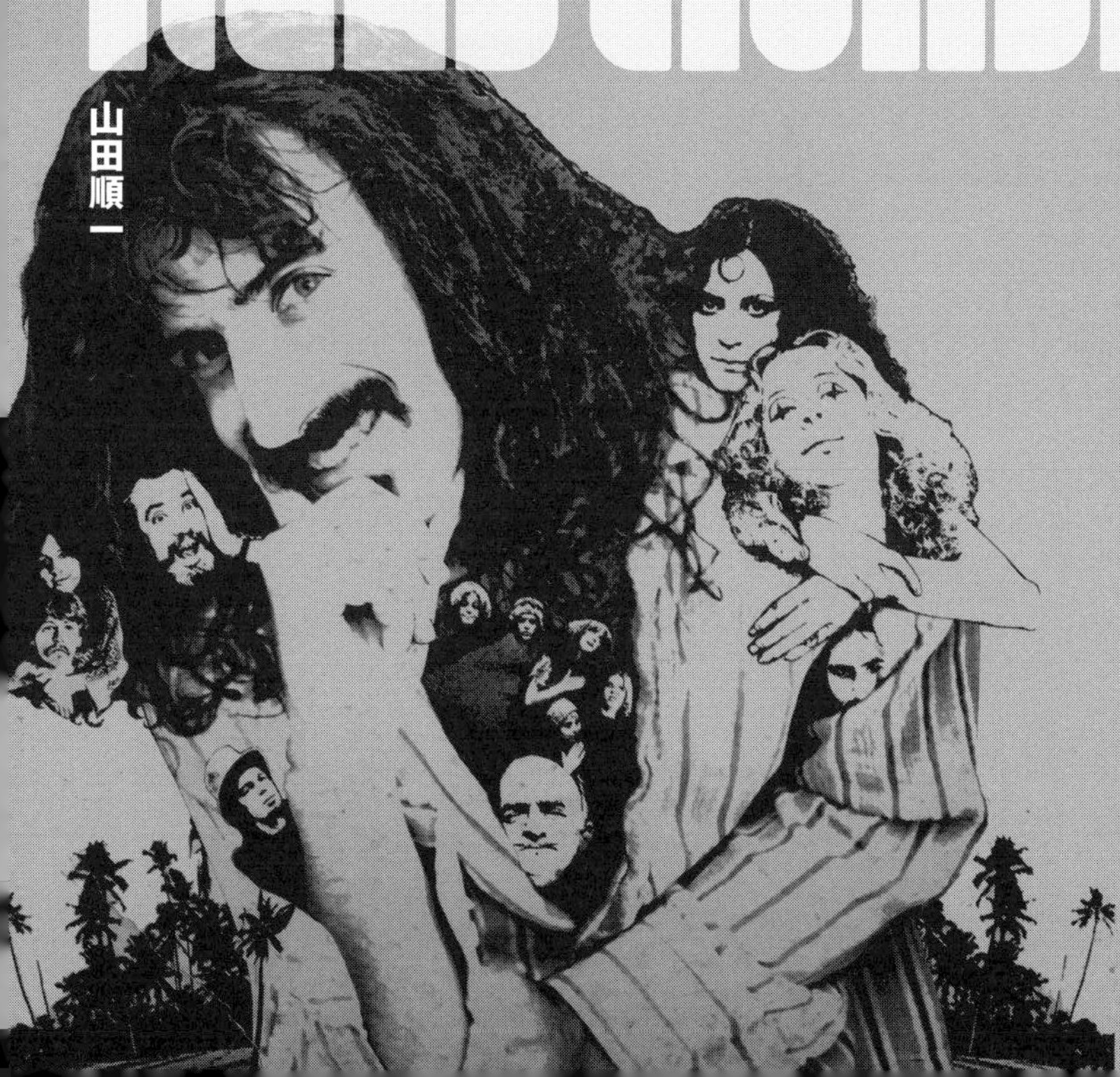

The ** Of The Mothers**
Verve ● V6-5074 1969年10月13日

Strictly Commercial,
The Best Of Frank Zappa
Rykodisc ● RALP40500 1995年8月21日

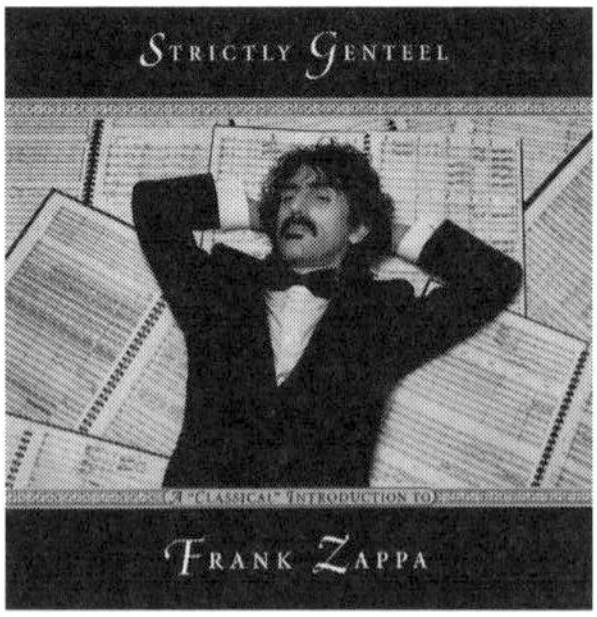

Strictly Genteel, A "Classical"
Introduction To Frank Zappa /
Rykodisc ● RCD10578 1997年5月20日

Cheap Thrills
Rykodisc ● RCD 10579 1998年4月28日

『ザ・＊＊＊＊オフ・サ・マザーズ』はヴァーヴが出したマザーズの編集盤のひとつ。マザーズの3枚のアルバムの権利を持っていたヴァーヴ／ポリドール／MGMは、手を変え品を変え何枚も編集盤を発売したが、ザッパが認め、関わったのは『マザーマニア』だけ。どれも特別な音源などは含まれていないので、コレクターズ・アイテムとして入手するのはありだが、それ以上の価値はない。

95年の『ザ・ベスト・オブ・フランク・ザッパ』は、ザッパの死後に発売された歌もの中心のベスト。各国盤で微妙に選曲が異なり、アートワークも違う。「ドント・イート・ジ・イエロー・スノー」、「ジョーのガレージ」、「モンタナ」はシングル・ヴァージョン。「ダンシング・フール」は12インチ・ディスコ・ミックスでの収録というのがポイント。

対して『ストリクトリー・ジェンテール』は、クラシック／現代音楽の作品を纏めたもの。95年に承認版CDが一挙に出回るので、そこから生まれた企画だが、ライコはこの2枚をザッパ音楽への〝入口〟にしたいという意図だったのだろう。

『チープ・スリル』は、ライコ・ディスクが発売した廉価盤ベスト。99年には続編の『サン・オブ・チープ・スリル』も出ている。脈絡のない選曲、曲順だが、ベスト・アルバムというよりもサンプラーという扱いなのだろう。それだけに意外性はある。2枚ともカル・シェンケルがアートワークを手がけており、エンハンスドCDのコンテンツとしてディスコグラフィーが見られる仕組みになっている。

The Old Masters Box I

Barking Pumpkin ● BPR-7777 1985年4月19日

Freak Out!

Absolutely Free

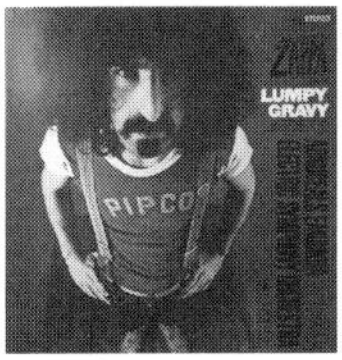

Lumpy Gravy

We're Only in It for the Money

Cruising with Ruben & the Jets

Mystery Disc

レコード会社から自分の作品の権利を取り戻したことによって（すべてではなかったのだが）、制作されたボックス・セットの第1弾。カタログの整理という意味合いが強いが、それを自らの手で行なえるという喜びは大きかったはずだ。また、初期のアルバムは廃盤状態にあったため、第1集はファンからも特に喜ばれた。ザッパ自身によってリマスタリング／リミックスが施されており、これを〝定本〟にその後のCDマスターがつくられたことを思えば、オリジナル・アナログ・マスターとの違いが浮き彫りになったにせよ、意義ある作業だったと言えるだろう。

　ここに収められたのは、『フリーク・アウト！』、『アブソリュートリー・フリー』、『ランピー・グレイヴィ』、『ウィー・アー・オンリー・イン・イット・フォー・ザ・マネー』、『クルージング・ウィズ・ルーベン＆ザ・ジェッツ』という5作のオリジナル・アルバムと、未発表音源集『ミステリー・ディスク』の6タイトル。どれもリヴァーブの利いたステレオ・ミックスとなっているが、『ウィー・アー・オンリー・イン・イット・フォー・ザ・マネー』と『クルージング・ウィズ・ルーベン＆ザ・ジェッツ』では、マスターの劣化があった場所のベースとドラムを、アーサー・バーロウとチャド・ワッカーマンによる新録音源に差し替えるという荒業をみせた。ボックスの発売は旧メンバーからの訴訟へと発展し、差し替えは一部ファンから否定的な声も。サンプラーでは抜粋版「ランピー・グレイヴィ」もオーヴァーダビング版だった。

The Old Masters Box II

Barking Pumpkin ● BPR-8888 1986年11月25日

Uncle Meat

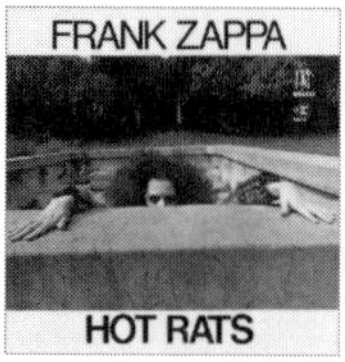

Hot Rats

Burnt Weeny Sandwich

Weasels Ripped My Flesh

Chunga's Revenge

Fillmore East, June 1971

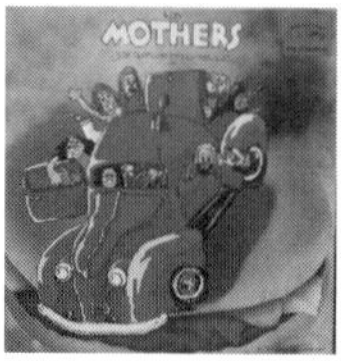

Just Another Band from L.A.

Mystery Disc

ヴァーヴとワーナー・ブラザーズというレコード会社との訴訟に勝利し、作品の権利がザッパの手元に戻ってきたことで生まれたボックス・セットの第2集。第1集がリリースされた際には、〝1984年までの全アルバムを、向こう4年間、毎年1巻ずつ発売する〟と宣言していた。前回がヴァーヴ時代のものであったのに対し、本作には配給がリプリーズに移ってからの7作、『アンクル・ミート』、『ホット・ラッツ』、『バーント・ウィーニー・サンドウィッチ』、『いたち野郎』、『チャンガの復讐』、『フィルモア・ライヴ'71』、『ジャスト・アナザー・バンド・フロムL.A.』が収められ、前回と同様に未発表音源を纏めた『ミステリー・ディスク』がおまけとしてつけられた。この時点で『マザーマニア』と『200モーテルズ』が見送られたわけだが、当時は、その権利を買い戻せていなかったからである。

　第1集のように大胆な差し替えはないものの、リヴァーブがかけられたミックスになっているのは同じ。その中でも『ジャスト・アナザー・バンド・フロムL.A.』は、音質補正のためにかなりのリミックスが施されている。

　『ミステリー・ディスク』は、第1集のそれとともに98年に単独作品としてCD化(「ホワイ・ドンチャ・ドゥ・ミー・ライト?」と「ビッグ・レグ・エマ」のシングル・ヴァージョンは、『アブソリュートリー・フリー』のCDに入ったため、オミットされた)。ボックス・セットを購入できなかったファンの留飲を下げている。

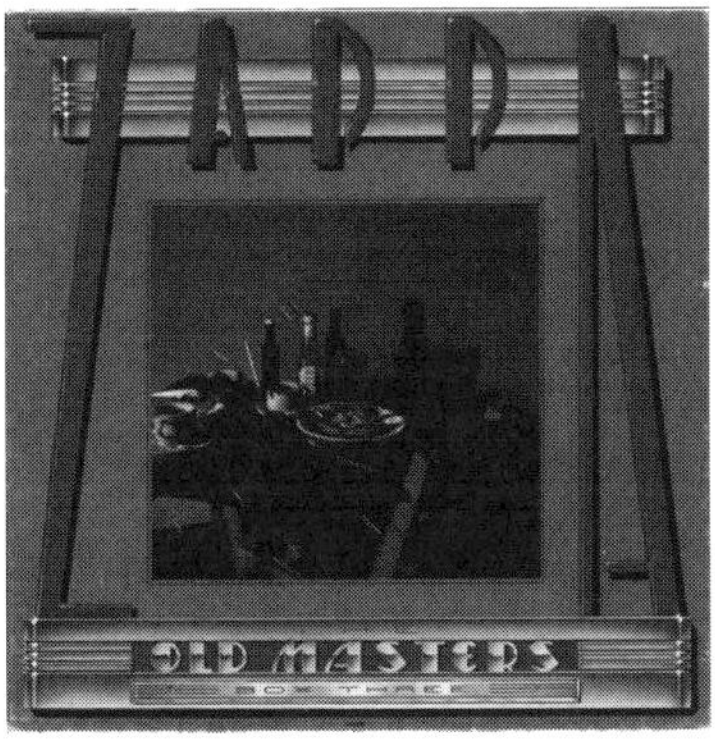

The Old Masters Box III

Barking Pumpkin ● BPR-9999 1987年11月30日

ボックス・セットの第3弾。第1集、2集のおまけとしてつけられた未発表音源集の『ミステリー・ボックス』は入っていない。その代わり、『ワカ／ジャワカ』、『グランド・ワズー』、『オーヴァーナイト・センセーション』、『アポストロフィ』、『ロキシー・アンド・エルスウェア』、『ワン・サイズ・フィッツ・オール』、『ボンゴ・フューリー』、『ズート・アリュアーズ』からなる8タイトル、9枚組というシリーズ最大のヴォリュームとなった。このセットに含まれてもおかしくない『ザッパ・イン・ニューヨーク』、『スタジオ・タン』、『スリープ・ダート』、『オーケストラル・フェイヴァリッツ』は、元々ザッパの意向に反して発表された作品であることから、あえて外されている。それらはのちに単体でそれぞれCD化されたが、大幅に改編されており、それがザッパの〝答え〟だったのだろう。

音はそれまでと同様にリヴァーブ・ミックスとなっている。第2集で割愛されたブックレットはここにも入っておらず、それとは別に、このシリーズのカヴァー・アートを手がけたドナルド・ローラー・ウィルソンが描いた絵を使った別ジャケットが封入された。

結局、『オールド・マスターズ』シリーズは、スタート時の宣言とは変わって、ここで打ち止めとなるが、時代的にCDが市場のメイン・フォーマットとなっていたため、あとはそちらで、という判断をしたのだと思われる。いずれにせよ、この時期ザッパが自身の作品を自らがコントールできる状況を確保したことは大きかった。

Waka/Jawaka

The Grand Wazoo

Over-Nite Sensation

Apostrophe (')

Roxy & Elsewhere

One Size Fits All

Bongo Fury

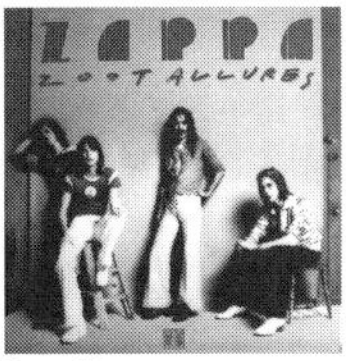

Zoot Allures

海賊盤をオフィシャル化し、LP8タイトル（10枚）、もしくはカセットテープ8本に、Tシャツとバッジをつけてボックス・セットとして発売したもの。ほどなくして出たCDはそれぞれ分売された。面白いのはジャケットまでそのまま使ったところで、ザッパの洒落っ気が伝わってくる。

順に、『雑派大魔神ニューヨークで憤激』は、スティーヴ・ヴァイ入りの82年5月21日と81年10月31日の音源。『雑派大魔神ボストンで立腹』は68年7月18日の〝アンクル・ミート期〟のもの。『ザッパ大魔神フィルモアで逆襲』は70年11月13日のフィルモア・イースト公演で、フロー&エディ時代。『雑派大魔神ノートルダムで激怒』は、マザーズ結成10周年ツアーから74年5月12日のサウス・ベンドでのライヴ。〝ジョーのガレージ期〟にあたる『雑派大魔神パリで逆鱗』は79年3月19日に収録。67年9月30日の『雑派大魔神スウェーデンで逆上』は、ここでの最古の音源で、短期間の活動に終わった〝ヴィー・アー・オンリー・イン・イット・フォー・ザ・マネー期〟のバンドによるもの。『雑派大魔神ザールブリュッケンで激昂』は、78年9月3日に録られたもので、『〜パリで逆鱗』とは若干メンバーが異なる。『雑派大魔神ストックホルムで激憤+シドニーで憤慨』は、〝オーヴァーナイト・センセーション・バンド〟の73年8月21日のストックホルム公演をメインに、「ティマーシ・ドゥイーン」だけシドニーではなく、12月8日から10日にかけて行なわれたロサンゼルス公演の音源が挿入されている。

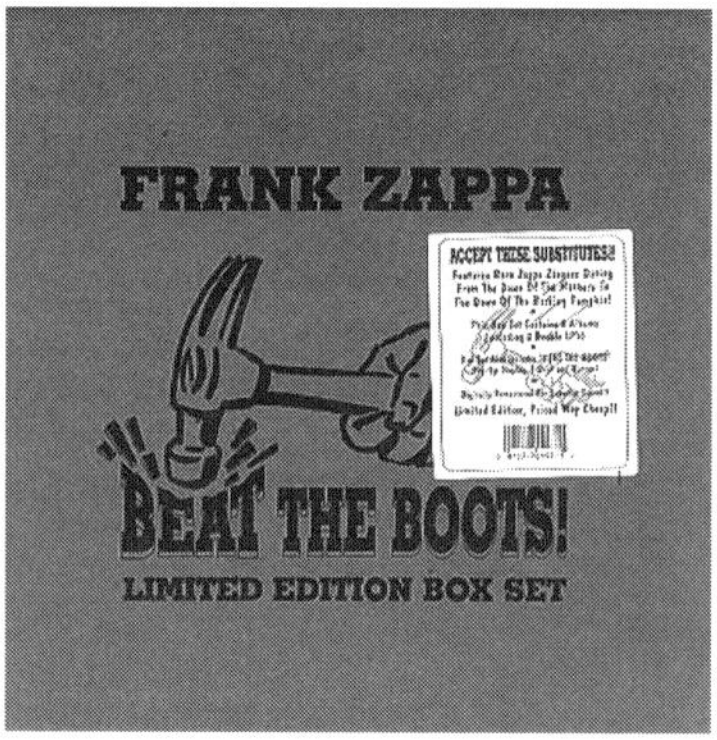

Beat the Boots!

Rhino/Foo-Eee ● R1 70907 1991年6月4日

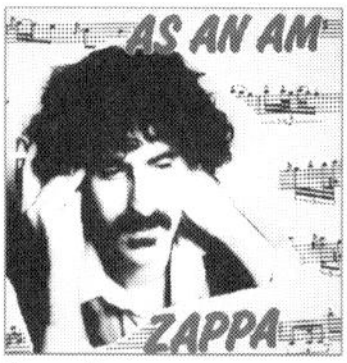

As an Am

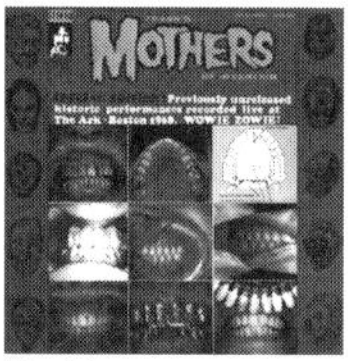

The Ark

Freaks & Mother*#@%!

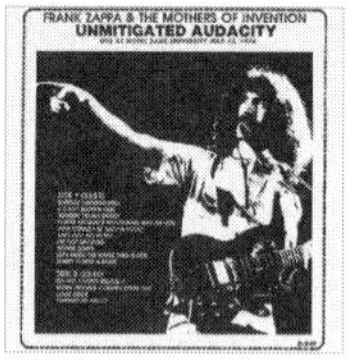

Unmitigated Audacity

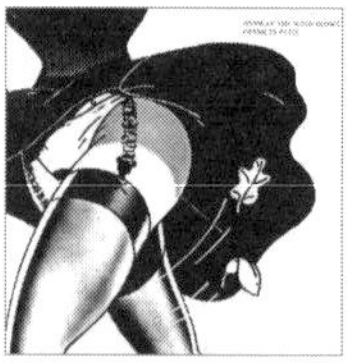

Anyway the Wind Blows

Tis the Season to Be Jelly

Saarbrücken 1978

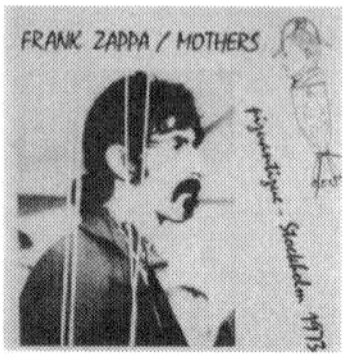

Piquantique

オフィシャル・ブートレグ・ボックスの第2弾。前回のボックスはポップアップする仕組みになっていたが、こちらはノーマル。7タイトル／11枚のLP、もしくは8本のカセットテープ、7枚のCDに40ページのブックレットとピンバッジがついた黒いベレー帽入りのセットと、ばら売りのCDが同時にリリースされている。日本盤は発売されなかったので、〝雑派〟の邦題はなし。

　順に、『Disconnected Synapses』は70年12月15日のパリ公演から。〝200モーテルズ期〟のバンドに、ジャン＝リュック・ポンティが客演している。『Tengo Na Minchia Tanta』は、第1集の『雑派大魔神フィルモアで逆襲』と同じ日のアーリー・ショウとレイト・ショウの音源。『Electric Aunt Jemima』は、68年5月3日のデンバー、9月20日のエッセン、10月20日のアムステルダムという3か所の公演より。78年9月8日のミュンヘン公演と、70年7月18日のオランダでの音源が纏められたのが『At The Circus』。次の『Swiss Cheese/Fire!』が貴重な記録で、ライヴ中に火事となった71年12月4日にモントルーのカジノで行なわれた日のもの。ディープ・パープルがこの事件を元に「スモーク・オン・ザ・ウォーター」を書いたのは有名な話だ。『Our Man In Nirvana』はロウエル・ジョージ入りのマザーズのステージで、68年11月8日にフラートンでの収録。ワイルド・マン・フィッシャーがゲスト参加した。『Conceptual Continuity』は、76年11月19日のデトロイト公演の模様を収めている。

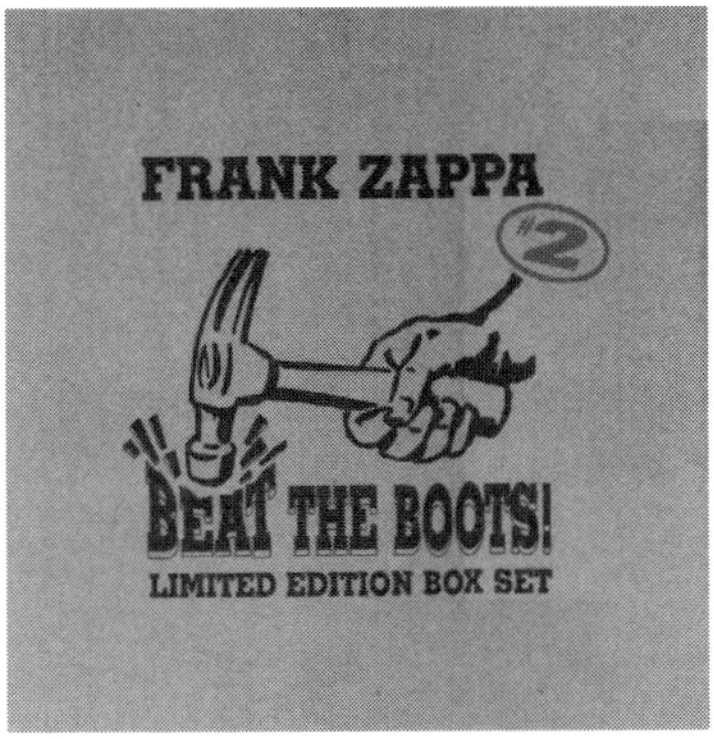

Beat the Boots! II

Rhino/Foo-Eee ● R1 70907 1992年6月16日

Disconnected Synapses

Tengo Na Minchia Tanta

Electric Aunt Jemima

At the Circus

Swiss Cheese/Fire!

Our Man in Nirvana

Conceptual Continuity

サンディ・ハーヴィッツと出会ったザッパは彼女の才能に惚れ込み、〝スージー・クリームチーズ〟と名づけて、マザーズが演奏するアルバムの制作を持ちかけるが、その方針を巡って対立。結局、ザッパは手を引き、イアン・アンダーウッドがプロデュースして仕上げたのが『サンデイズ・アルバム・イズ・ヒア・アット・ラスト!』。ザッパと離れた彼女は、エスラ・モホークとして活動する。

　ビザールは元々、ザッパと彼のマネージャーのハーブ・コーエンが制作会社として立ち上げたもの。ほどなくしてレーベルとしての機能するようになり、配給はワーナー・ブラザーズ傘下のリプリーズに委ねた。そのレーベルの外部アーティスト作品第1弾アルバムとして発表したのが、スタンダップ・コメディアンのレニー・ブルースの2枚組実況録音盤『The Berkeley Concert』である。65年12月12日にバークレイ・コミュニティ・シアターで開いたショウの模様を収めたもので、音楽ではなく、彼のトークが詰まっている。

Sandy Hurvitz
Sandy's Album Is Here At Last
Verve ● V6-5064
1968年12月9日

Lenny Bruce
The Berkeley Concert
Bizarre/Reprise ● 2XS 6329
1969年2月17日

『ワイルド・マン・フィッシャーの楽しい夕べ』は、妄想型統合失調症と双極性障害を患っていたワイルド・マン・フィッシャーの2枚組作品。彼の路上でのパフォーマンスやライヴにスタジオでオーヴァーダビングを重ねたもの。プロデュースはザッパで、パーカッションでも参加している。ほぼ、同時期に出たマザーズの『アンクル・ミート』と、同じくザッパがプロデュースしたキャプテン・ビーフハートの『トラウト・マスク・レプリカ』に共通する〝尖り具合〟が、当時のザッパの嗜好性を感じさせる。2016年にようやくCD化され、日本でも紙ジャケットCDが出て、容易に聴けるようになった。

前衛的なアーティストを出すというビザールに対して、メインストリームのアーティストを送り出そうと設立されたのがストレート。当初、ザッパとハーブ・コーエンは、リプリーズにおいて2つのレーベルを使い分ける構想を持っていた。そのストレートの第1弾に選ばれたのがアリス・クーパーの『プリティーズ・フォーユー』である。まだまだ荒削りで雑然としているが、この怪しい雰囲気にザッパは魅了されたのだろう。

女性シンガーのジュディ・ヘンスキーと元モダン・ファーク・カルテット〜ラヴィン・スプーンフルのジェリー・イェスターによるデュオが発表したサイケデリック/ソフト・ロック・アルバムが『Farewell Aldebaran』。イェスターとザル・ヤノフスキーがプロデュース、エグゼクティヴ・プロデューサーにはコーエンがクレジットされている。

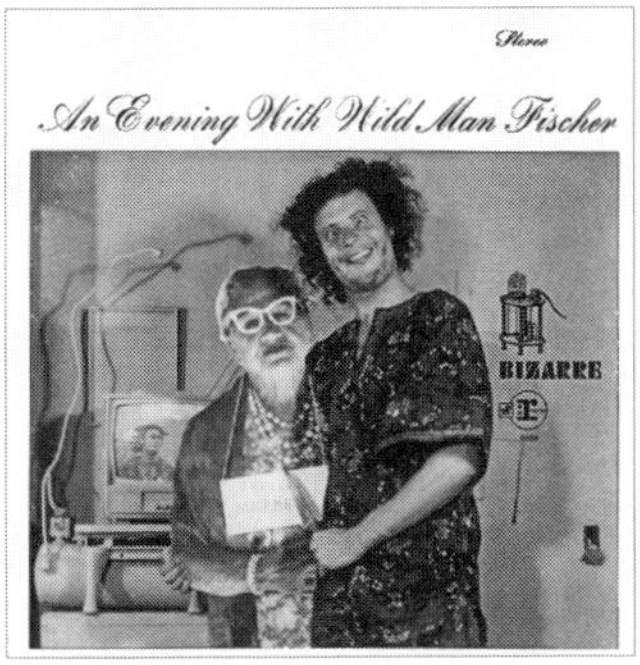

Wild Man Fischer
An Evening With Wild Man Fischer
Bizarre/Reprise ● 2XS 6332
1969年4月28

Alice Cooper
Pretties For You
Straight ● STS-1051
1969年5月19日

Judy Henske/Jerry Yester
Farewell Aldebaran
Straight ● STS-1052
1969年6月16

俳優でコメディアン、ビート・ジェネレーションの詩人でもあったロード・バックリィの『A Most Immaculately Hip Aristocrat』は、56年に録られていた彼のパフォーマンスのテープをザッパが編集したもの。バックリィのことは、ジョージ・ハリスンの「人生の夜明け」で知っているロック・ファンもいるかもしれない。これも音楽ではないが、こういった文化遺産を残そうとしたこともザッパの功績のひとつである。

『Naked Angels』は、69年のバイカー映画のサウンドトラック。音楽を担当したジェフ・シモンズは、イージー・クワイア在籍中の68年8月24日にマザーズの前座を務めたことでザッパの知己を得ている。バンドが解散したため、すぐにデビューとはいかなかったが、ストレートでサントラとソロを出したのちの70年にマザーズに加入している。B級映画のサントラらしい〝いかにも〟なサウンド。

ザッパのポートレイトも印象的な『Zapped』は、メイル・オーダーの通販価格で販売されたビザール／ストレートのレーベル・サンプラー。ザッパ、マザーズはもちろん、ビーフハート、ワイルド・マン・フィッシャー、アリス・クーパー、GTOズら、ザッパが発掘してきた面々の楽曲が並ぶが、結果的に当時のザッパの音楽観や思想性が透けて見えるようになっていて、侮れないアルバムとなった(ライナーノーツは「ローリング・ストーン」誌のジョン・メンデルソーンが書いている)。翌年にはジャケット(通称コラージュ・カヴァー)と内容を変えたLPも出回った。

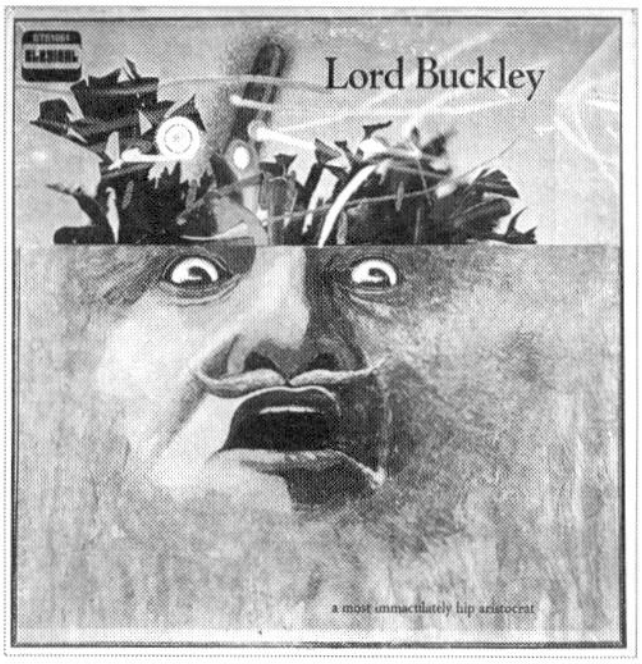

Lord Buckley
A Most Immaculately Hip Aristocrat
Straight ● STS 1054
1969年9月15日

Jeff Simmons
Naked Angels (Soundtrack)
Straight ● STS-1056
1969年9月15日

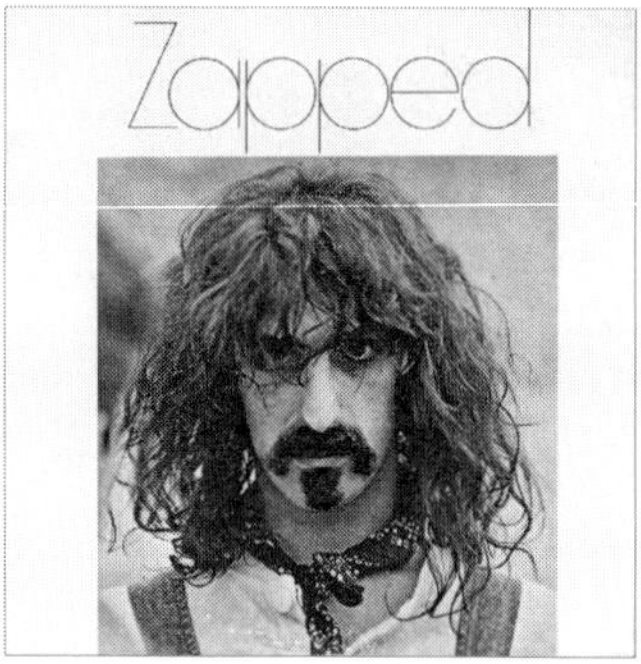

Various Artists
Zapped
Bizarre/Reprise ● PRO 368
1969年11月10日

アイアン・バタフライ～ライナセロスを経て、ソロとなったティム・ダウの唯一の作品が『Penrod』。彼のライヴを観て気に入ったジェリー・イェスターが、ハーブ・コーエンに進言したことから契約に至っている。そのイェスターがプロデュースとアレンジを担当。サイケなフォーク・ロックといった趣。

『ブルー・アフタヌーン』はティム・バックリィの4作目にしてストレートからの第1弾。彼は元々、マザーズのジミー・カール・ブラックと出会ったのをきっかけに、コーエンのマネージメントでエレクトラからデビューしていたので、スムーズな流れでの移籍である。静謐かつゆらゆら揺らめくアシッド・フォークが聴ける。

ガールズ・トゥギャザー・アウトレイジャスリー＝ＧＴＯズの『パーマネント・ダメージ』は、ザッパがプロデュースした作品（タンバリンも）。マザーズに加えて、ジェフ・ベック、ロッド・スチュアート、ニッキー・ホプキンス、人気ＤＪのロドニー・ビンゲンハイマーらが参加。ローウェル・ジョージやモンキーズのデイヴィ・ジョーンズが曲を提供した。グループは、のちにシルヴァーヘッドのマイケル・デ・バレスの妻となるパメラ・ミラー、ザッパの娘ムーンのベビーシッターで、『ホット・ラッツ』のジャケットのモデルにもなったクリスティーン・フルカ、サンドラ・ロウ、シンデレラ（シンシア・ウェルズ）、マーシー・フォンテノット、ルーシー（ラズ・オファーラル）、ジョナというグルーピーたちがメンバーだった。

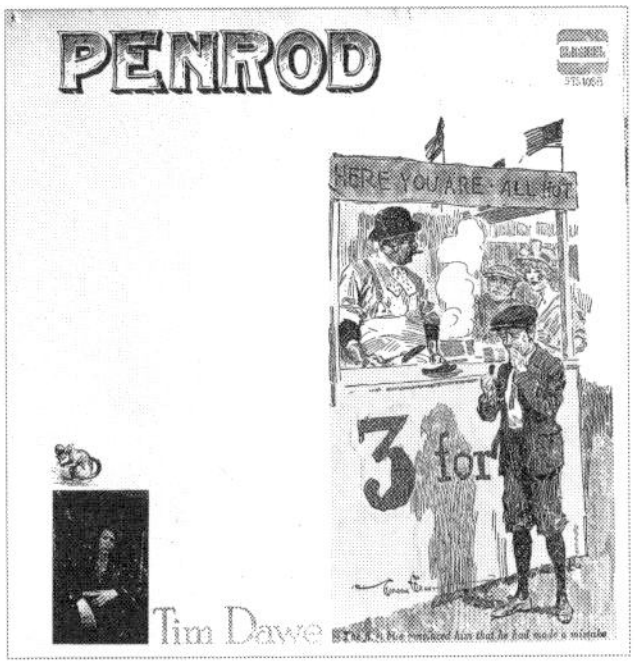

Tim Dawe
Penrod
Straight ● STS-1058
1969年11月24日

Tim Buckley
Blue Afternoon
Straight ● STS-1060
1969年11月24日

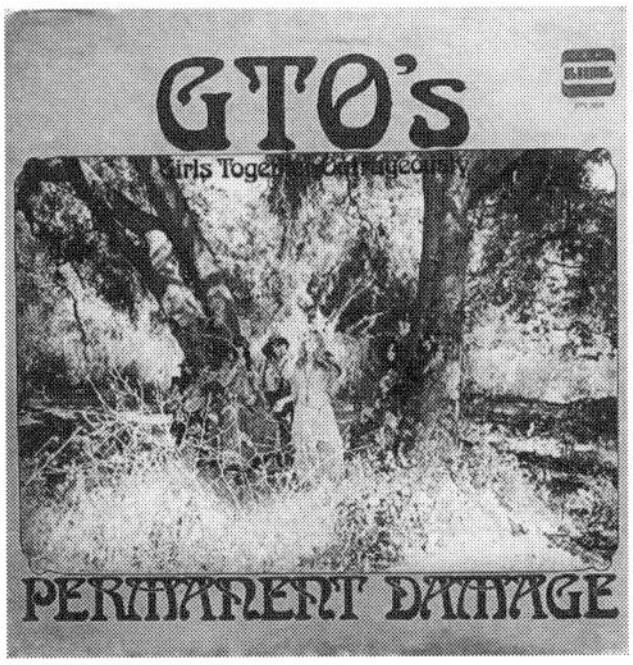

GTO's
Permanent Damage
Straight ● STS 1059
1969年12月8日

Jeff Simmons
Lucille Has Messed My Mind Up
Straight/Reprise ● RS 6391
1970年2月9日

The Persuasions
Acapella
Straight/Reprise ● RS 6394
1970年2月9日

Rosebud
Rosebud
Straight/Reprise ● RS 6426
1971年8月16日

『Lucille Has Messed My Mind Up』は、サントラ仕事を終えたジェフ・シモンズのソロ・アルバム。『ズート・アリュアーズ』で取り上げられる「ワンダフル・ライノ」を収録。ザッパは「Lucille」と「Raye」の2曲でリード・ギターを弾いている。のちにマザーズに迎え入れるのだから、彼の才能を認めていたということだろう。意外にヴァラエティに富んだアメリカン・ロックが聴ける。

　ジェリー・ローソンを中心とした5人組アカペラ・グループ、ザ・バースウェイジョンズの『Acappella』は、A面がライヴ、B面がスタジオ録音となっている。そのドゥー・ワップ・スタイルはザッパのルーツに繋がるわけだが、彼らがニュージャージーのレコード・ショップで歌っているのを電話越しに聴いたザッパが、ストレートに誘ったというエピソードが残されている。グループはその後も息の長い活動を続け、２０００年にはザッパの曲をアカペラにした『Frankly A Cappella』をリリースした。

　ジェリー・イエスターとジュディ・ヘンスキーのデュオが元タートルズのジョン・セイターらと結成した5人組バンドのローズバッドが、その名をタイトルに冠して発表したのが『Rosebud』。キーボードのクレイグ・ドージェは、ＧＴＯズの『パーマネント・ダメージ』でもプレイしていた。音楽性も多彩で、特にコーラス・ワークが素晴しく、ザッパが直接絡んでいないにせよ、聴いてみる価値はある。17年には未発表曲など10曲をプラスしてＣＤ化されたので、興味のある方はチェックしていただきたい。

ローウェル・ジョージ&ザ・ファクトリーの『アーリィ・イヤーズ』は、ジョージの最初のリーダー・バンドであるザ・ファクトリーの発掘音源。93年のリリースだが、ビザール/ストレートのレーベルになっている。「ライトニング・ロッド・マン」と「ラヴド・ワン」はザッパのプロデュース（ピアノとコーラスも）。「ヘイ・ガール」、「チェインジズ」、「キャンディ・ケイン・マッドネス」の3曲は、68年8月18日にザッパとハーブ・コーエンの前で演奏したオーディションでの音源。他にもエリオット・イングバーやロイ・エストラーダ、イアン・アンダーウッドらが加わったトラックもあり、60年代末におけるザッパ周辺の動きがわかる作品となっている。

ザッパとハーブ・コーエンが73年に立ち上げたのがディスクリート。名前は4チャンネル・システムの呼称〝コンパーチブル・ディスクリート4〟から取られている。配給はワーナー・ブラザーズに委託し、ビザール/ストレートは閉鎖された。そのディスクリートの最初の外部アーティスト作品となったのが、元ドーターズ・オブ・アルビオンのキャシー・ダルトンによる『Amazing』だ。プロデュースは、同じく元ドーターズのグレッグ・デンプシー。バックはリトル・フィートで、ヴァン・ダイク・パークスも参加している。

『セフロニア』は、ティム・バックリィのディスクリート第1弾。〝アシッド・フォーク・シンガー〟というイメージを一新したロック・アルバムで、トム・ウェイツの「マーサ」を取り上げている。

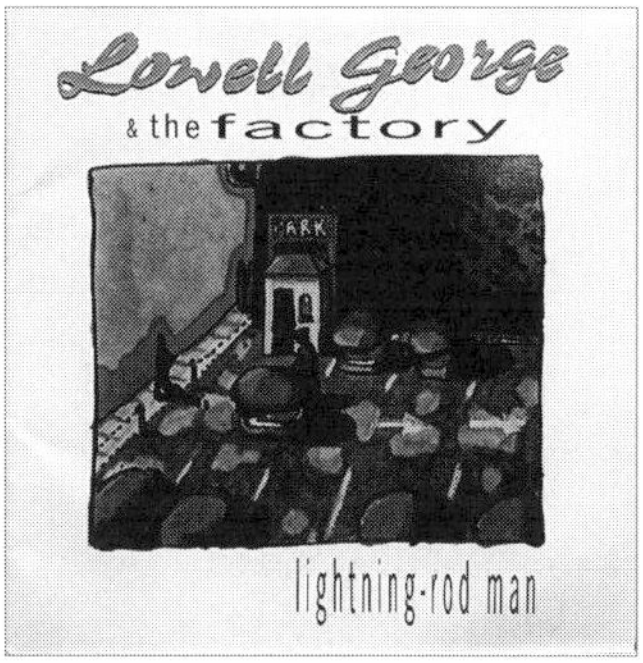

Lowell George & The Factory
Lightning Rod Man
Bizarre/Straight ● R2 71563
1993年11月2日

Kathy Dalton
Amazing
DiscReet ● MS 2168
1973年10月22日

Tim Buckley
Sefronia
DiscReet ● MS 2157
1973年11月5日

Ted Nugent & The Amboy Dukes
Call Of The Wild
DiscReet ● DS 2181
1974年2月25日

Growl
Growl
DiscReet ● DS 2209
1975年1月13日

Brenda Patterson
Like Good Wine
DiscReet ● DS 2211
1975年2月3日

ハード・ロック・バンドのテッド・ニュージェント&アンボイ・デュークスも、ハーブ・コーエンがマネージメントを務めていたことからディスクリートに移籍してきた。『コール・オブ・ザ・ワイルド』は、彼らの通算6作目。ツアーに明け暮れるバンドだけに、エネルギッシュなサウンドが楽しめる。ニュージェントは、もう1枚ディスクリートで作品を発表している。

6人組ブルース・ロック・バンド、グロウルのデビュー作にして唯一のアルバムが『Growl』。71年にケントからデビューした、カリフォルニア出身のユートピアの後進バンドにあたるが（ここではユートピア時代の曲も再録している）、ブレイクは果たせなかった。特にザッパとは繋がりがないようなので、コーエンがスカウトしてきたのかもしれない。

ボブ・ディランの「天国の扉」への参加でも知られる女性スワンパー、ブレンダ・パターソンのアルバムが『ライク・グッド・ワイン』。プロデュースは、かつてリバティで辣腕A&Rとして活躍したスナッフ・ギャレット、アレンジはアル・キャップスという豪華なプロダクションで制作されている。「ユー・キャント・ハヴ・ユア・ケイク・アンド・イート・イット・トゥー」の作曲者は、元NOVOで、このあとソロ・デビューするキーボーディストの横倉 裕。ドナ・ワイスの「スウィート・アマリロ」のカヴァーも収録されている。洗練されたポップ・カントリー・アルバムに仕上がっているが、ザッパやコーエンとは無関係のようだ。

ワーナー・ブラザーズとの契約解消後の77年にザッパによって設立されたのが、ザッパ・レコーズ。米国でのディストリビューションはフォノグラムが請け負った。現在はザッパ・ファミリー・トラストによって運営されている。そのザッパ・レコーズからザッパ以外の作品として出されたのが、南インド出身のヴァイオリニスト、ラクシュミナラヤナ・シャンカールの『タッチ・ミー・ゼア』だ。シャンカールはジョン・マクラフリンとのグループ、シャクティでの活動で知られる人物だが、ザッパは早くから彼に注目しており、このリーダー作のプロデュースを手がけ、4曲を共作した。

　ザッパが80年に立ち上げたのが、バーキング・パンプキン。当初はメイル・オーダーに特化していたが、やがてCBSと配給契約を結び、その後はEMIにディストリビューションを任せている。ザッパ家の長男、ドゥイジールのファースト・ソロ・アルバム『Havin' A Bad Day』は、そのバーキング・パンプキンからリリースされた。プロデュースはザッパとボブ・ストーンが担当。ザッパ家の一同が総出でサポートした。ドゥイジールは、スコット・トゥーンズとチャド・ワッカーマンを従えて、崇拝するエディ・ヴァン・ヘイレンよろしく、ギターを弾きまくっている。

　Zの『Shampoohorn』は、ドゥイジールと弟のアーメットによるグループのデビュー・アルバム。マス・ロック然としたサウンドの中にも、アヴァンギャルドな〝ザッパの遺伝子〟がほのかに感じられる作品だ。

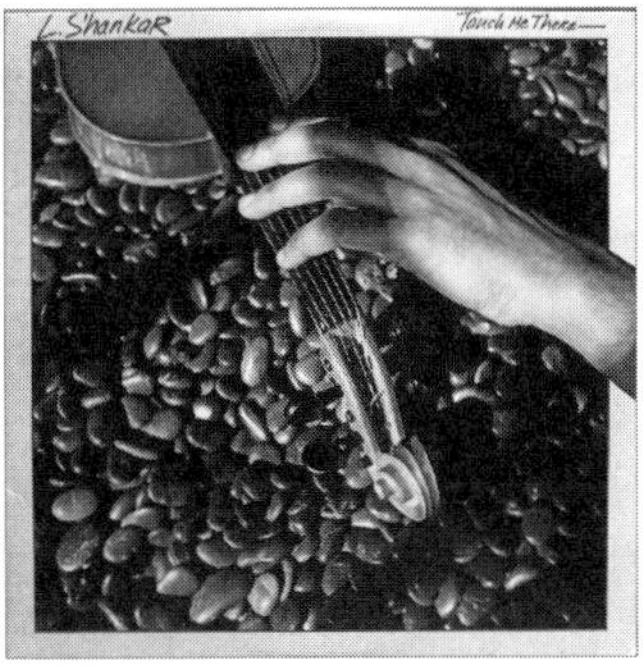

L. Shankar
Touch Me There
Zappa ● SRZ-1-1602
1979年9月24日

Dweezil Zappa
Havin' A Bad Day
Barking Pumpkin ● ST-74204
1986年8月22日

Z
Shampoohorn
Barking Pumpkin ● R2 71760,
1994年2月8日

RELATED WORKS

その他プロデュース参加作など

エリック・バードンを擁するアニマルズのアメリカ版『アニマリズム』に収められた「All Night Long」と「The Other Side Of This Life」のアレンジを担当したのはザッパ。後者はシングルB面としても発売された。MGMのプロデューサーで、マザーズも担当していたトム・ウィルソンから頼まれた仕事である。クレジットはされていないが、この2曲は、マザーズ（ザッパはギターを演奏）とのちのニュー・アニマルスのメンバーが演奏している。

ジャン＝リュック・ポンティによるザッパ楽曲のカヴァー・アルバムが『キング・コング』。ザッパはアレンジを担当。「ハウ・ウッド・ユー・ライク・トゥ・ハヴ・ア・ヘッド・ライク・ザット」ではギターも弾いている。ジャズ作品としては異色だが、ジョージ・デュークやアート・トリップ、イアン・アンダーウッドといったザッパ所縁のミュージシャンも参加しているので、ザッパ・ファン並びにジャズ・ロック・ファンは必聴のアルバムである。

The Animals
Animalism
MGM ● E/SE-4414
1966年11月21日

Jean-Luc Ponty
King Kong
Pacific Jazz ● ST 20172
1970年5月25日

『For Real!』は、ルーベン・ラドロン・デ・ゲヴァラ率いるルーベン&ザ・ジェッツの初作。ゲヴァラは、ザッパがつくった架空のドゥーワップ・バンドの名前を使用する許諾を得て、リアルなバンドに仕立てあげたのである。72年のマザーズのツアーに同行したあと、アルバムをリリースするにあたって、ザッパがプロデューサーとなり、アレンジも担当。「If I Could Be Your Love Again」という曲も提供した。同時に元マザーズの〝モーターヘッド〟ジム・シャーウッドも加入している。

グランド・ファンク・レイルロードの11作目『暑い激突』も、ザッパのプロデュース作品。ザッパはエンジニアも務め、「アウト・トゥ・ゲット・ユー」ではギターも弾いている。なお、このアルバムが99年に再発された際には、ザッパがコーラスで参加しながらも未発表だった「Rubberneck」がボーナス・トラックとして追加されている。ちなみにザッパは、グランド・ファンク解散後のメンバーが結成したフリントの『電撃』にもギターで参加している。

『Looking Up Granny's Dress』は、マザーズ・オブ・インヴェンションの元メンバーが再結集したグランドマザーズの2作目。A面は81年のヨーロピアン・ツアーのライヴ。B面はスタジオ録音だが、62年にクカマンガのスタジオZで録られた「Desri」(『クルージング・ウィズ・ルーベン&ザ・ジェッツ』収録曲)が収められており、そこではレイ・コリンズ(vo)、ポール・バフ(g・b)とともにザッパがドラムを叩いている。

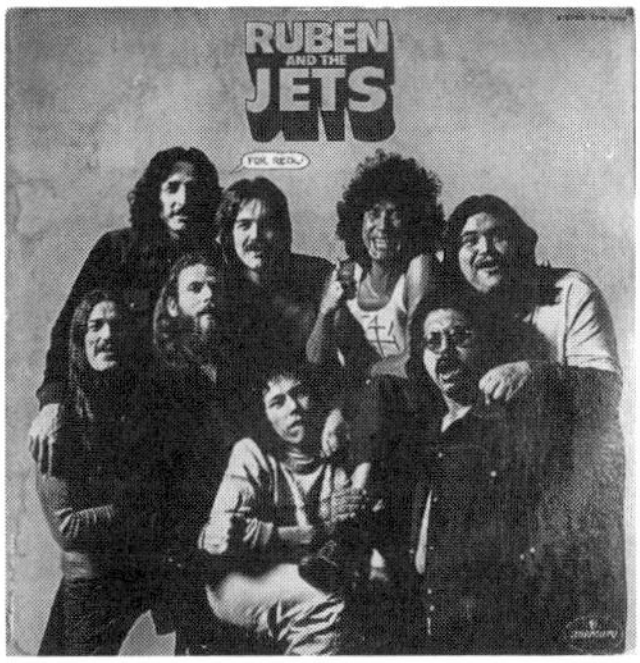

Ruben And The Jets
For Real!
Mercury ● SRM-1-659
1973年3月12日

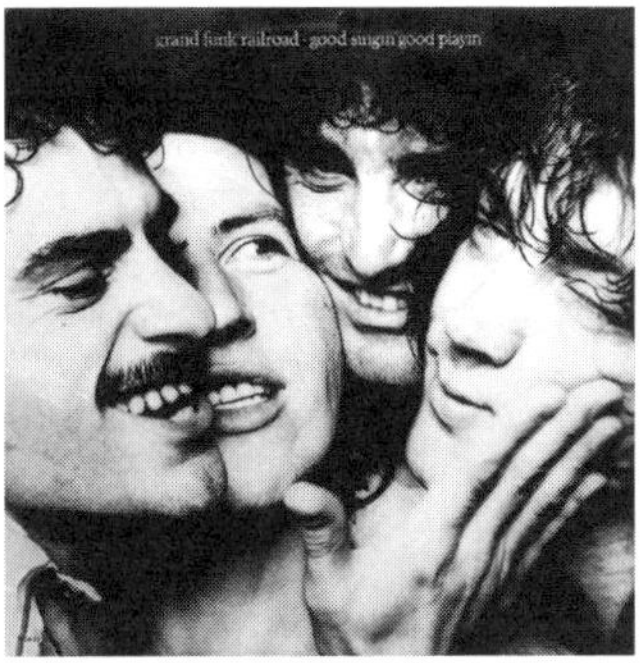

Grand Funk Railroad
Good Singin' Good Playin'
MCA ● 2216
1976年8月9日

Grandmothers
Looking Up Granny's Dress
Rhino ● RNLP-804
1982年5月10日

アイリッシュ・バンド、チーフタンズの『ケルティック・ハープ』には、ザッパのUMRKでレコーディングされたトラックが入っている。録音は92年6月24日のことで、すでに癌に冒されていたザッパはセッションに加わることはなかったが、コントロール・ルームの椅子に座って静かに聴いていたという。ザッパは亡くなる直前の93年2月にもチーフタンズを自宅に招き、ジャム・セッションを行なっている。バンドのパディ・モローニは、ザッパとの共演作の計画もあった、と語っていた。

キッスのジーン・シモンズと共作した「ブラック・タン」が収録されているのが、シモンズの『アスホール』。シモンズは、ザッパがこの世を去る半年前に自宅に招かれ、本人が地下の保管室にしまっていた膨大な量のデモ・テープを見せられていた。26年ぶりとなるソロを制作するにあたって、シモンズはそれを思い出し、ザッパの妻のゲイルに相談。ゲイルから、息子のドゥイジールが編集したトラックを提供されたのである。この曲には、ザッパの語りとギター、ドゥイジール、ゲイル、ムーン、アーメットのコーラスが入っている。

ザッパのギターは、ブリティッシュ・サイケ・ポップ・バンド、ブロッサム・トゥズの作品でも聴くことができる。1967年と69年のライヴ音源を纏めた『ラヴ・ボム〜ライヴ1967−69』がそれで、69年10月26日にベルギーで開かれた〈アムーギー・フェスティヴァル〉での「グルーヴィング」で、飛び入りしたザッパのギター・ソロが聴ける。

The Chieftains
The Celtic Harp
RCA Victor ● 09026-61490-2
1993年2月9日

Gene Simmons
Asshole
Simmons/Sanctuary ● SANCD245
2004年6月8日

Blossom Toes
Love Bomb—Live 1967-69
Sunbeam ● SBR2CD5049
2009年4月9日

キャプテン・
ビーフハートの作品

DON VAN VLIET

1941–2010

和久井光司

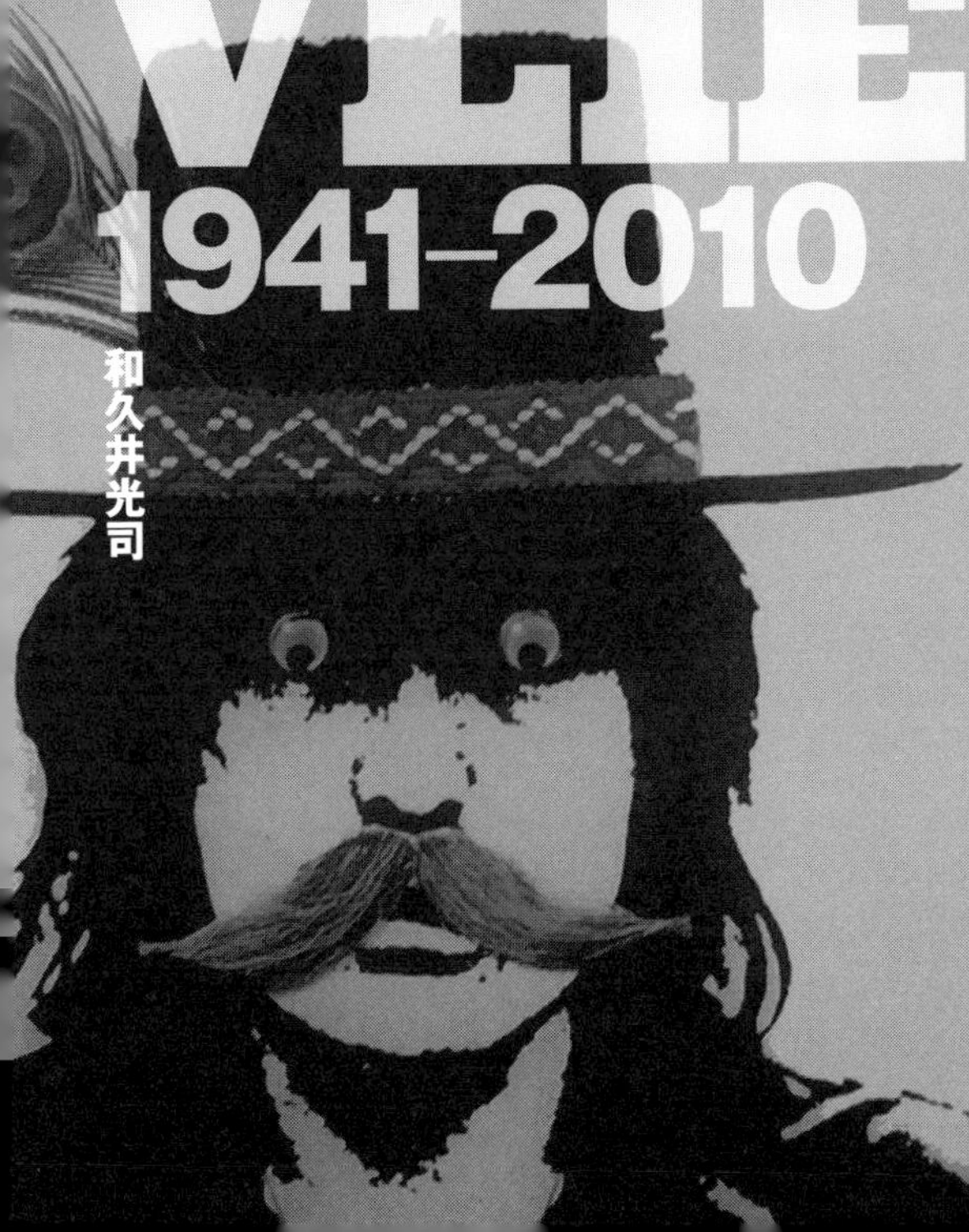

CAPTAIN BEEFHEART

オリジナル・アルバム

キャプテン・ビーフハートことドン・ヴァン・ヴリートは1941年1月15日に、カリフォルニア州グレンデールで生まれた。盟友となるザッパとは高校の同級生で、ブリートに「キャプテン・ビーフハート」という芸名を与えたのもザッパだった。マジック・バンドを率いた牛心隊長は66年3月にA&Mからシングル「デディ・ワー・デディ」でデビュー。10月には2枚目「ムーンチャイルド」も出たが、鳴かず飛ばずだった。

　セカンド・シングルが出たころバンドに加わったジョン〝ドランボ〟フレンチ(ds)がリズムの要となったことで方向性は定まり、66年暮れにはブッダとの契約が成立。当時20歳のライ・クーダーを加えた67年4月のセッションから、まず「イエロー・ブリック・ロード/アバ・ザバ」のシングルがリリースされ、9月には待望のファースト・アルバム『セイフ・アズ・ミルク』が発表になる。広報を務めたデレク・テイラーによってジョン・レノンの手に渡ったこのアルバムは、彼を大いに刺激することにもなった。

Captain Beefheart & His Magic Band
"Safe As Milk"
Buddha ● BDM 1001 (mono) /BDS 5001 (stereo
1967 年9月

前作をリリースしたあと“It Comes To You In A Plain Brown Wrapper”と題した2枚組アルバムを企画した牛心魔法隊だったが、それはプロデューサーのボブ・クラスノウに認められず、68年4月から5月にかけての8日間で『ストライクトリー・パーソネル』となる素材が録音された。クラスノウはバンドが英国ツアーに出ているあいだにセッション・テープを勝手にミックスして、自身が設立したブルー・サムから発売することにしてしまった。そのうえで彼はブッダとMGMに残りの素材を売りつけようとしたため、牛心隊長は両社から訴えられてしまうのだ。ブッダは71年に“It Comes To You …”のセッション・テープから長尺の4曲を選んで『ミラー・マン』を仕立て上げるのだが、おかげでセカンド・アルバムはズタズタだった。

それでも『ストライクトリー・パーソネル』には、ライ・クーダーに代わって参加したジェフ・コットンのプレイをはじめとする聴きどころはいっぱいだし、サウンドも悪くない。

クラスノウと袂を分かった隊長はサン・フェルナンド・ヴァリーに引越した。オーネット・コールマンの『フリー・ジャズ』に影響を受けた彼はサックスを始め、ピアノで作曲しながら魔法隊を再編。隊長の挑戦を面白がったザッパが手を差し伸べて録音されたのが、ロックの極北に位置する名作『トラウト・マスク・レプリカ』だった。9ヶ月に及ぶ合宿の間に方法は逆になり、即興を譜面に起こしたものが曲となった。縦横無尽に飛び交う音のすべてに、衝動が刻まれている。

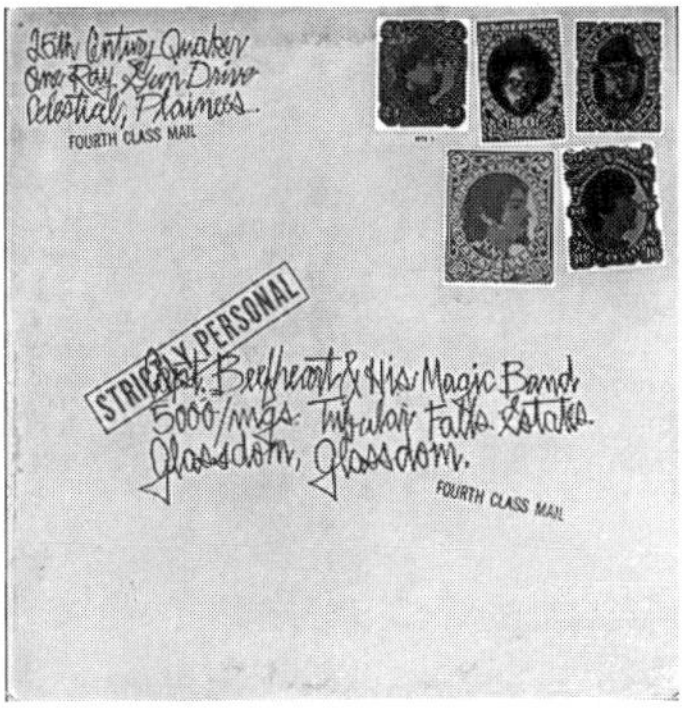

Captain Beefheart & His Magic Band
“Strictly Personal”
Blue Thumb ● BTS 1
1968 年 10 月

Captain Beefheart & His Magic Band
“Trout Mask Replica”
Straight/Reprise ● STS 1053
1969 年 6 月

Captain Beefheart & The Magic Band
“Lick My Decals Off, Baby”
Straight/Reprise ● RS 6420
1970年12月

Captain Beefheart & His Magic Band
“Mirror Man”
Buddah ● BDS 5077
1971年4月

即興を譜面に起こす作曲法をザッパに盗まれていると思った牛心隊長が、初のセルフ・プロデュースによって完成させたのが『リック・マイ・ディカル・オフ、ベイビー』だった。ジェフ・コットンが抜けた穴を、エド・マリンバことアート・トリップの打楽器(主にマリンバ)によって埋めたことでサウンドはマザーズに近くなったが、2枚組アルバムを好むザッパを揶揄するように全15曲中12曲が3分未満というシャープなつくりだ。弛緩する間のない展開は煮詰められた牛のスープが並ぶかのよう。ノン・エフェクトのガサガサしたギターとドラムに、ルース・アンダーウッドとは真逆のマリンバが絡むのだから音像は独特で、オーネット的な〝フリー・ジャズの実践〟は確実に一歩進んだ印象である。ビル・ハークルロードのギター・ソロなど、全員参加でない曲を挟みながらも牛のエキスは全編に通底し、曲ごとに重心が怖ろしく変わるのにアルバムとしてのトータリティを感じられるのだから特筆に値する。こんな脱構築アルバムが全英チャートでは最高20位。いい時代だった。

“It Comes To You In A Plain Brown Wrapper”のセッション・テープからブッダが長尺の4曲を選んでアルバム化した『ミラー・マン』は、変型ジャケが最大の魅力か。ダラダラしてオチのない未編集のセッションから何かを掴もうというなら、5つの未発表テイクを加えた99年の拡大版『ミラー・マン・セッションズ』がオススメ。08年にサンデイズドが出した“It Comes To …”はジャケこそ凝っていたが、音源に新鮮味はなかった。

Captain Beefheart
"The Spotlight Kid"
Reprise ● MS 2050
1972年1月

Captain Beefheart & His Magic Band
"Clear Spot"
Buddah ● MS 2115
1972年10月

71年後半、リプリーズと契約した隊長は"Kiss My Where I Can't"と"Brown Star"という2枚のアルバムを計画したが、あっさり頓挫し、セルフ・プロデュースのセッションは『ザ・スポットライト・キッド』となった。メンバーにはウイングド・イール・フィンガリングことエリオット・イングバー(g)が加わっているが、ドランボが8曲を叩いたところで脱退してしまったため、マジック・バンド名義にはしなかったようだ。ジャケ裏には隊長の絵で、ロケット・モートン、ウイングド…、エル・マリンバ、ズート・ホーン・ロロが載っている。

リプリーズにポップ路線を要求された隊長はアドヴァンスでジャケで着ている高級タキシードを新調して形から入り、それまでと比べれば"フツー"に聴こえるアルバムに仕上げた。これが全米44位まで上がったため、リプリーズはテッド・テンプルマンを起用して『クリア・スポット』をつくらせたのだ。

しかし、ここまでちゃんとリズムが合ってしまうとフツーすぎるわけで、牛心魔法隊らしいスリルは失われた。イングバーが去り、ベースがオレジョンことロイ・エストラーダになり、ホーン・セクションや女性コーラス（ブラックベリーズ）も加わったのが面白いし、テンプルマンのプロデュースは的確だ。音楽的にはとてもよくできているから初心者にはオススメだけれど、牛汁の薄まり具合がどうにも気になってしまう。透明のヴァイナルに直接レコードを入れる仕様のカヴァーも購買意欲をそそるのだが、これを褒めるとほかが嘘になっちゃう。

「ポップ路線、いいんじゃないの」と寄ってきたプロデューサーのアンディ・ディマルディーノに乗せられ、金のために2枚つくったのがマーキュリー時代。ずっとファンだったという社主リチャード・ブランソンの一声で英国での配給はヴァージンになったというのに、それにふさわしい活動はできなかったのだ。

　アート・トリップがドラム、マーク・ボストンがベースにコンバートし、アレックス・セイント・クレアがギターで戻り、新メンバーのマーク・マルセリーノが鍵盤という布陣の『アンコンディショナリー・グアランティード』は、曲によってホーンを加えたり、メロウな「マジック・ビー」や、いかにもフツーな「ハッピー・ラヴ・ソング」を加えたりで、牛心度はリプリーズ時代よりさらに低下。冒頭の「アポン・ザ・マイ・オー・マイ」はカッコいいのだが、隊長がフツーに唄うとジョー・コッカーを真似した二流シンガーみたいに聴こえちゃう。

　そんなテイタラクだからメンバー全員に去られ、『ブルージーンズ&ムーンビームズ』はディマルティーノが用意したスタジオ・ミュージシャンとつくることになったのだが、牛心がそういうセッションを仕切れると思いますか？　シンガー、ソングライターとしての魅力はそれでも感じられるものの、スタジオ・ミュージシャンのプレイに牛心が満足していないのは明らかだ。絵も描きたがらなかったからか、マーキュリーは牛心の従兄弟ヴィクター・ヘイドンにそれらしいジャケット画を依頼。マーキュリー時代は〝外見〟はいいんだけどなぁ。

Captain Beefheart & The Magic Band
"Unconditionally Guaranteed"
Mercury ● SRM1-709
1974 年 4 月

Captain Beefheart & The Magic Band
"Bluejeans & Moonbeams"
Mercury ● SRM1-1018
1974 年 11 月

Captain Beefheart & The Magic Band
"Shiny Beast"
Warner Bros ● BSK 3256
1978年8月

経済的に立ち行かなくなった牛心はザッパに窮状を訴え、75年のボンゴ・フューリー・ツアーが実現するのだが、ふたりはやっぱり合わなかった。ハーブ・コーエンにマネージメントを任せた牛心は、魔法隊を再編して新作『バット・チェイン・プラー』の制作を開始する。しかし、自分が稼いだ金をコーエンが横流ししていると感じたザッパは、彼に会計の公開を要求。ディスクリートとワーナーの関係が悪化しているというのに…というザッパの気持ちもわかるし、そんな時期に牛心魔法隊をワーナー（英国の配給はヴァージン）に持っていく気が知れないというわけだ。納得できなかったザッパはついにコーエンを告訴し、そこに巻き込まれた『バット・チェイン・プラー』はお蔵入りとなってしまった。

　メンバーを再編して臨んだ『シャイニー・ビースト』はオリジナルの『バット・チェイン・プラー』とは別物だが、5曲が新録されたため、サブ・タイトルとして幻のアルバムの痕跡が残ったのだ。新たに魔法隊に加わったのは、モリス・テッパー（g）、ブルース・ファウラー（tb）、エリック・ドリュー・フェルドマン（kbd・b）、ロバート・ウィリアムズ（ds）、リチャード・リーダス（スライド・ギターなど）の5人。それにアート・トリップ（マリンバ）らを加えて録音されたのが『シャイニー・ビースト』だった。これが実に素晴らしい。ヴァージンでの2枚の方向性も決めた起死回生の大傑作だが、発売当時はまともな評価を得られなかった。しかし牛心魔法隊はライヴで実力を発揮していくことになる。

Captain Beefheart & The Magic Band
“Doc At The Radar Statin”
Virgin ● V 2127
1980年8月

Captain Beefheart & The Magic Band
“Ice Cream For Crow”
Virgin ● V 2237
1982年9月

ヴァージン移籍第一弾は『美は乱調にあり』という邦題で知られる。パンク／ニュー・ウェイヴの台頭で元祖オルタナ・ロックの再評価が本格化した時期でもあったが、牛心魔法隊の現役復帰はそんな中でも鮮烈だった。

　前作からのテッパー、フェルドマン、ウイリアムズ、ファウラーに、かつての盟友ドランボと、新顔のゲイリー・ルーカスという布陣の魔法隊は、牛心が即興演奏から掬い上げた〝曲〟を整理して、きちんとアレンジ～演奏ができている。ステージではそれをもう一回ブチ壊し、別の即興になだれこんでいけたから、この時期のライヴ音源発掘（ページの制約で本書では取り上げられなかったが）にはそれなりの意味がある。自筆のジャケで画家として力量をアピールできたのも古くからのファンをほっとさせた。

『鳥と案山子とアイスクリーム』では若干のメンバー・チェンジがあったが、テッパーとルーカスのギターの絡みはスリリングだし、ポエトリー・リーディングに近くなった牛心表現とのコントラストはポスト・パンク的でさえある。〝イメージ〟を音像化できるメンバーと出会ったら、詩魂が残った、というこの感じ、〝アートの本質〟を捉えていると思う。

　最後の曲で〝地球と地獄が同時に襲いかかってくる夢〟を語った牛心は、音楽界から引退。その後はモハービ砂漠のトレイラー・ハウスで画家として生きたが、何度か開かれた個展には現れたのだろうか？　画集も出版されたが、10年12月17日に多発性硬化症で亡くなるまで、私生活を伝える報道はなかった。

CAPTAIN BEEFHEART

重要編集盤

牛心隊長の初期の姿は、ザッパの『ミステリー・ディスク』や『ロスト・エピソード』でも知ることができる。印象としては〝おかしなブルース・シンガー〟だが、自分の天然ぶりに気づかない牛心をザッパが〝コメディ〟にしようとしているのは明らかで、日本のファンが大真面目に語る『トラウト・マスク・レプリカ』との距離を感じざるをえない。

アレックス・セイント・クレア（g）、ダグ・ムーン（g）、ジェリー・ハンドリー（b）、ポール・ブレイリー（ds）という布陣の初代魔法隊は、A&Mで2枚のシングルをリリースしている。プロデューサーはのちにブレッドを結成するデイヴィッド・ゲイツだ。「ムーンチャイルド」のテスト盤B面のみに収録された「ヒア・アイ・アム、アイ・オールウェイズ・アム」を入れて全5曲が、A&M録音のすべてで、それを一枚のミニ・アルバムにまとめたのが『ザ・レジェンダリー・A&Mセッションズ』だった。ちょっとサイケなブルース・ロックを奏でる初代魔法隊はなかなか興味深い。

Captain Beefheart & His Magic Band
"The Legendary A&M Sessions"
A&M ● SP 12510
1984年10月

Captain Beefheart & His Magic Band
"Grow Fins : Vol.1 Just Got Back From The City / Electricity"
Xeric ● XER-LP-98
1999年5月

Captain Beefheart & His Magic Band
"Grow Fins : Vol.2 Trout Mask House Sessions"
Xeric ● XER-LP-97
1999年5月

Captain Beefheart & His Magic Band
"Grow Fins : Vol.3 Grow Fins"
Xeric ● XER-LP-96
1999年5月

〝見栄え〟を考慮してここでは2枚組の3セットとなったアナログ盤を見せているが、オリジナルは5枚組のCDボックス〝Grow Fins：Rarities 1965-1982〟(Revenant◎210)。エンハンスト仕様となったそのディスク4には、68年のカンヌ2曲、69年のベルギー1曲、71年のデトロイト3曲、73年のパリ2曲という貴重なライヴ映像が収録されている。アナログ3セットを集めるのは大変でもあるから、オススメしたいのはCDだ。

〝Just Got Back From The City〟としてまとめられたのは、66年初頭のデモ5曲と、サンフランシスコでのライヴ4曲、『セイフ・アズ・ミルク』のアセテート・デモ3曲など。ホワイト・ブルース・バンドがサイケデリック・ロック化していくドキュメントとして味わえる。

〝Electricity〟と題されたのは67〜68年の発掘音源。英国のキッダーミンスターにおける「ローリン・アンド・タンブリン」のフリーキーな演奏など、バンドの非凡さを伝える曲が多い。

〝Trout Mask House Sessions〟は文字通りのもので、9ヶ月に及ぶリハーサルの断片を集めて構成された。「なるべく楽器が弾けないヤツを集めた」と言いながら『トラウト…』よりリズムが合っていたりするのが面白く、アルバムでは意図的に破壊していたのがわかる。

〝Grow Fins〟と題されたのは、ライヴあり、デモあり、ラジオ音源ありの70分に及ぶウルトラ・レア・トラック集。中でもザッパのギターだけで唄った「オレンジ・クロウ・ハンマー」のラジオ・ライヴ（75年）はとんでもない発掘だ。

CD2枚にレーベルを超えた45曲を収めた『ザ・ダスト・ブロウズ・フォワード』は、唯一のオリジナル・アルバム未収録曲「ライト・リフレクテッド・オフ・ジ・オーシャン・イン・ザ・ムーン」や、78年の映画サントラ『ブルー・ムーン』に収録の「バード・ワーキン・マン」を含む気の利いたベスト盤。ライノらしい好編集で、データと写真満載のブックレットもよくできている。

ライノハンドメイドによる限定リリースだった『アイム・ゴーイング・トゥ・ドゥ・ホワット・アイ・ウォナ・ドゥ』は、78年11月18日にニューヨーク州ロング・アイランドのマイ・ファーザーズ・プレイスで行われたライヴを完全収録した2枚組。90年代後半以降さまざまな発掘ライヴ盤が出ているが、ブートレッグまがいのものが多く、音源が重複してしまうのが難点だった。これは完全な正規盤で、きちんとリマスターもされている。演奏も音質も最高の逸品。

ザッパ家のテープ倉庫から蔵出しされたオリジナル・テープをドランボが監修して再編集した『バット・チェイン・プラー』は必聴、必携。アルバムの全貌を伝える12曲に、タイトル曲の別ミックスとアウトテイク2曲を加えた内容は、予想を超えるものだった。テッパー(g)、デニー・ウェイリー(g)、ジョン・トーマス(kbd)にドランボ(ds)という布陣の魔法隊は、『シャイニー・ビースト』の〝拡散〟とは違ったタイプの〝核に向かっていくような〟演奏を繰り広げる。隊長のヴォーカルも絶好調で、吠え具合はベスト。知的、かつ芸術的だ。

Captain Beefheart & The Magic Band
“The Dust Blows Forward (An Anthorogy)”
Rhino Ⓒ R2-75863
1999年8月

Captain Beefheart & His Magic Band
“I'm Going to do What I Wanna Do: Live At My Father's Place 1978”
Rhino Handmade Ⓒ RHM2-774
2000年7月

Beefheart
“Bat Chain Puller”
Vaulternative Ⓒ VR 2012-4
2012年4月

フランク・ザッパの関係者名鑑

TEXT: 山田順一

A B

アーサー・バーロウ
Arthur Barrow

●ドアーズやジョー・コッカー、ビリー・アイドル、チャーリー・セクストン、ベリリンら幅広いアーティストとのセッション活動も行なっているマルチ・インストゥルメンタリスト。1978年から80年まで、ザッパ・バンドのベーシストとして活躍。その間のツアーのリハーサルでは、ザッパ不在の折にバンドを先導する〝クローンマイスター〟も務めた。

エイドリアン・ブリュー
Adrian Belew

●ローカル・バンドの一員として、ナッシュヴィルのクラブで演奏していたところをザッパにスカウトされ、1977年からザッパ・バンドのギタリストを務めたが、78年2月15日にベルリンでザッパのコンサートが開かれた際に、デヴィッド・ボウイのバンドに引き抜かれている。その後はセッション・ギタリストとして仕事をしたのちキング・クリムゾンに加入。平行してソロやザ・ベアーズを率いて活動した。クリムゾン離脱後は、一時、ナイン・インチ・ネイルズに籍を置き、2017年にはギズモドロームを結成している。

ノーマ・ジーン・ベル
Norma Jean Bell

●1975年11月から12月までマザーズに参加したサクソフォニスト兼ヴォーカリスト。『フランク・ザッパ・プレイズ・ザ・ミュージック・オブ・フランク・ザッパ』の「ブラック・ナプキン」で彼女の声を聴くことができる。

ジミー・カール・ブラック
Napoleon Murphy Brock

●マザーズ・オブ・インヴェンションのオリジナル・ドラマーとして1969年までプレイした。75年には〝インディアン・インク〟のステージ・ネームでキャプテン・ビーフハートとも共演している。バンク・ガードナーとのバンド、ジェロニモ・ブラックやグランドマザーズ、ザッパのトリビュート・バンドであるマフィン・マンなどでも活動した。2008年11月1日、肺癌のためこの世を去っている。

テリー・ボジオ
Terry Bozzio

●現在も活躍する超絶テクニック・ドラマー。ラテン・ロック・バンドのアステカを経て、1975年にオーディションでザッパのバンドに加入。78年にエディ・ジョブソンが在籍していたプログレッシヴ・ロック・バンドのUKに参加。80年からは、妻のデイル、ウォーレン・ククルロ、パトリック・オハーンとミッシング・パーソンズで活動した。その後はジェフ・ベック、ザ・ナック、ビリー・シーン、hide、スティーヴ・ヴァイらとのセッション、ザ・ロンリー・ベアーズ、ボジオ・レヴィン・スティーヴンスといったバンドやソロなど多彩な活動を続けた。2008年に日本人女性と再婚。ヘヴィ・メタル・バンドのAldiousのドラマー、Marinaは愛娘。

ナポレオン・マーフィ・ブロック
Napoleon Murphy Brock

●ヴォーカル、サックス、フルート、キーボードをこなすマルチ・プレイヤー。70年代初頭、グリゲアリアス・ムーヴメントというバンドを率いてハワイで演奏していたところ、ザッパのロード・マネージャーだったマーティ・ペレリスに見初められ、ザッパが73年のヨーロピアン・ツアーを終えたところから76年までマザーズに参加。後年も、『シング・フィッシュ』で邪悪王子役に起用されるなどザッパとの交流は続いた。また、2006年には、ザッパの息子のドゥイジールが立ち上げた、ザッパ・プレイズ・ザッパにも参加した。

C

キャプテン・ビーフハート
Captain Beefheart

◉本名ドン・ヴァン・ヴリート。ザッパとは高校の同級生であり、キャプテン・ビーフハートの名もザッパから贈られている。ザッパの盟友として音楽活動を行ない、世代を超えた数多のアーティストに大きな影響を与えた。晩年には画家としても活動していたが、2010年12月17日、多発性硬化症とそれに伴う合併症により死去。

エリック・クラプトン
Eric Clapton

◉ジェフ・ベック、ジミー・ペイジと並んで世界三大ロック・ギタリストと謳われるギターの名手。ニック・ネームはスローハンド。『ウィー・アー・オンリー・イン・イット・フォー・ザ・マネー』の「鼻で記憶している蒸気オルガン音楽」には、彼の語りがフィーチャーされている。

ヴィニー・カリウタ
Vinnie Colaiuta

◉1978年、トム・ファウラーの薦めからザッパ・バンドのオーディションを受け、難曲の「ザ・ブラック・ページ」を見事に演奏して合格。メイン・ドラマーに起用された。ザッパの元から巣立ったあとは、名セッション・ドラマーとして八面六臂の活躍を続けている。ザッパは『フランク・ザッパ自伝』の中で〝ベスト・ドラマー〟と賞賛した。

ハーブ・コーエン
Herb Cohen

◉マザーズ・オブ・インヴェンションからのマネージャーにしてザッパのビジネス・パートナー。ザッパと出会う前は、フォーク・クラブの経営者だった。マザーズがMGM(ヴァーヴ)との契約を結ぶ上で重要な役割を務めた。さらに、ザッパとはビザール/ストレート~ディスクリート・レーベルを共同で経営するまでの信頼を得ていたが、1976年5月にマネージャーを解任されている。『ウィー・アー・オンリー・イン・イット・フォー・ザ・マネー』のジャケットのコラージュ写真では彼の顔も確認できる。2010年3月16日、癌による合併症でその人生に幕を降ろしている。

レイ・コリンズ
Ray Collins

◉オリジナル・マザーズのヴォーカリスト。1963年にローブ&レオポルドというデュオを組んでいたザッパを、自身がシンガーを務めていたソウル・ジャイアンツに引き入れたことが、マザーズへと繋がった。1968年にはバンドから離れるが、その後のザッパ作品にも参加している。2012年12月24日に死去。

ウォーレン・ククルロ
Warren Cuccurullo

◉1977年から80年までザッパを支えたギタリスト。レコーディング・エンジニアだったデイヴィー・モアレを通じてザッパと知り合い、サウンド・エンジニアとして採用された。その後、78年10月27日から31日にニューヨークのパラディアムで行なわれたコンサートにゲスト出演したのをきっかけに、79年2月からのツアー・メンバーに起用されている。80年にはテリー&デイルのボジオ夫妻、パトリック・オハーンらとミッシング・パーソンズを結成。86年からはデュラン・デュランに加入した。TMNETWORKへのゲスト参加などコラボレーションも多数。

DE

アル・ディ・メオラ
Al Di Meola

◉リターン・トゥ・フォーエヴァーなどでの活躍でも知られるジャズ/フュージョン・ギタリスト。1981年11月17日にニューヨークのリッツで行なわれたコンサートでザッパと共演。ザッパは公式リリースを望んだが、ディ・メオラが自身のプレイを気に入らなかったため、その話を断っている。

ジョージ・デューク
George Duke

◉ジャズ/フュージョン界で活躍したピアニスト兼ヴォーカリスト。ソロ・アルバムも多数発表。ザッパへも音楽的影響を与えている。1970年から75年までマザーズのパーマネント・メンバーを務めた。2013年8月5日、慢性リンパ性白血病のためその生涯を閉じた。

エインズリー・ダンバー
Aynsley Dunba

◉ジョン・メイオール & ザ・ブルースブレイカーズ、ジェフ・ベック・グループ、リーダー・バンドのエインズリー・ダンバー・リタリエイション、ジャーニーなどでスティックを握っていたロック・ドラマー。ザッパとは1969年に出会い、アメリカに渡って、71年までマザーズの屋台骨を支えた。

ロイ・エストラーダ
Roy Estrada

◉フル・ネームは、ロイ・ラルフ・モレマン・グアカモーレ・グアダルーペ・イダルゴ・エストラーダ。マザーズの前身であるソウル・ジャイアンツのベーシスト。そのままオリジナル・マザーズのメンバーとなった。1969年にローウェル・ジョージとともにリトル・フィートを結成。72年の離脱後は、キャプテン・ビーフハートのサポートを経て、76年にザッパと再合流。77年に児童性的虐待の罪で服役したのち、シーンに復帰したが、2011年に再逮捕。翌12年に懲役25年の判決を受けて、現在はテキサス州の刑務所に収監されている。

F

ジム・フィールダー
Jim Fielder

◉1966年から67年2月までマザーズ・オブ・インヴェンションのベースを担当。その後は、バッファロー・スプリングフィールド〜ブラッド・スウェット・アンド・ティアーズのメンバーとして活躍した。

ワイルド・マン・フィッシャー
Wild Man Fischer

◉本名ローレンス・ウェイン・フィッシャー。16歳の時に母親をナイフで襲い、妄想型統合失調症と双極性障害と診断されて強制入院。退院後、サンセット・ブールヴァードの路上で歌っていたところをザッパに見出され、1969年にザッパ・プロデュースの『ワイルド・マン・フィッシャーとの楽しい夕べ』を発表した。フィッシャーがザッパの娘のムーンにボトルを投げつけたことで両者の関係は終わったが、75年にライノ・レコーズから誘いを受けて、1枚のシングルと3枚のアルバムをリリースした。2004年には生活支援病院に入ったが、05年に彼の生涯を綴ったドキュメンタリー映画が公開されて再び注目を浴びた。しかし、11年に心不全のため息を引き取っている。

フロー&エディ
Flo & Eddie

◉元タートルズのマーク・ヴォルマン（フロー）とハワード・ケイラン（エディ）によるデュオ。1970年5月15日、でザッパの曲をロサンゼルス交響楽団が演奏するコンサート（指揮ズービン・メータ）が開かれたが、客席でそれを観ていたフロー&エディが終演後にザッパの楽屋を訪問。これをきっかけに二人は新生マザーズの一員となった。彼らがマザーズにいたのは、1年半あまりだったが、この時期のバンドは〝タートル・マザーズ〟と呼ばれ、ファンの人気も高い。75年には、マザーズの「エディ、[冗談だろう?」のカヴァーを含む『ワルイ、キタナイその上デブ』を発表している。T・レックスの「ゲット・イット・オン」でも彼らのコーラスが聴ける。

ブルース・ファウラー
Bruce Fowler

◉音楽教育者であるウィリアム・L・ファウラー博士の5人の息子のうちの一人。トロンボーン奏者として1972年から参加。ザッパ・バンドの元メンバーが集まったバンド・フロム・ユートピアにも参加した。ベーシストのトム、トランペッターのウォルトとは兄弟。

トム・ファウラー
Tom Fowler

◉イッツ・ア・ビューティフルデイでの活動後、1973年マザーズに加入したベーシスト。ブルースと同じくバンド・フロム・ユートピアでも活動した。

ウォルト・ファウラー
Walt Fowler

◉トランペッター／フリューゲルホーン奏者。兄弟たちとマザーズに貢献したあと、ファミリーバンドのファウラー・ブラザーズを結成。その後はジャズの分野で数多くのセッションをこなし、2019年には、スティーヴ・ガットバンドの一員として来日も果たしている。

G

レディー・ガガ
Al Di Meola

◉『ボーン・ディス・ウェイ』の世界的ヒットで知られる現代のディーヴァ／ポップ・アイコン。ザッパが1968年から93年まで暮らした邸宅を2016年に購入した。

バンク・ガードナー
Bunk Gardner

◉本名ジョン・レオン・グアネラ。サックス奏者として『アブソリュートリー・フリー』からマザーズに参加。解散までその任を務めた。のちにジェロニモ・ブラックやグランドマザーズにも加わった他、親友のドン・プレストンとのプロジェクトでも活動した。

バズ・ガードナー
Buzz Gardner

◉兄のバンクに続いて1968年にマザーズに加入したトランペッター。マザーズ解散後は兄とともにティム・バックリィのレコーディングに参加。グランドマザーズにも加わったが、2004年2月1日に死去している。

ローウェル・ジョージ
Lowell George

◉リトル・フィートのギタリスト、ヴォーカリスト。スライド・ギターの名手として知られる。幼いころにテレビ番組『アル・ジャーヴィス・タレント・ショウ』でザッパと出会った。彼は兄とハーモニカの演奏し、ザッパは人形劇を披露したが、どちらも合格には至らなかった。その後、ザッパはジョージ率いるザ・ファクトリーをプロデュース。バンド解散後にスタンデルスに加入したのち、1968年から69年にかけてマザーズに在籍した。78年のリトル・フィート解散後はソロに転身し、79年に『特別料理（イート・イット・ヒア）』を出したが、同年6月29日、ドラッグの過剰摂取による心不全で、34歳という若さでこの世に別れを告げている。

ジム・ゴードン
Jim Gordon

◉デラニー&ボニー、デレク・アンド・ザ・ドミノスのメンバーとしても活躍した名セッション・ドラマー。1972年のザッパのツアーに参加した他、『グランド・ワズー』や『アポストロフィ(')』のセッションでもドラムを叩いている。その後は統合失調症を患い、83年に母親を殺害。現在もヴァカビル州立医療矯正施設に収監されたままである。

HI

ボブ・ハリス
Bob Harris

◉同名の二人がザッパに関わっている。一人目は1971年にマザーズに加入したキーボーディスト。彼はジュディ・シルと結婚した。二人目は80年初頭のザッパ作品でキーボード、トランペット、ヴォーカルを担当したミュージシャン。彼の妻はタナ・ハリスで、彼女が2000年に発表した『タナトプシス』には、スティーヴ・ヴァイやジミー・カール・ブラックが参加している。

ジミ・ヘンドリックス
Jimi Hendrix

◉不世出の革命的ギタリスト。1968年5月18日に行なわれたマイアミ・フェスティヴァルでマザーズと共演。ザッパは、その際に彼からプレゼントされたギターを修繕して70年代に使っていた。そのギターは2002年に息子のドゥイジールによってオークションに出品されたが、売れなかった。

エリオット・イングバー
Elliot Ingber

◉マザーズとキャプテン・ビーフハート&ヒズ・マジック・バンドの両方で活躍したギタリスト。マザーズには1966年に加入して初期の活動を支えた。『フリーク・アウト!』に伴うツアーの直後に解雇された彼は、フラタニティ・オブ・マンを結成。『ドント・ボガート・ミー』が、映画『イージー・ライダー』に使われてスマッシュ・ヒットを記録した。2001年にはソロ・アルバム『ザ・ザ・ザ・ザ』を発表している。

JKL

エディ・ジョブソン
Eddie Jobson

◉カーヴド・エア〜ロキシー・ミュージック〜キング・クリムゾン〜UKなどでの活動でもしれられるヴァイオリニスト/キーボーディスト。1975年11月28日にミルウォーキーで行なわれたロキシー・ミュージックのコンサートを観たザッパに注目され、翌月のマザーズのツアーに同行。76年には正式メンバーに迎えられた。77年にはUKを結成。

マイク・ケネリー
Mike Keneally

◉1987年、自ら売り込んでザッパのバンドに加入したマルチ・ミュージシャン。ザッパの死後は、ドゥイジール、アーメットとのZでも活動。現在はソロとしてプレイし続けている。

ジョン・レノン&ヨーコ・オノ
John Lennon & Yoko Ono

◉1971年6月6日、ニューヨークのフィルモア・イーストで行なわれたマザーズのステージに二人がゲスト出演。その時の様子はジョン&ヨーコの『サムタイム・イン・ニューヨーク・シティ』とザッパの『プレイグラウンド・サイコティクス』で聴くことができる。『MOFOプロジェクト/オブジェクト』のブックレットには二人への謝辞が記されており、『イエロー・シャーク』にはヨーコに対する謝辞が掲載されている。

デヴィッド・ロジマン
David Logeman

◉ヴィニー・カリウタが一時、バンドから離れた1980年にザッパ・バンドの加わったドラマー。ツアー用のレパートリーを10日間で覚えた。

MNO

エド・マン
Ed Mann

◉1977年、『ザッパ・イン・ニューヨーク』にオーヴァーダビングを施す際に声がかかり、そのまま88年までザッパ・バンドの一員として過ごしたパーカッショニスト。のちにバンド・フロム・ユートピアにも参加した。

パトリック・オハーン
Patrick O'Hearn

◉1976年にオーディションでマザーズに加わったベーシスト。80年、グループ87に関わりながら、テリー・ボジオらとミッシング・パーソンズを結成。バンド解散後はソロ、作曲家として幅広い活動を行なっている。

シュギー・オーティス
Shuggie Otis

◉ジョニー・オーティスの息子として産まれ、4歳でドラムを習得。若干15歳でソロ・デビュー。16歳の時にアル・クーパーの『クーパー・セッション』に参加したシンガー・ソングライター/マルチ・ミュージシャン。『ホット・ラッツ』にはベースで参加した。一時期、GTOズのミス・マーシーと結婚していた。

PQR

ヴァン・ダイク・パークス
Van Dyke Parks

◉現在ではアメリカを代表する作編曲家、プロデューサー、ソロ・アーティストの彼も、1965年にはマザーズ・オブ・インヴェンションの鍵盤奏者だった。

ジム・ポンズ
Jim Pons

◉ザ・リーヴス～タートルズのあと1971年春からマザーズに加わったベーシスト。73年には音楽業界を離れ、サッカーのニューヨーク・ジェッツのヴィデオ・ディレクターに就任。78年から97年までのチーム・ロゴもデザインした。

ジャン＝リュック・ポンティ
Jean-Luc Ponty

◉フランス出身のヴァイオリニスト。主にジャズ／フュージョンの世界で活躍している。1969年のソロ『キング・コング』はザッパ作品集で、ザッパがアレンジャーを務め、また同時期の『ホット・ラッツ』にも参加した。1973年にマザーズ、その後、ジョン・マクラフリンのマハヴィシュヌ・オーケストラに参加したあとは、ソロやジャンルを超えたセッションなどで活動中。

ドン・プレストン
Don Preston

◉1967年から69年まではマザーズ、70年代もザッパと活動をともにしたキーボーディスト。グランドマザーズの一員としても活動した。ザッパとの活動以外には『地獄の黙示録』のサウンドトラックでキーボードを弾いた他、『アイ・オブ・ザ・タイガー』のスコアを書くなど映画の仕事にも携わった。

STUV

ラクシュミナラヤナ・シャンカール
L. Shankar

◉南インド出身のヴァイオリニスト。ザッパと初めて会ったのは1978年9月7日のベルリンでのコンサートでのこと。それを機に何度かザッパのステージにゲストとして出演した。その時の音源は『オン・ステージ第6集』や『EIHN』、『ハロウィン』などで聴ける。79年のソロ『タッチ・ミー・ゼア』はザッパがプロデュースした。

ジム〝モーターヘッド〟シャーウッド
Motorhead Sherwood

◉本名ユークリッド・ジェームス・シャーウッド。別名ラリー・ファノガ。1966年から解散まで、マザーズのサウンドを担ったサックス奏者。2011年12月25日、脳腫瘍のため死去。

ジェフ・シモンズ
Jeff Simmons

◉1970年から約1年、マザーズのベースを務めたあと一旦抜け、73年に一時復帰。ギターもプレイしながら74年まで在籍した。2014年にはソロ作『フィン．ビギン』を発表している。

リンゴ・スター
Ringo Starr

◉言わずと知れたザ・ビートルズのドラマー。映画『200モーテルズ』でザッパに扮したラリー・ザ・ドワーフ役を演じた。

チェスター・トンプソン
Chester Thompson

◉1973年から75年にかけてマザーズのボトムを支えたドラマー。その後はウェザー・リポート、ジェネシスへと進み、ロックからジャズまでのさまざまなセッションやソロとしても活躍している。

スコット・チュニス
Scott Thunes

◉1981年から88年までザッパ・バンドのベースを担当。その後はザッパ・プレイズ・ザッパに参加し、『200モーテルズ スイート』にライナーノーツも寄稿した。現在はマリン・スクール・オブ・アーツで講師を務めている。ハズルとヴァージルという二人の子どもたちもミュージシャンの道を歩んでいる。

アート・トリップ
Art Tripp

◉本名アーサー・ダイアー・トリップ3世。1968年にザッパのレコーディング・エンジニアを務めていたリチャード・クンクの紹介で、マザーズに加入したパーカッショニスト。マザーズ解散後は、キャプテン・ビーフハートのマジック・バンドで活動。75年にはマジック・バンドのメンバーによるマラードにも参加。その後は父親の保険事業を手伝ったのち、音楽界に復帰してスタジオ・ミュージシャンとなったものの、83年に引退。現在はカイロプラクターとして働いている。

DE

イアン・アンダーウッド
Ian Underwood

◉1967年にマザーズに加入。解散後も73年までザッパと活動を続けた管楽器／キーボード奏者。ザッパと離れたあとはセッション・プレイヤーとして活躍し、80年代以降はシンセサイザーを操って映画音楽のジャンルで活躍している。

ルース・アンダーウッド
Ruth Underwood

◉本名ルース・コマノフ。1973年から74年までマザーズのメンバーだった女性パーカッショニスト。69年にイアン・アンダーウッドと結婚したが、86年に離婚。現在もセッション・キーボーディスト、フィルム・スコアの分野で活動中。

スティーヴ・ヴァイ
Steve Vai

◉〝ギター・イリュージョニスト〟と謳われるギターの天才。バークリー音楽大学卒業後、ザッパの採譜係として採用され、1980年からバンド・メンバーとなった。82年には彼が採譜したザッパの楽譜本『ザ・フランク・ザッパ・ギター・ブック』が出版されている。また、『ゼム・オブ・アス』に収録された「スティーヴィーズ・スパンキング」は、ザッパとの朝食会で報告された実際の出来事を記録した曲である。84年にザッパの元から巣立ち、ソロ作『フレックス・エーブル』を発表。以降、アルカトラス～デヴィッド・リー・ロス・バンド～ホワイトスネイクと渡り歩いたあと、ソロ・アクターとして成功をおさめた。

WXYZ

チャド・ワッカーマン
Chad Wackerman

◉1981年にオーディションを受けてザッパ・バンドに加入したドラマー。88年まで在籍した。凄腕のセッション・ミュージシャンとして数多のアーティストと共演している。弟のジョンとブルックスもドラマーとして活躍中。

ジョニー・ギター・ワトソン
Johnny "Guitar" Watson

◉ヒューストン出身のブルース・ギタリスト、シンガー。ギタリストとしてのザッパに大きな影響を与えた。『ワン・サイズ・フィッツ・オール』にゲストとして招いたのを皮切りに、『ゼム・オブ・アス』、『シング・フィッシュ』などでも共演。1996年5月17日、横浜のクラブ、ブルースカフェでの単独公演の最中に心筋梗塞で倒れ。そのまま還らぬ人となった。

アイク・ウィリス
Don Presto

◉1978年から88年まで、ザッパ・バンドの〝声〟を務めたヴォーカリスト／ギタリスト。バンド・フロム・ユートピアで活動したのち、現在はザッパのトリビュート・バンドやカヴァー・バンドでその歌声を披露している。

トム・ウィルソン
Tom Wilson

◉ボブ・ディラン、サイモン&ガーファンクル、ヴェルヴェット・アンダーグラウンド・アンド・ニコらをプロデュースしたことでも知られる音楽プロデューサー。1966年からMGMでその任に就き、『フリーク・アウト!』と『アブソリュートリー・フリー』を担当した。1978年9月6日、心筋梗塞のため死去。

ピーター・ウルフ
Peter Wolf

◉ザッパのロード・マネージャーだったトーマス・ノーデッグの協力によりオーディションを受け、『シーク・ヤブーティ』から『ティンゼル・タウン・リベリオン』までザッパ・バンドのキーボードを担当した。バンドを離れてからグループ87に参加したあと、アレンジャー／プロデューサーとして活躍している。

アーメット・ザッパ
Ahmet Zappa

◉ザッパの次男。本名アーメット・エムウカ・ロダン・ザッパ。命名の由来はアーメット・アーディガンと怪獣のラドン。『ユー・アー・ホワット・ユー・イズ』のゲスト・ヴォーカリストとしてクレジットされたのち、『ゼム・オブ・アス』の「小汚い口のカエル」で父ザッパと共作。1994年に兄ドゥイジールとのバンド、Zでデビューした。現在はザッパ・ファミリー・トラストの運営を任されている。

ドゥイージル・ザッパ
Dweezil Zappa

◉ザッパの長男。本名イアン・ドナルド・カルヴィン・ユークリッド・ザッパ。名前はイアン・アンダーウッド、ドン・ヴァン・ヴリード、カル・シェンケル、〝モーターヘッド〟シャーウッドからとられたが、最終的にゲイルのつま先のニック・ネーム〝ドゥイジール〟になっている。『ザッパ・イン・ニューヨーク』のカヴァー写真は彼が撮影したもの。『ゼム・オブ・アス』と『ダズ・ヒューモア・ビロング・イン・ミュージック?』でギターを演奏した。父以外にエディ・ヴァン・ヘイレンから多大なる影響を受けており、デビュー・シングルとなった「マイ・マザー・イズ・スペース・カデット」はエディにプロデュース（ドン・ランディーとのザ・ヴァーズ名義）してもらっている。ソロの他、父の曲を演奏するザッパ・プレイズ・ザッパや弟アーメットとのZとしても活動した。

ディーヴァ・ザッパ
Diva Zappa

◉ザッパの次女。本名ディーヴァ・マフィン・ザッパ。声が高かったため、〝ディーヴァ〟と名づけられた。1999年に「ホウェン・ザ・ボール・ドロップス」をリリースした他、映画やテレビで演技も披露した。

ゲイル・ザッパ
Gail Zappa

◉1967年に結婚したザッパの二番目の妻で、ムーン、ドゥイジール、アーメット、ディーヴァの母。本名アデレード・ゲイル・ザッパ（旧姓スロートマン）。ザッパの遺産を管理するザッパ・ファミリー・トラストを設立。彼女の声は『ランピー・グレイヴィ』の「ヴェリー・ディストラウトニング」と『ズート・アリュアーズ』の「拷問は果てしなく」にフィーチャーされている。また、バーキング・パンプキンは、喫煙者だった彼女の咳にちなんで名づけられている。15年10月7日、肺癌のためザッパの元へ旅立った。

ムーン・ザッパ
Moon Zappa

◉ザッパの長女。本名ムーン・ユニット・ザッパ。幼いころから父の作品にゲスト・ヴォーカリストとして起用されているが、ザッパのキャリアで最大のヒット・シングルとなった「ヴァリー・ガール」が最も有名だろう。2001年に小説『アメリカ、ザ・ビューティフル』を出版している。

GAIL ZAPPA INTERVIEW 2005

ゲイル・ザッパ

未発表インタヴュー

photo:Getty Images

聞き手◉和久井光司
通訳◉西村智子

雑誌『ストレンジ・デイズ』のために行われたこのインタヴューは、当時ザッパ音源の日本での配給権を持っていたビデオアーツの仲介によって、２００５年に電話で実現したものだが、お蔵入りになっていた。

読んでいただけばわかるとおり、ゲイルは上機嫌で、正直に質問に応えてくれている。我々は良いインタヴューが取れたと思っていたのだが、掲載への段取りの中で、彼女が写真の使用料などの名目で法外なギャランティを請求してきたため、ビデオアーツの担当者と『ストレンジ・デイズ』編集部は腹を立て、交渉は決裂。掲載が見送られてしまったのだ。

ゲイルがどのぐらいの金を欲しがったのかは聞いていないが、ビデオアーツが絡んでいたため、日本編集盤のジャケットに使った写真などにも話が及ぶことが危惧され、一切を発表しないことになったように記憶している。

しかし、15年も経てば時効だろう。ゲイルもすでに鬼籍に入っているから、差し止める人間もいない。インタヴュー自体は非常に貴重なものだから、今回初めて発表することにした。

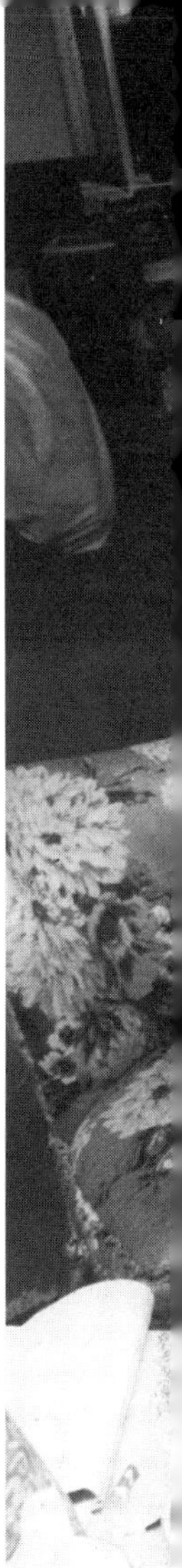

――『フランク・ザッパ自伝（原題The Real Frank Zappa Book）』によれば、フランクと知り合ったのは、あなたがウィスキー・ア・ゴー・ゴーで秘書をしていたちき、となっていますね。どうしてウィスキー・ア・ゴー・ゴーで働くようになったんですか？

「速記やタイピングなど、秘書の資格をいろいろ持っていたから働くことになったの。さまざまな企業で働いていた経験をかわれて、オーナーのエルモア・ヴァレンタインの秘書になったのよ」

――あなたはどこで（どういう一家に）生まれたんですか？

「7人兄弟の長女として私は生まれたの。父は海軍で原子力化学者として働いていたわ」

――フランクと出会う以前は、音楽業界やミュージシャンにどの程度興味を持っていましたか？

「とても興味があったわ」

――どういう風に？　楽器を演奏したとか、常に音楽を聴いていたとか？

「違うわよ。アーティストやバンド・メンバーに興味があったの。つまりはグルーピー的な関心よ。でももちろん音楽を聴くのは好きだったわ」

――あなたと結婚してからも、フランクは年の半分をツアーに費やし、家にいてもあなたとは逆の、夜型の生活をしていたそうですね。『フランク・ザッパ自伝』には「ろくに話もしないからよかったんだ」というようなことも書いてありますが、あなたから見てそういう生活はどうでした？

「住宅ローンについて語ったことはなかったわね（笑）」

――ほとんど彼が家にいない生活は寂しくありませんでしたか？

「まあね。でもいないことにはプラスもあるのよ。信じられないかもしれないけどそれが事実。幼い子供を抱えていたから、彼がいないと彼女たちの世話に集中することができたのよ。フランクが家にいるときは家のことだけでなく、彼の世話もしなくちゃならなかったから大変だったわ」

――あなたがフランクのビジネスの部分を支えるようになったのは、いつ頃からなんですか？

「アーティストと一緒に暮らすってことは……アーティストが興味を持っていることに関心を持つ必要があるのよ。彼がやっていることを理解する必要があったから、ビジネスに関わることは自然な成り行きだったわ。彼がやっていることを本当に理解している人間がいないと感じたから、彼がやりたいことがちゃんとできる環境を整え、それに対する支払いがしっかりとなされていて、周りの人間が尊敬の念を持って彼に接しているかどうかを私がチェックしていたのよ」

――つまりマネージャー的な仕事をこなしていたということでしょうか？

「いいえ、どちらかと言えば管理的な仕事だったわね。必要なものが揃っているか、締め切りが守られているか、契約書はちゃんとしているかなどを管理していたの。自分たちのインディー・レーベルを経営していたからマスター・テープの管理など、レコード会社の制作面の仕事をすべて私がこなしていたわ」

——フランクが家で創作しているとき、彼はあなたや子供たちの行動や意見をどの程度作品に取り入れたんでしょう？

「どの程度、って決まりなんてないと思うの。誰かと生活をともにしていると、それは自然と人生の一部になるのよ。フランクは周りすべてのことをまるでスポンジのように吸収する人だったわ。そして吸収したものの中から必要な要素だけをフィルターにかけて作品に反映させていたの。だからあらゆる方面から影響を受けていたし、それらの関連性をフランク以外の人が理解するのは少し難しいかもね。たとえるなら、たくさんのトランプをあらゆる所から手に入れて、それで彼なりのワンセットを作り上げていたの。それ以外に説明しようがないわ」

——〈ヴァリー・ガール〉のように分かりやすい例はなかなかないかもしれませんが、家族との時間から生まれたと思えるものをいくつか教えてください。

「すべての曲に私たちと彼との関係が反映されていると思うけど。もちろん〈ヴァリー・ガール〉は特にそれが顕著な曲よね。当時13歳だったムーンが、社会的に無責任な行動を取っている彼に対してコメントを発している曲なの。フランク・ザッパの娘らしい発言でしょう。この曲は彼と娘との関係を表現した曲。そしてこの曲で彼女はフランク同様、人を観察する能力が長けているっていうのが明らかにわかるの。彼とムーンのパートナーシップによって生まれた曲よ」

——フランクは自分の音楽を家族にどう説明していましたか？

「どういう意味？」

——たとえば完成前の曲を聴かせたり……。

「そういうプロセスじゃないのよ。ほとんどの曲は笑いから生まれたの。たとえ悲しくなってしまうような曲でもね。どのソングライターに訊いても同じ答えが返ってくると思うけど、曲っていうのは頭をよぎった瞬間にそれをキャッチして形にするものなの。作曲家は曲をアレンジするという意味で時間をかけて考えるけど、ソングライターはその瞬間を大切にするのよ。曲のアイデアや意味は……生まれたその瞬間が大切なの。彼はよく〝曲がどういうものになるかは、できた瞬間にかかっている〟って言っていたわ」

——彼の音楽について、あなたや子供たちが意見を言うことはありましたか？

「いいえ。そんなことはなかったわ。もしそんなプロセスで彼が曲を作っていたら、それはいい曲にならなかったと思うし」

——フランクの音楽は非常に多岐に渡っていて、ポップな作品から、演劇的なもの、シンクラヴィア作品や、現代音楽までありましたね。そばで見ていて、その創作意欲はどこから湧いてくると思われましたか？

「彼はあらゆる取材で具体的にどういう音楽に影響を受けたかっていうのを語ってきたけど、すべては彼のイマジネーションから生まれたんだと思うの。そのイマジネーションに周りから得る情報をミックスして作り上げていったのよ。興味を惹くものを発見したらそれを自分の曲に入れ込んで、自分が聴きたい時に自分の聴きたい音楽を作っていたのよ。彼の音楽が多彩だったのは、どんなジャンルも軽視しなかったから。彼に訴えかける何かがあるジャンルだったら必ず聴いていたわよ」

——ぼくは、フランクは常に〝大衆に消費されないエンターテインメント〟を追及していたように思うんです。彼の才能をもってすればポップ・ヒットを放つことだって可能だったし、その一曲をもって一生営業ツアーを繰り返すことだってできた。それをしなかったのは、彼が音楽やエンターテインメントに対して非常に真面目だったからだと思うんですが、いかがですか？

「鋭い指摘ね。ズバリだと思うわ。彼は音楽に興味があったから音楽をやっていたし、自分が聴きたいものをやっていたの。金儲けのためやヒットするために妥協することなんてなかったわ。観客の耳を教育することに興味があったの。なぜならそれは新しい音楽を作ることを意味するから。だって教育するってことは新しい音楽を観客に聴かせる必要があるでしょう。新しいことほど彼を興奮させるものはなかったわ。彼が最も得意とした作曲方法はステージに立ってその場の雰囲気を生かした曲作り。そしてそのステージを見ている観客と一緒に新しい世界に行くことを彼は最も好んでいたわ」

——晩年はアメリカ政府とも真っ向からやりあったフランクですが、彼はアメリカ合衆国をどう見ていたんでしょう？

「彼はすべてを予言していたわよ。初期の作品を聴いてよ。現在のアメリカが突き進んでいる方向すべてが曲で歌われているわよ。でもそのメッセージをキャッチした人があまりにも少なかったのよね。そのメッセージを聴き取った人ももちろんいたけど、多くは何もできない立場にいたり、変化を促すための努力をしなかったのよ」

——9・11のような悲惨な事件をフランクは知らなくてすんだわけですが、もし彼が生きていたら、どういう行動に出たと思いますか？

「〈ダム・オール・オーヴァー〉って曲はまさに9・11のことを歌っていると思うの。この曲を聴いてそれに対する答えをあなたなりに出してもらいたいわ」

——『フランク・ザッパ自伝』の中で「オレには友だちはいない。なぜなら雇い主だからだ」と豪語しているフランクですが、実際は多くのミュージシャンに慕われていたはずだし、友だちも多かったのではないかと思います。家族ぐるみのつきあいをしたミュージシャン、アーティストにはどんな人がいますか？　また、どんな思い出がありますか？

「頻繁に会っていた人は数人いたけど……そうね……。それとバンド・メンバーの中に特にお気に入りの人もいたし。でも……彼の友だちは私たち家族だったわ。私と私たちの子供が彼の友人だったの。多くの人がフランク・ザッパのことを心から慕っていたと思うし、それらの人間にとって彼は大きな存在だったはずよ。でもそれらの多くは……いいえ、ほとんどの人はその気持ちを彼に伝えることを躊躇してしまったの。ほかのことに関しては大胆に意見を言った人たちでも、彼との関係となると、はっきりと言うことができなかったの。彼の横に行って、彼に対する気持ちを真っ正面からぶつけることができなかったのよね。そしてそれはすごく残念なことだわ。彼が亡くなったあとにそういう人たちと会う機会がたくさんあるの。フランク自身、彼らともっと時間を過ごしたがっていたと思うの。闘病生活で本当に苦しんでいたとき、彼が尊敬する人に何度か電話をして、彼の気を紛らわせたこともあったわ。そういうことを早い時期からしていたら、もっと親密な関係になっていたでしょうにね。でも彼には親しい友人というのはいなかったわ。わかってもらいたいのは、彼はそこらの人たちとはちょっと違ったのよ。彼にとって重要だったものは、普通の人はあまり気も止めないことばかりだったわ」

——あなたがご覧になったフランクのステージで最高だったのは、いつ、どこの公演ですか？　また、それはどこが良かったのでしょう？

「（笑）普通の人より私は彼のことを知っているし、彼の仕事のやり方も他の誰よりも知っているから、すべてのステージが最高だった、という答えしか出せないわね。最もお気に入りのステージなんてないわよ。私は他の人が聴くことも、想像することもできないような作品を好きな時に聴くことができる自由があるの。この12年間、みんなが想像もできないぐらいの数の曲を聴いてきたし、それらすべてが本当に素晴らしいの。ものすごい数だし、それを聴き直すといろんな思い出が頭をよぎるわ。曲をスタジオで録音しているときの風景を思い出すこともある。それまで世の中に出ることがなかった別ヴァージョンのミックスを聴いたり、完全な形になる前の、バラバラな状態の曲を聴くと、曲が初めて形になったときのシチュエーションを思い出したりするわ。ホント、彼の音楽との関係っていうのは言葉にできないほど深いのよ。それに彼の曲の多くは、彼が実際に音にする前に夢の中で私は聴いていたのよ。だから彼の音楽はすべて特別な存在よ。なんて言えばいいのかしら……強烈な関係にあるのよ」

——あなたはフランクのどのアルバムが好きですか？　3枚

ぐらい挙げていただけますか？

「いつも変わるんだけど、その中でも常に、常に好きなのは『ランピー・グレイヴィ』ね」

――その理由は？

「理屈抜きで好きなのよ。聴くたびに新鮮なのよ。そのほかは……う〜ん、やっぱり私のお気に入りは彼が気に入っていた作品。つまり『ランピー・グレイヴィ』と『ウィ・アー・オンリー・イン・イット・フォー・ザ・マネー』と『シヴィライゼイション・フェイズ III』かしら」

――闘病生活の中で、フランクはあなたにどんなことを語りましたか？　最後の会話はどのようなものだったんでしょう？

「……いつも交わしていた会話と同じよ。世の中はどうやって動いているのかしら、って内容」

――息子さんのドゥイージルの活躍は日本でも知られていますが、ほかの3人のお子さん（Moon Unit、Ahmet Emuukha Rodan、Diva Muffin）は現在どうしてらっしゃるんですか？

「アーメットはつい最近素晴らしい童話を書き上げたの。とてもユニークな内容だから成功すると思うわ。ちなみに彼の名前は日本の怪獣からとったって知っていた？　ロダンっていう日本では有名な怪獣がいるでしょう。そこから彼の名前をつけたんだけど、大人になった彼が怪獣についての童話を書くなんて興味深いと思わない？　運命かしら！（笑）。よく、彼

の名前はフランスの彫刻家のロダンからとったの？　って訊かれるんだけど、日本の怪獣よ！　ちなみに彼の犬の名前はゴジラだったわ（笑）。彼は日本のアニメが大好きで、すごいコレクターでもあるわ。アーメットはシンガーでもあるから、彼とドゥイージルで“Zappa plays Zappa”っていうショウを来年やる予定なの。アーメットはテレビのプロデューサーでもあるからテレビの仕事でも大活躍しているし、それ以外にも曲作りや執筆に大忙しよ。そして私の大好きな詩人であり彫刻家でもあるわ。今後の活躍が楽しみね。長女のムーンは西海岸で最も頭の切れる子だと思う。私の初孫である彼女の娘はフランクの誕生日に生まれたのよ。彼女も最近2冊目の本を執筆したけど、それ以外にもいろんな雑誌に記事を書いているの。ドゥイージルは1ヶ月前に結婚したばかりなの。いまはアルバム制作に大忙しよ。フランクとはまったく違うタイプなんだけど、素晴らしい作曲家であり、優れたギタリストよ。今後、彼の活躍をもっと耳にすることになると思うわ。末っ子のディーヴァは女優。そしてものすごく編み物が得意で、着ることができる素晴らしい作品を造るの。なんて表現したらいいのかしら……着ることのできるアート。ショールとはまた違うんだけど、肩に巻きつけるとても美しい作品よ」

――現在はどのお子さんと同居していらっしゃるんですか？

「ムーンは結婚しているから旦那と住んでいるし、アーメッ

トも奥さんと住んでいるの。ドゥイージルは結婚したからついこの前この家を出ていったの。逆にディーヴァが数ヶ月戻ってくることになるわ。なんだか知らないけど、常に子供の誰かと一緒に生活するのが私の運命のようだわ（笑）」

——今後、フランクの未発表音源や未発表映像が発売される予定はありますか？

「ええ。現在ドキュメンタリーを完成させるために資金調達をしているところよ。編集や権利関係をクリアするのに大忙しなのよ。作家としてのフランクを追ったドキュメンタリーになるわ。それ以外にはいままで世の中に出たことのなかったライヴ映像も山ほどあるから、それをもとにDVDも作りたいと思っているんだけど、同時にその映像や伝説的なロキシーでのライヴ映像を編集したヴィデオ・ライヴを各地で主催したいの。本当にたくさんの素材があるからやりたいことはたくさんあるんだけど、それらを実現する時間がなくてね。いろんな人のインタヴューをまとめた作品も作ってみたいし……。過去12年間に見つけた音源をもとに35枚のアルバムと5つの映像作品は作れると頭の中で考えているの。すべては来年、本格的に取り組むことになるわね。すごいんだけど、クレイジーなことになってる。新年早々、本格的にザッパ・レーベルを立ち上げる計画なんだけど、日本での契約がまだ決まっていないのよ。こういうことを私が計画しているっていうのを日本のレコード

会社は知らないのかしら？　このインタヴューがきっかけになって、交渉が始まるといいんだけど（笑）」

——最後の質問です。〝フランク・ザッパの妻〟として生きた半生を、いま振り返ってどう思いますか？

「そうね……わからないわ（笑）。あなたは結婚している？　結婚していたら夫とは平行した人生を妻は生きるって意味がわかるでしょう？　つまりフランク・ザッパと平行した人生を私は生きてきたわ。どっちの方がぶっとんでいたかってぐらい私も奇抜な人間なのよ！（爆笑）」

フランクと彼のパンプキンことゲイル・ザッパ。
“Absolutely Free”のジャケットより。

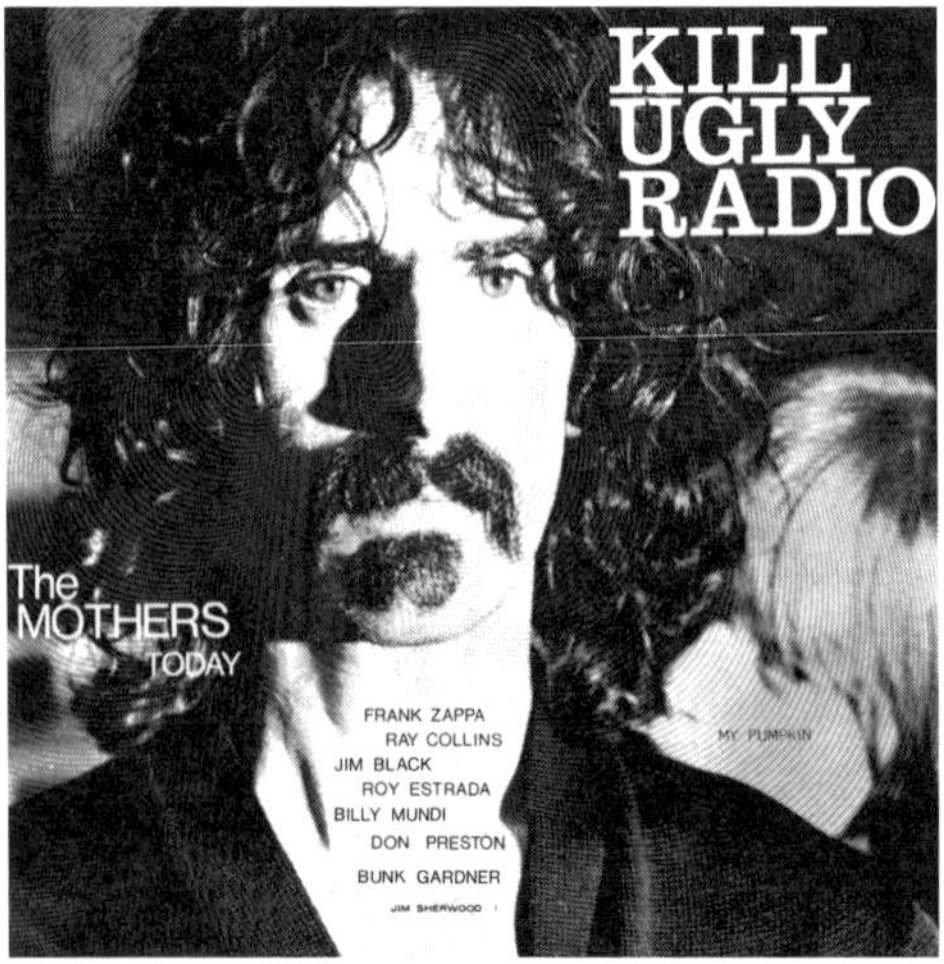

編集後記

文藝別冊の「ザ・ビートルズ『レット・イット・ビー』～解散から50年』をつくっているときに担当編集者から、河出でザッパ本の企画があるんですけど……と言われたので、私に任せてくれるなら絶対売れそうなのをつくりますよ、と立候補した。ミュージック・マガジンで一冊書いてから10年経っているし、そのときに部分をデザインしてくれた梅村昇史や、リサーチを引き受けてくれた山田順一と、次の機会があったら一緒にやりましょう、と約束していたからである。

私は約束を守る男だ。「黙ってギターを弾いてくれ」と言われたら弾くし、「黙って原稿を弾いてくれ」と言われたら書くけれど、音楽でも本でも〝私の世界観〟でつくった方が面白いものになる、という自負がある。この10年はザッパ関係をサボっていたので、自分のためにも「攻略ガイド」がほしかった。梅ちゃん、山田くんと相談の結果こういう本になったわけだが、ＰＣの底からゲイルのインタヴューが見つかったのには驚いた。「うわッ、ザッパが見ている！」と思った。

（和）

筆者プロフィール

梅村昇史（うめむら・しょうじ）

1961年名古屋生まれ。主にデザインとイラストレーションを生業としています。下町、江東区東陽の「ひとりヒプノシス」、または「ひとりプッシュピン・スタジオ」。屋号は梅デ研（UMDK）。UMDKの表記はザッパのスタジオ、ユーテリティー・マフィン・リサーチ・キッチン（UMRK）にちなんでいます。初めてのザッパ・ビッグ・バンは高校生の時に聴いた『ロキシー&エルスウェア』。自分が本当に聴きたいと思っていた音楽はこれだ!、と思いました。余談ですが、キャプテン・ビーフハートと誕生日が同じです。だからか、人間的に共感できるのはビーフハートの方かもしれません。

真下部緑朗（まかべろくろう）

1964年鹿児島生まれ。営業部から図々しく執筆陣の末席に参加。きっかけは、とある夕暮れにぼーっとザッパを聴いていたら、ふと2020年は生誕80年ではないかと気づいたこと。「うーん、ついに念願のザッパ本が出せるかも」と営業企画会議でザッパの魅力をとうとうと語り、その熱意が通じて、ようやく出版できることになったのは、いちファンとして喜ばしい限り。ザッパの魅力はその間口の広さ。ロック、ポップス、ジャズ、現代音楽と自分の興味のあるジャンルから聴いていけること。今回、改めて聴いてみて、そのジャンルの多様性とライヴ・パフォーマンスに驚愕。マイ・ベスト・アルバムは『ワカ／ジャワカ』。

山田順一（やまだ・じゅんいち）

ミュージック・フリー・ペーパー主宰後、音楽系出版社に入社。雑誌、書籍の編集、CD制作、イヴェントの企画運営に携わる。現在はフリーランスのライター／エディター・リサーチャーとして、ライナーノーツや雑誌への執筆及び編集、CDの企画編纂、監修などを行なっている。編著は『グラム・ロック黄金時代1971~77-フィーチャーリング・モダーン・ポップ-』、『GSアイ・ラヴ・ユー ニュー・ロック&アフターGSサウンド時代』など。フランク・ザッパのレコードを初めて手にしたのは、六本木WAVEで買った『フリーク・アウト!』。デッド・ストックということで大切にしていたが、のちにカウンターフィット盤であることが判明した。

和久井光司（わくい・こうじ）

1958年東京生まれ、横浜で育つ。総合音楽家。インディー・レーベルを始めたときに作業場に「スタジオ・タン」と名づけたほど、最初からザッパをリスペクトしていた。81年にスクリーンを率いてデビュー。07年にソニーから『ディランを唄う』と『愛と性のクーデター』をリリースして以来フル・アルバムを出していないので、デビュー 40周年盤を画策中。著書に、『ビートルズ原論』『ヨーコ・オノ・レノン全史』『放送禁止歌手　山平和彦の生涯』（以上は河出書房新社）、『ザ・ビートルズ・マテリアル全4巻』（ミュージック・マガジン）などがあり、編著も多数。マイ・ベスト・アルバムは『ザ・ベスト・バンド』。ロックの最終形だと思うから。

フランク・ザッパ攻略ガイド
やれるものならやってみな

2020年11月20日 初版印刷
2020年11月30日 初版発行

編者
和久井光司

発行者
小野寺優

発行所
株式会社河出書房新社

〒151-0051 東京都渋谷区千駄ヶ谷 2-32-2
電話
03-3404-1201(営業)
03-3404-8611(編集)
http://www.kawade.co.jp/

デザイン:梅村昇史
組版:ブランク
印刷・製本: 株式会社暁印刷

Printed in Japan ISBN978-4-309-29114-7